KB061430

Hand an sich legen
Diskurs
über den Freitod

자 유 죽 음

살아가면서 선택할 수 있는
유일한 것에 대하여

————

장 아메리 Jean Améry 지음
김희상 옮김

위즈덤하우스

생명의 존엄은 스스로 죽음을 찾아간다

— 유진목(시인)

장 아메리는 어느 날 자신에게 느닷없이 주어진 인생을 거절하는 존엄에 대해 집요하게 고찰한다. '자유죽음'은 스스로 죽음을 향해 나아가는 명징한 언어이자 한번 태어난 사람은 반드시 죽는다는 느슨한 자연법칙을 먼저 적극적으로 실행에 옮기는 행위다. "살아야만 한다고? 일단 태어난 이상 살아야만 한다고?" 장 아메리는 결코 돌이킬 수 없는 질문을 우리에게 던진다. 어느 하나 돌이킬 수 없도록 《자유죽음》은 '죽음'의 다른 말로 빼곡하게 채워져 있다. 이토록 다양한 죽음이라니. 대체로 불쾌하고 절대로 불가해하기만 한 죽음은 장 아메리의 문장을 통과하며 날것 그대로의 모습을 드러내기 시작한다. 《자유죽음》을 읽는 일은 스스로 질문하고 다시금 반문하기를 주저하지 않는, 그리하여 확실과 불확실 속에서 유영하는 죽음이 살아 움직이는 것을 체험하는 일이다. 그 체험은 결코 살아가는 일이 아니고 죽어가는 일도 아니다. 그저 곧장 죽어버리는 일이다. 장 아메리의 표현대로 "결코 자신을 벗어나 다른 사람의 내면을 들여다볼 수 없는 사람"에게 이 책은 더없이 불쾌한 사건이 아닐 수 없다. 정말이다. 단 한 페이지도 넘기지 못하고 덮는 사람이 반드시 있을 것이다. 그런가 하면 한 호흡으로 단숨에 마지막 페이지까지 읽어내는 사람 또한 분명히 있을 것이다. 장 아메리가 인용한 "동물은 스스로 목숨을 끊지 않는다"는 배슐러의 말은 그 자체로 오래 생각해봄 직하다. 그러므로 생명의 존엄에 대해 사유하는 일은 이 책을 끝까지 읽는 일에서부터 시작될는지도 모른다. 나는 조심스럽게 이 책의 마지막 페이지를 읽고서 첫 페이지를 펼치는 독서를 권유해본다. 생명의 존엄을 지키는 일은 반드시 시작되어야 하기 때문이다. 《자유죽음》은 우리가 죽음에게 가는 것과 죽음이 우리에게 오는 것의 다름을 이야기하는 책으로서 우리 앞에 놓여 있다. 그리고 나의 시선은 줄곧 이 문장에 멈춰 있다.

"세상은 여전히 있지만, 곧 더는 있지 않게 되리라."

행복한 사람의 세상은
불행한 사람의 그것과 다르리라.
죽는다고 해도 세상이 바뀌는 것은 아니다.
그저 멈출 뿐이다.

– 비트겐슈타인, 《논리 철학 논고》

일러두기

1 본문에서 괄호 안의 내용은 저자의 설명이고, 본문 아래의 주석은 모두 옮긴이의 설명이다.

2 본문에서 기울여 표기한 글자는 저자의 강조 표시다.

3 이 책의 외래어 인명, 지명 등은 국립국어원 표준국어대사전 외래어 표기법 및 용례를 따랐다. 단, 표기가 불분명한 일부는 실제 발음을 따라 썼다.

4 원문에서는 모든 문단이 이어져 있으나, 이 책에서는 저자의 문장을 음미할 수 있도록 문단과 문단 사이에 한 줄씩 여백을 넣었다.

필자의 책을 알고 있는, 콕 집어서 《늙어감에 대하여》를 읽은
독자는 벌써 감을 잡을 수 있으리라. 그 책에서 나는 자유죽음
(Freitod)이라는 문제를 함께 생각해볼 것을 권했다. 지금 이 책
은 그 연장선상에 있는 것이라 봐도 무방하다. 앞의 책을 읽은
독자라면 이 책이 학술적으로 깊이가 있든 아니든 논문과는 거
리가 멀다는 점을 충분히 알고 있으리라 믿는다.

　반대로 나를 전혀 모르는 사람에게는 일단 주의를 환기해
둘 필요가 있다. 이 책에서 다루고 있는 내용은 이른바 '자살학
(Suizidologie)'[1]이라는 최신 과학의 자살 연구와 같은 과학적 접
근 방식과는 거리가 멀다. 어떤 나라에서 사람이 스스로 목숨을
끊는 경우가 다른 나라에 비해 훨씬 많으며, 왜 그런지 하는 분

1　자살을 뜻하는 라틴어 '수이치디움(suicidium)'과 학설을 뜻하는 그리스어 '로
　고스(logos)'가 결합해서 이뤄진 신조어. 자살 예방을 목표로 자살 현상을 연
　구하는 비교적 새로운 학문이다. 주로 정신의학, 심리학, 사회학 등의 분야에
　서 참가해 함께 연구한다.

석이라든가, 자유죽음으로 이끄는 심리적 혹은 사회적 배경(혹은 전 단계) 등에 관한 실체적인 사실 등을 이 책에서는 전혀 다루지 않았다. 과학적 접근 방식이 흔히 쓰는 통계 수치나 그래프도 등장하지 않는다. 나는 그 어디에서도 자살의 모델을 분석하지 않았다.

이 책은 심리학과 사회학과는 거리가 멀다. '자살학'이라는 과학이 끝나는 곳에서 이 책은 시작한다. 자유죽음을 밖에서 들여다보려 하지 않았다. 살아 있는 자 혹은 살아남은 자의 눈으로 보지 않았다. 오히려 자살을 택한 사람 또는 자살을 감행한 사람의 내면으로부터 보려고 노력했다. 말하자면 '자유죽음의 현상학(Phänomenologie des Freitods)'[2]이라고나 할까? 아니다, 뭐 그리 거창할 것도 없다. 로고스라는 말에서 비롯된, 사태를 규정하는 개념들은 일절 포기했다. 긍정적인 결과를 이끌어내고자 하는 과학적 연구 앞에 겸손하기 위해서다. 물론 자살을 꼭

---

2   헤겔의 《정신현상학(Phänomenologie des Geistes)》에 빗댄 표현이다. 이때 '현상학'이라 함은 주어진 현상들을 고찰함으로써 본질에 접근한다는 의미다.

과학적으로 봐야 할까 하는 회의도 한몫 거들었다. 관련 서적들에 어떤 게 있는지, 전부는 몰라도 일부는 알고 있다. 그렇지만 아주 예외적인 경우에만 이따금 이런 문헌에 의지했다. 바로 그래서 책의 말미에 참고문헌 목록을 다는 것도 포기했다. 물론 자극과 깨우침을 얻은 책과 그 저자들을 언급하는 것은 꼭 필요한 일이다. 그런 자극과 깨달음이 없었다면 이 글은 쓸 수 없었기 때문이다. 첫 번째로 장 폴 사르트르(Jean Paul Sartre)와 그의 모든 작품을 꼽고 싶다. 나의 선택과 결론이 사르트르의 그것과 판이하게 다를지라도, 나는 이 글을 쓰며 정신적인 곤궁을 느낄 때마다 사르트르의 사상이 세운 크나큰 집에서 피난처를 찾곤 했다. 그때마다 위로와 버팀목을 얻었다는 점을 이 자리에서 분명하게 밝혀둔다. 더 나아가 언급하고 싶은 책은 블라디미르 장켈레비치(Vladimir Jankélévitch)[3]의 《죽음(La Mort)》이다. 이 심오하고 아주 아름다운 책이 왜 아직도 독일어로 번역되지 않았

---

3   유대인 혈통으로 우크라이나에서 살다가 프랑스로 이주한 집안의 아들로 태어났다(1903~1985). 베르그송의 계보를 잇는 철학자로 꼽히며, 음악 철학을 선보이기도 한 인물이다.

는지 의아하기만 하다.《죽음》은 여기 소개한 생각들에 지대한 영향을 끼쳤다. 마지막으로 이 책의 1부에서 인용한 장 배슐러 (Jean Baechler)[4]의《자살(Les Suicides)》을 꼽고자 한다. 이 중요한 책도 어떤 이유에서인지 아직 독일어로 번역되지 않았으나, 나에게 자살을 둘러싼 과학적이고도 객관적인 사실에 완전히 새롭게 눈뜨게 해주었다.

그러나 이 책의 핵심은 객관적인 연구와 철저하게 거리를 두었다. 넓게는 은밀하게 죽음이라는 문제를 끌어안고 살아온 무척 길었던 인생, 특별하게는 자유죽음이라는 화두, 학식이 깊은 친구들과의 대화 그리고 지금껏 살아오면서 인생의 방향을 결정해준 개인적인 경험들이 이 책을 쓰는 데 있어 중요한 조건인 자기 정당화를 나에게 마련해주었다.

많은 대목에서 혹시 내가 여기서 자유죽음을 옹호하는 변론을 쓴 것은 아닐까 하는 오해가 생겨날 수 있다. 그 같은 오해

---

4   1937년생 프랑스 사회학자로, 소르본대학교의 역사사회학 교수다. 본문에서
     말하는《자살(Les Suicides)》은 1975년에 출간되었다.

는 단호히 말해두지만 삼가주기 바란다. 변론처럼 보일 수도 있는 것은 자유죽음을 찾는 사람을 이해하려 하지 않고 '자살'이라는 현상만을 추적하는 과학적 연구에 보인 반작용일 따름이다. 스스로 죽음을 택하는 사람의 상황이 얼마나 불합리하고 역설적인지 아는가. 나는 다만 '자살 상황(condition suicidaire)'이라는 쉽게 풀기 힘든 모순을 따라가 보고 그게 어떤 것인지 증언을 남기고 싶었을 뿐이다. 언어의 힘이 닿는 한.

1976년 2월 브뤼셀에서,
장 아메리

차례

1장

뛰어내리기에 앞서

Vor dem Absprung

살아야만 한다면 그렇게 해, 나는 아니야! 나는 원치 않아. 밖에
서는 사회의 법으로, 안에서는 '자연법'으로 느끼도록 충동하는
강제 앞에 굴복하지 않을 거야. 사회의 법이든, 자연법이든 나는
더는 인정하지 않겠어.

마치 경첩이 삐걱대는 아주 육중한 나무 문을 밀고 밝은 곳으로 나가려는 것과 같다. 열리기를 거부하는 문을 온 힘을 다해 밀며, 문턱을 넘어 지금껏 서 있던 어둠을 떨치고 빛이 비치기를 기대한다. 하지만, 빛 대신 이제 앞을 가로막고 서는 것은 벽처럼 턱 하니 막아서는 칠흑 같은 어두움일 뿐이다. 당혹스럽고 두려운 마음에 주변을 더듬어본다. 무엇인지 정체를 알 수 없는 물건들이 여기저기서 만져질 따름이다. 흐릿하게나마 윤곽이 그려진다. 더듬는 손길도 똑똑해지는 것일까. 이제 우리는 안다. A. 앨버레즈(Al Alvarez)[1]가 그의 아름다운 책《잔혹한 신(The Savage God)》에서 "자살이라는 닫힌 세상"이라고 부른 공간에 들어섰다는 것을. 자살? 나는 이 단어가 싫다. 적당한 때 그 이

---

[1]   영국의 시인이자 작가(1929~2019). 자살 문제를 다룬 르포가 가장 잘 알려져 있다. 정식 이름은 앨프리드 앨버레즈(Alfred Alvarez)이나 필명으로 A. Alvarez라고만 쓴다.

유도 밝히겠다. 차라리 나는 *자유죽음*이라는 말을 쓰고 싶다. 물론 자살이라는 행위가 참을 수 없이 강제된 상황 탓에 빚어지는 경우가 흔하다는 것은 익히 안다. 그러나 죽음의 한 방법으로서 자유죽음은 나사를 끼우듯 고정하려는 강제 안에서도 자유롭다. 그 어떤 종양이 나를 갉아먹지 않으며, 심근경색이 나를 덮치는 것도 아니다. 요독증(尿毒症) 때문에 숨이 멎지도 않는다. 자발적으로 손을 내려놓는 사람은 바로 나다. 수면제를 '손으로 입에 가져간' 다음 나는 죽어가며 손을 내려놓는다. 먼저 용어 선택의 원칙부터 밝혀두어야겠다. 이야기를 풀어가면서 일상에서 우리가 흔히 쓰는 말의 편안함에 맡겨둘 생각이다. 물론 '자살'이라는 말도 이따금 쓰기는 하리라. 여기서 자살이란 '수이 카에데레(sui caedere)', 곧 '스스로 자신을 죽임'이라는 뜻의 라틴어에서 비롯된 '자살(Suizid)'을 말한다. 라틴어 형식이 언제나 어떤 일의 현실성을 고스란히 빨아들이고 숨아버리며 뼈대만 앙상하게 추상적으로 남겨놓는 것을 보면 참으로 묘한 일이 아닐 수 없다. 간결하기는 하다. 그래서 내 눈으로 보기에 현실이 충분히 분명하기만 하다면, 이 간결성 때문에라도 종종 '자살'이라는 단어를 쓸 생각이다. 자살을 택한 사람의 현실이 분명하게 눈에 들어온다면, 자유죽음은 '자살'이라고 해도 무방하다. 그런 경우 스스로 자신을 지워버리려고 시도하는 인간은 '자살을 기도한 사람'이다. 자유죽음을 결행할 뜻을 품은 사람은 정말 심각하게 생각하는 것이든, 아니면 그런 생각을 가지고 장난치듯 노는 것이든 간에 '자살 후보자'라고 봐야 하리라.

　하지만 아직 세밀한 구분을 할 정도로 우리의 이야기가 충분히 진척되지 않았다. 우리는 이제 겨우 힘들게 문을 열었을 뿐이다. 반쯤 열린 문 앞에서 우리는 여전히 어둠에 당혹해한다. 그리고 이 어둠은 결코 완전히 밝혀지는 일이 없으리라. 왜? 때가 되면 이야기하겠다. 그렇지만 이미 곳곳에 횃불이 환하게 밝혀져 있지 않은가? 우리를 도우려는 심리학도 있고, 나아갈 방향을 잡아주는 사회학도 분명 존재한다. 벌써 오래전부터 '자살학'이라는 연구 분과는 적지 않은 과학적 성과도 일궈내지 않았던가? 물론 모르는 바 아니다. 그 대부분을 나는 철저히 파헤쳐보았다. 부지런히 자료들을 모으고 연구하면서 이런저런 것도 배웠다. 어떻게, 어디서, 왜 인간이 자신을 스스로 거두어들이는지, 어떤 연령대가 가장 위험한지, 어떤 나라에서 자유죽음이 빈번하며, 어디서 덜 일어나는지 하는 따위는 숱하게 읽고 보았다. 그런데 그 통계라는 게 종종 서로 충돌한다. 바로 그래서 자살학 연구자들 사이에 격론이 벌어지곤 한다. 이른바 개념들이라는 것도 적잖이 접해보았다. 충동 자살? 제법 그럴싸한 말이다. 또는 나르시시즘의 위기? 이 또한 나쁘지 않다. 심지어 복수 행위라는 개념도 있다. "당신이 날 사랑해주지 않아서 죽을 거요, …… 죽어서 당신에게 지워지지 않을 흔적을 남길 거요(Je me tue parce que vous ne m'avez pas aimé, …… Je laisserai sur vous une tache indélébile)." 작가 드리외라로셸(Pierre Drieu La Rochelle)[2]의 표현이다. 그는 결국 자살했지만, 완강하게 사랑을 받아들여주지 않는 여인 때문은 아니었다. 다만, 레지스탕스의 복수가 두려웠을 뿐이다. 어쨌거나 통계와 개념 등이 무엇을 뜻하는지는 전문 서적만 주의 깊게 읽어보아도 알 수 있다. 뭘 알았는지 아리송한 느낌은 지우기 힘들지만. 그런 것은 알려주는 게 전혀 없다. 마치 은하계나 소립자 같은 것을 멀리 떨어져서 관찰하는 물리학자처럼 객관적인 사실로만 자살을 바라본다면, 사실과 자료를 더 많이 모으면 모을수록, 우리는 자유죽음에서 더욱더 멀어질 뿐이다. 그런 부류의 정보와 개념이 과학적으로는 쓸모가 있으며, 심지어 치료에 도움이 될지는 모르겠다. 그렇지만 여기서 말하는 치료라는 게 대체 무엇인가? 실증적 자료와 사실로 자유죽음을 결심한 사람의 마음을 돌려세운다? 오히려 '닫힌 세상'이라는 불가사의한 쳇바퀴 안에서 계속 속도를 높이며 맴을 돌게 만들다가 튕겨 나가게 만들어버리고 마는 게 아닐까. 결국 통계와 개념만으로 보면 자유죽음은 광년(光年)이라는 단위로 헤아려야 할 정도로 먼 거리에 있는 것일 따름이다.

---

2   프랑스 출신의 작가(1893~1945). 제1차 세계대전 이후 만연한 회의주의와 퇴폐적, 탐미적 경향을 극복하고자 범유럽주의를 내세운 파시즘에 경도되었던 인물. 나치스에 협조해 신문 편집국장을 지냈다. 연합군이 프랑스를 탈환하고 나자 결국 1945년 3월 15일 드리외라로셸은 스스로 목숨을 끊었다.

프랑스의 자살학자 피에르 모롱(Pierre Moron)은 배울 게 많은 그의 책 《자살(Le Suicide)》에서 동료 학자의 말을 인용한다.

"자살을 하겠다는 생각, 즉 구체적인 행위를 준비하는 정신 활동은 이론적으로 볼 때 자살 행태를 다루는 연구에서 제외되어야 한다. 정의에 따르면 자살 행태란 구체적인 몸짓이 있어야 비로소 시작하는 것이기 때문이다. 그러나 생각을 행위의 잠재적 가능성으로 바라본다면, 생각에서 이미 행위에서와 같은 본능적이고 감정적인 충동이 찾아져야만 한다. 충동, 즉 자신을 죽음에 던지려는 의중이."

이런 것을 두고 날카로운 생각이라 불러야 하리라. 글을 쓴 사람의 칼날 같은 논리를 피해 갈 수 있는 것은 아무것도 없다. 그러나 이제 스물세 살의 청년 오토 바이닝거(Otto Weininger)[3]의 사례를 떠올려보자. 앞만 뚫어져라 바라보는 바이닝거의 머리에는 죽고 싶다는 생각만 가득했다. 혐오하면서도 품고 싶다는 욕망을 다스릴 길이 없는 여인이 머릿속을 맴돌았다. 또 눈앞에

---

[3]   오스트리아 출신의 철학자(1880~1903). 열여덟 살 때 이미 5개 국어를 구사할 정도로 탁월한 지성을 자랑한 천재다. 유일한 저서 《성과 성격》을 남기고 베토벤이 사망한 집에서 권총 자살함으로써 일약 유명 인사가 되었다. 자신의 뿌리인 유대인 혈통을 혐오했으며, 인간에게는 양성적인 요소가 공존한다고 주장했다. 남성은 적극적·생산적·도덕적인 반면, 여성은 소극적·비생산적·비도덕적이라고 보고 자신 안의 여성적인 요소를 증오했다.

는 *유대인*만 어른거렸다. 모든 피조물 가운데 가장 치욕적이며 저급하기 짝이 없는 유대인. 그러나 다른 누구도 아닌 바이닝거 자신이 유대인이었다. 아마도 그는 사면의 벽들이 점점 좁혀져 오는 좁은 공간 안에 갇혀 있는 것만 같았으리라. 머리는 바람을 불어넣은 풍선처럼 갈수록 부풀어 오름과 동시에 얇아졌다. 가차 없이 좁혀 오는 사면의 벽이 그의 머리를 때렸다. 부딪칠 때마다 격심한 통증과 함께 마치 팀파니를 때리는 것만 같은 소리가 났다. 급기야 사방으로 바이닝거의 두개골이 부딪치며 고통의 아우성이 터져 나온다. 마침내 그가, 드디어 그가 폭발하거나 '벽을 통과할 때'까지 아우성은 그치지 않는다. 공간의 바깥에 서서 바이닝거를 관찰하는 사람들은 즐겨 그런 표현을 쓴다. 그러나 바이닝거에게 이 모든 것이 무슨 상관일까. 프랑스의 저 노련한 학자께서 들이대는 칼 같은 개념과 논리는 바이닝거에게 그야말로 아무것도 아니다. 그에게 "자살 행태"라는 것 따위는 아무래도 좋다. 그런 게 뭔지 전혀 모른다. 그는 그저 보고 듣는다. 물론 내 추측에 지나지 않을 수도 있다. 인정한다. 하지만, 그는 쥐어짜듯 뒤틀리는 심장의 마지막 한 방울 남은 힘까지 짜내가며 보고 들으리라. 그것도 숨 돌릴 겨를조차 없이. 여인? 유대인? 나? 이 모든 것을 끝장내자. 어떤가? 이런 마음을 개념으로 설명할 수 있을까? 이제 막 들어선 개념의 희끄무레함이 오히려 편안한가? 그렇지 않으리라 믿는다. 우리는 법의학자가 시체 조직의 일부를 잘라내듯 "자살 행태"를 해부하지 않기로 했기 때문이다. 자신을 파괴하려는 사람으로부터 멀어지지 *말아야* 한다. 우리는 그에게 *다가가야* 한다. 우연이라는 게 그를 살려주기로 작정했다면, 그는 우리에게 감사를 표하리라. 물론 기쁜 얼굴은 아니겠지만. 그가 우리에게 고마움을 말하지 않는다고 해도, 우리가 절대적으로 잘못한 것이라고 볼 수는 없다. 이제 막 죽음의 순간을 모면한 친구 X가 조금 전에 버렸던 자신으로 되돌아와, 부끄럽기는 하겠지만 다시 *인생의 논리*에 굴복한 것일 따름이다. 방금 깨치고 나아갔던 철갑 안으로 다시 돌아온 것일 뿐이다.

고도로 단련된 건강한 상식을 가진 사람, 물론 결코 자기 자신을 벗어나 다른 사람의 내면을 들여다볼 수 없는 사람은 당장 이런 반론을 제기하리라. 바이닝거? 왜 하필이면 그 보기 드문 예외를 가지고 이야기하는 거지? 여기서 지적인 능력을 뽐내는 교만이 불러온 자살이 그렇게 중요한 것은 아니잖아? 무슨 말을 하고 싶은 것인지 충분히 짐작이 간다. 심리학은 아주 많은 종류의 "자살 행태"를 이야기해오고 있으니 말이다. 심지어 여러 원인이 복합적으로 작용한 탓에 아주 까다로운 것도 많다. 이를테면 전문가라는 사람은 늘 자해, 오이디푸스콤플렉스, '사회적 고립(social isolation)', 나르시시즘 노이로제, 간질 발작, 히스테리에 따른 과잉 반응 등등을 주워섬긴다. 이런 심리학과 사회학의 도구로 무장한 전문가는 당연히 그런 것들을 언급할 수 있다! 그런데도 왜 초입부터 정신 역사의 전설, 자기 자신을 혐오한 유대인 바이닝거를 들먹이며, 그의 행위를 지나치게 단순화해 비유적으로 선보이느냐고? 알고 있다. 학문 앞에 언제나 경의를 표해야 한다는 것을 모르는 내가 아니다. 절대 무례하게 구는 일은 없으리라⋯⋯. 그래, 경의는 표한다. 하지만, 약간의 경멸도 숨기지는 않겠다. 더 앞으로 나아가보자. 자유죽음에는 여러 형태와 그 발달사 그리고 그 바탕에 깔린 생각들이 있다. 워낙 다양한 터라 여기서는 다음과 같은 것만 말할 수 있지 않나 싶다. 다름이 아니라 자살을 생각하는 사람은 곧 자유죽음을 구하고 있다는 데서 그 공통성을 찾아야 한다.

일단, 구하고 찾은 사람들, 즉 이미 자살을 한 사람들부터 살펴보자. 먼저 우리가 던져야 할 질문은 이런 것이리라. 이들을 하나로 묶어줄 수 있는 게 객관적으로 확인된 사실, 곧 이들이 자신의 인생에 마침표를 찍었다는 사실 외에 다른 것은 없을까? 앞으로 차근차근 알아보자. 일단 부정할 수 없는 것은 얼핏 보기에 인과적인 진행 과정, 말하자면 자살하고자 하는 의도를 넘어서서 원인과 결과로 작용하는 외부의 요인은 분명 있다는 점이다. 이런 게 얽혀 벌어지는 자살 행위는 틀림없이 있다. 물론 그런 외부적인 요인들이 그 *순서* 혹은 *서열*에 있어 서로 어떤 연관이 있는지 알아보는 것은 쉽지 않다. 어렸을 때 보았던 신문 기사 하나가 떠오른다. 어떤 가정부 처녀가, 당시 신문 표현을 그대로 빌리자면, "라디오 스타를 향한 불행한 사랑"
으로 괴로워한 나머지 창문 밖으로 몸을 던졌다는 것이다. 과
연 이런 행위가 전혀 그 속내를 알 수 없는 다른 자살 희망 또
는 자살 방법과 일치하는 게 있을까? 프로이트의 1세대 제자로
평생 정신분석학에 헌신해온 고령의 P. F.[4]는 자신의 머리에 스
스로 총을 쏘아 죽었다. 그는 얼마 전에 배우자를 잃은 상태였
다. 그리고 더 이상 수술할 수 없는 전립선암을 앓았다. 이런 그
가 권총을 손에 잡았다면, 누구라도 이해할 수 있는 일이다. 그
러니까 심각한 얼굴을 해서는 나직한 목소리로 인정한다고 이
야기할 일은 아니다. 그는 많은 위대한 일을 누리는 인생을 살
았으며, 경험했고, 채웠다. 이제 그에게 남은 것은 육신의 고통
과 고독일 뿐이었다. 사람들이 미래라 부르는 것은 그에게 차단
되었다. 그의 미래 아닌 미래는 살아서 죽음 속에 갇혀 지내는
것일 따름이었다. 명확하게 이야기하자. 그는 살아서 죽어 있었
다. 또 지크문트 프로이트 자신은 어떤가. 노인의 구강암은 회
복 불능의 말기 상태에 이르러 있었다. 환자의 입에서 워낙 강
력한 악취가 풍기는 바람에 그가 아끼던 애견마저 가까이 오지
않을 지경이었다. 프로이트는 주치의에게 이제 남은 것은 고통

---

4   오스트리아 출신의 심리학자로 전체 이름은 파울 페더른(Paul Federn)이다
     (1871~1950). 프로이트의 첫 제자 가운데 한 사람으로 스승에게 절대적인 충
     성심을 가졌으나, 나중에는 독자적인 노선을 걸었다. 무슨 이유인지 저자는
     계속 페더른의 이름을 이니셜로만 표기하고 있다.

뿐이니, 자신을 해방해줄 주사를 놓아달라고 요구했다. 오랜 친구는 이를 거절하지 않았다. 이것도 사회적으로 인정받을 만한 가치가 있으며, 또 인정받은 자유죽음의 명확한 사례가 아닐까. 그렇다면 최고조의 명성을 누리며 왕성한 필력을 자랑하던 작가 체사레 파베세(Cesare Pavese)[5]가 '하찮것없는 사랑 스캔들'로 스스로 목숨을 끊은 것은 어떻게 설명해야 할까? 또 '센강의 익사체(L'Inconnue de la Seine)' 파울 첼란(Paul Celan)[6]은 어떤가? 베를린의 한 호수에서 익사체로 발견된 페테르 손디(Péter Szondi)[7]는? 이들은 명예와 존경을 한껏 누리는 삶보다 자신을 삼켜버린 물살이 더 낫다고 보았을까? 파베세와 첼란과 손디가 택한 죽음이 프로이트와 P. F.보다는 빈의 저 창틀에서 뛰어내린 가정부의 그것과 더 가까울까? 그럼 슈니츨러(Arthur Schnitzler)의 구스틀 소위(Leutnant Gustl)는 어떻게 봐야 할까?[8] 비록 지어낸 인물이기는 하지만, 우리 인생의 현실을 아주 충실하게 그려낸 인물이지 않은가? 구스틀 소위는 오스트리아의 프라터 공원에서 뜬눈으로 밤을 지새우며 피할 수 없이 자살해야만 하는 자신의 처지를 괴로워한다. 제빵사와 시비를 벌인 끝에 칼을 뽑으려 했으나 체구가 훨씬 큰 제빵사의 힘에 눌려 꼼짝도 못 하고 말았기 때문이다. 이는 곧 오스트리아헝가리제국의 군대가 규정한 명예 수칙을 정면으로 위반한 행위였다. 아마도 구스틀 소위는 다음과 같이 중얼거리지 않았을까. "좋아, 할 수 없지 뭐. 그놈이 나보다 힘이 좋은 것이야 내 잘못이 아니잖아. 그런데 그 자식이 비열한 나머지 이 창피한 이야기를 퍼뜨리고 다닌다면, 격분한 상관들이 나를 군대에서 쫓아내려 할 거야. 아무래도 그런 수모를 당하기 전에 내 손으로 퇴역 신청서를 제출하는 게 낫겠다." 하지만, 구스틀 소위에게 있어 '황제가 하사한 제복'은 저 가정부가 애타게 사랑한, 녹아내릴 것만 같은 달콤한 목소리의 가수와 조금도 다르지 않았다. 구스틀 소위는 제복을 벗고는 살아갈 수 없었다. 저 가정부 처녀가 "소녀의 별처럼 아름다운 두 눈이여" 하고 노래 부르는 남자의 사랑 없이는 살 수 없었던 것과 마찬가지로. 구스틀 소위가 자신의 머리에 대고 총을 쏘지 않았던 것은, 총을 잡기 전에 우연히 그 힘센 제빵사가 다툼이 있던 그날 밤 심장마비로 죽었다는 소식을 들었기 때문이다. 자, 그럼 이제 물어보자. 구스틀 소위와 가정부 처녀는 프로

---

5 이탈리아 출신의 소설가이자 시인(1908~1950). 영문학을 전공하고 수많은 영미 문학작품을 이탈리아어로 번역했다. 그리고 현실 도피적인 경향에 반발해 이탈리아 신사실주의 문학을 개척했다. 이탈리아 최고 권위의 문학상인 스트레가(Strega)상을 받은 직후 42세의 나이로 자살했다. 직접적인 계기는 초대에 응하지 않는 여인들의 쌀쌀맞음이었다고 한다.

6 본명은 파울 안첼(Paul Antschel), 유대계 독일인으로 출생해 많은 걸작 시를 남긴 시인(1920~1970). 〈죽음의 푸가〉는 현대 시의 고전으로 꼽힌다. 제2차 세계대전 이후 빈을 거쳐 파리로 갔으며, 센강에 투신자살했다.

7 헝가리 출신으로 독일에서 활약한 문학 평론가(1929~1971). 독일에서 처음으로 비교문학 학과를 세웠을 정도로 대단한 명성을 얻은 인물이다.

8 슈니츨러는 오스트리아의 소설가이자 희곡 작가(1862~1931)다. 본문에서 언급하고 있는 〈구스틀 소위〉는 슈니츨러가 1900년에 발표한 단편소설이다.

이트, P. F., 파베세, 첼란 등과는 다른 인생 법칙을 적용받기라도 한다는 말인가? 사람에 따라, 주어진 상황에 따라 달라지는 법칙이라는 게 과연 법칙인가?

이렇게 따지고 들어도 '자살학'이 말하는 법칙들이 무력해지지는 않는다. 구스틀 소위의 경우 '자살학'은 저 명예 수칙이라는 게 행사하는 강제력이 너무나 비인간적이라고 지적하고 나서리라. 가정부의 경우에는 불행한 사랑이 자살을 야기한 요인이라고 할 게 틀림없다. 그 불행한 사랑으로 말미암아 좀 더 깊숙하게 숨어 있던 인생의 불만이 결국 자살이라는 행위로 이어졌다고 말하겠지. 첼란과 손디를 두고는 아마도 심인성 우울증이 그 원인이었다고 하리라. '자살학'의 진단에 틀린 것은 없다. 다만, 자살을 이미 감행했거나, 염두에 두고 있는 사람들에게 그런 말은 공허할 뿐이다. 이들에게 중요한 것은 자신이 처해 있는 상황일 따름이다. 너무도 완벽하게 유일해서 다른 것과는 헷갈리려야 헷갈릴 수 없는 자기만의 상황, 이른바 '인생 상황(situation vécue)'이라는 것은 무어라 말해도 절대 완벽하게 전달할 수 없다. 바로 그래서 어떤 사람이 자신의 손으로 목숨을 끊거나, 끊으려고 시도할 때마다 누구도 들춰 볼 수 없는 장막이 가려진다. 물론 앞뒤가 딱 맞아떨어지는 매우 보기 드문 경우에는 장막 안으로 너무나 환한 조명이 비치기 때문에, 우리의 눈은 스쳐 지나가듯 도망가는 장면을 알아보기도 한다. 그런 장면은 앞으로 따로 언급하겠다. 그보다 먼저 묻고 싶은 것은, 우리의 사례들이 객관적인 사실, 즉 자유죽음을 실행에 옮겼다거나, 도저히 피할 수 없는 상황에 처했다는 객관적인 사실 말고, 어떤 점을 공통으로 가질까 하는 물음이다. 답은 쉽게 찾을 수 있다. 답을 처음 들을 때는 별것 아닌 것처럼 들리겠지만, 좀 더 철저하게 분석해보면 이 답은 인생이라는 불가사의가 품고 있는 저 심연을 밝게 드러내 준다. 내가 이야기하고자 하는 것은 바로 '뛰어내리기 직전의 상황'이다.

이런 상황은 심리학에서 말하는 동기나 인과관계, 원인들이 꼬리를 물고 이어지다가 마침내 스스로 목숨을 끊는 참혹한 행위가 벌어지는 그런 관계를 고려하지 않는다면, 근본적으로 모든 사례에서 똑같다. 이미 자살했거나 자살하기로 마음을 먹은 사람은 머리를 향해 점점 좁혀져 오는 벽들에 마구 부딪치다가 마침내 그 얇아지고 깨진 두개골로 벽을 받고 넘어가 버린다 (자살자와 자살할 뜻을 품은 사람을 구분하지 않는 것은 죽음이 벌써 시작되었는가 하는 점이 중요한 게 아니기 때문이다). 관련 학문이 '결산 자살(Bilanzsuizid)'[9]이라고 부르는 것보다는 아주 즐거운 마음으로 자유죽음을 계획했을 수도 있다. 또는 참기 힘든 외부 상황

---

9   '결산 자살'이란 그동안 살아온 삶을 차분하고 냉정한 마음으로 돌이켜보고 택하는 죽음을 이르는 표현이다.

의 집요한 압력 끝에 이른바 '충동 자살'이라고 부르는 것으로 내몰렸을 수도 있다. 자살할 마음을 먹은 사람은 슬픔과 우울함에 젖어 멍한 상태로 있으면서 이미 오래전부터 죽음을 향해 나아가기 마련이다. 또는 그 정반대 경우도 있다. 죽기 몇 시간 전에 아주 기분이 좋아서 웃고 떠들기도 한다. 이런 상황은 목격자의 증언으로도 확인되고 있는 사실이다. 뛰어내리기 직전의 순간은 다른 모든 일을 심드렁하게 여기는 상식 밖의 무관심을 빚어낸다. 뭐가 어떻게 다르다느니 하는 따위의 시시콜콜 따져야 하는 문제는 하나도 빠짐없이 남겨진 가족의 몫이거나 과학의 차지일 따름이다. 저 가정부 처녀를 예로 든다면, 과학은 '하잘것없는 동기'라는 표현을 쓰리라. 그렇지만 되묻지 않을 수 없다. 과학이 아는 게 뭔가? 외부에서 알 수 있는 것은 한마디로 말해 아무것도 없다. 부부싸움으로 충분한 양의 수면제를 먹고 순전히 우연 탓에 '목숨을 건진' 한 남자를 나는 안다. 그는 스물네 시간 동안 혼수상태에 빠졌었지만, 오늘날 멀쩡히 살아 있다. 평소에 잘 알던 신경과 의사에게 끌려간 남자는 일장 훈계를 들어야만 했다. 의사는 근엄한 얼굴로 부부싸움이나 눈물 혹은 화해 같은 일은 어디까지나 보드빌(Vaudeville)[10]에 지나지 않는다고 가르치려 들더란다. 내가 보기에 의사는 작기는 하지만, 결정

---

10   춤과 노래를 곁들인 가볍고 풍자적인 통속 희극. 노르망디 지역에서 불리던 풍자적인 대중가요에서 비롯된 말이다.

적인 오류를 저질렀다. 뭐가 보드빌이며, 무엇이 진짜 비극인지는 작품의 저자, 즉 당사자만이 안다. 대개 아주 잠깐이지만, 아주 고통스러운 시간을 끌기도 하는 '뛰어내리기 직전의 상황'은 철저한 무관심으로 신분이라는 차이까지 깨끗이 지워버린다. 저 가정부 처녀는 위대한 작가나 유명한 정신과 의사와 조금도 다를 바 없는 인물이 된다. 경우에 따라서는 영웅으로 떠받들어지기도 하고, 또 다른 경우에는 참담하기 그지없는 불쌍한 인생이 되고 만다. 수십 년 전 창문에서 뛰어내린, 아마도 단순하기 짝이 없는 인물을 좀 더 물고 늘어져보자. 대체 처녀의 자살은 어떻게 해서 시작되었을까? 아마도 달콤한 목소리가 부르는 "소녀의 별처럼 아름다운 두 눈이여" 하는 노래를 헤드폰을 끼고서 그 좁은 침대 가장자리에 앉아 흥얼거리며 따라 불렀으리라. 이런 부드러운 유혹에 저항한다는 것은 생각할 수 없는 노릇이다. 혹 방송국으로 이 가슴을 녹이는 목소리의 주인에게 편지까지 썼으나 아무런 답장을 얻지 못했을 수도 있다. 어떤 문방구에서 가수의 브로마이드를 발견했을지도 모른다. 기름을 발라 빗어 넘긴 검은 머리에 부드러운 볼로 누구를 향해 웃는 것인지 모를 달콤한 미소를 짓고 있는 남자. 처녀는 사랑을 주었지만, 돌아오는 사랑은 없었다. 속이 상한 나머지 노래조차 들을 수가 없다. 스모킹 재킷을 입은 남자의 팔이 그녀를 안아주지 않는 세상은 고통으로 가득 찬, 미칠 것만 같은 세상이었으리라. 옆집 여자아이나 푸줏간 총각에게 하소연을 해보지만 누구도 귀담아들어 주지 않는다. 처녀는 더는 참을 수 없다고 중얼거린다. 지크문트 프로이트가 무어라 중얼거렸던가. 이제 남은 것은 고통뿐이라 하지 않았던가. 이런 게 뛰어내리기 직전의 상황이다. 이를 두고 감히 비웃음을 흘리거나 훈계해도 좋을까? 결코 그래서는 안 된다는 것을 이 자리에서 분명히 강조해둔다. 뛰어내리기 직전의 상황에서 사람들이 취하는 행동은 '자살학'의 여러 자료를 통해서도 잘 증명되어 있다. 여기서 더불어 말할 수 있는 사람은 오로지 이 어둠 안으로 들어와 본 경험을 가진 사람일 뿐이다. 그런 사람은 바깥에서 불빛을 들이대며 뭔가 쓸모 있는 것처럼 보이는 어떤 것도 강제로 이끌어내지 않는다. 깊은 어둠 속에서 길어 올린 것은 환한 대낮이면 고운 모래처럼 손가락 사이로 흘러내린다. 그럼에도 어둠 안을 들여다본 사람만이 사건에 어울리는 올바른 태도를 취할 수 있다는 점은 솔직한, 또 자신을 부정하지 않는 자살 기도자라면 누구나 인정하리라. 물론 가정부나 파베세 혹은 첼란이 구조되어 치료까지 받았다고 가정해보자. 그런 상황은 얼마든지 생각해볼 수 있다. 그래서 세 사람 모두 입을 모아 순간적으로 정신이 나간 나머지 그런 일을 저질렀다고 인정한다면, 이제 모든 게 원상으로 돌아올까? 그렇게 모든 것을 잊고 용서해주면 그만일까? 구조의 손길과 친절한 타이름에 고맙고도 송구해하면 그만일까? 친구들, 그래도 인생은 아름다운 거야. 그래, 그럴 수 있다. 하지만, 이 모든 게 뭘 증명해줄까? 입증되는 것이라곤 성공적인 치료를 받고 이전과는 *다른* 사람이 되었다는 것일 뿐이다. 그들이 더 낫고, 더욱 품위 있는 인간이 되었다고는 결코 말할 수 없다. 여기서 자살 행위 이전과 이후를 비교하며 함께 싸잡아 역사성을 운운하는 것은 삼가야 좋다는 게 내 의견이다.

　　로제 마르탱뒤가르(Roger Martin du Gard)[11]의 소설 속 주인공 장 바루아(Jean Brois)는 40세의 나이에 유언장을 쓴다. 무엇보다도 그는 자신의 묘를 기독교식으로 만들지 말 것을 희망한다. 지성과 도덕 감성이 최고조에 달한 지금, 즉 40세라는 나이에 그는 자신이 무신론자임을 고백한 것이다. 그런데 나중에 나이를 먹어 판단력이 많이 흐려졌을 때 그가 하는 말이나 행동을 인정해야 옳을까? 늙고 병든 장 바루아는 임종의 순간 목사를 맞이한다. 자, 이제 *누가* 진정한 장 바루아인가? 이전과 이후를 함께 묶는 역사성의 관점에서 본다면, 물론 임종의 순간 목사를 불러달라고 부탁하며 죽어가는 늙은 남자가 장 바루아리라. 앞서 흘러간 모든 인생의 순간이 그의 안에 층을 이루어 차곡차곡 쌓였기 때문이다. 나중에 온 것이 앞선 것들을 변화시켜 동화해버리고 말았기 때문이다. 하지만, 바로 그래서 역사성의 관점은 위험하다. 분명히 말해두지만, 이는 사실과 다른 이야기다. 내

11　프랑스 출신의 작가(1881~1958). 《티보가의 사람들》로 1937년에 노벨 문학상을 받았다.

가 개인적으로 인생의 한창때를 사는 40대에게 더 호감을 느낀다는 점은 인정한다. 그러나 호감과는 별개로 이야기는 정확해야 한다. 다시 강조하지만, 자살을 바라보는 데 있어 역사성의 관점은 피해야 한다. 살아가며 겪는 모든 시절은, 그러니까 실제에 있어 인생의 모든 순간은 저마다 나름의 논리를 가진다. 그에 알맞은 대접을 받아야 마땅하다. 시간을 통해 성숙한다는 것은 동시에 죽어가는 과정이기도 하다. 쉽게 말해보자. 우리의 불쌍한 가정부 처녀는 창문에서 뛰어내릴 당시와 똑같은 진정성을 나중에 결코 보여줄 수 없다. 그래서 그놈의 사랑 때문에 무슨 덕이라도 보았느냐고? 말도 안 되는 소리. 그녀는 오로지 자신의 사랑을 충실히 채웠을 따름이다. 비록 대답 없는 사랑이기는 하지만 그녀는 자신의 존재에 강력한 밀도를 불어넣었다. 이는 죽지 않고 살아남아 나중에 착한 남자를 만나서 아이들을 낳고, 그들에게 둘러싸였어도 결코 누릴 수 없는 밀도가 아닐까. 극단적인 선택이기는 했지만 자살을 택함으로써 그녀는 뛰어내리는 바로 그 순간에 가장 진솔한 인생을 살았다.

뛰어내리기 직전의 순간은 앞으로도 거듭 이야기하게 되리라. 이 순간이야말로 자살이라는 문제의 알파요 오메가다. 뛰어내리는 순간 어떤 일이 일어나는지는 분명하다. 죽음은 어쨌거나 우리가 함께 끌어안고 살아야만 한다. 나이를 먹어갈수록 우리 안에서 자라나며 공포로 자신의 존재를 알린다. 혹은 바깥에서 가해지는 테러로 우리를 위협한다. 외부로부터 다가온 죽음은 우리를 강제로 떼어놓는다. '밖에서 다가와 떼어놓는다'라는 말은 비유적으로 볼 때 이중의 의미가 있다. 그러니까 마치 우리가 죽음에로 *도망간다*는 뜻일 수도 있다. 도망을 간다고? 어디로? 그 어디도 아닌 곳으로. 우리가 시작한 여행은 상상할 수 있는 목표를 갖지 않는다. 그런데 뭐가 우리를 어디에서 떼어놓는단 말인가? 이 말은 틀린 말이다. 틀릴 수밖에 없는 말이다. "죽음이란 없음, 아무것도 아님, 철저한 무(無)이기 때문이다." 내가 다른 곳에서 썼던 표현이다. 그럼에도 '도망을 간다?' 있지도 않은 곳으로 도피를 한다는 게 무슨 말인가? 지금 여기서 떨어져 나와 '없는 곳'으로 간다? 노래 가사에 흔히 등장하는 허무가 아니다. 우리가 말하는 것은 그저 '없음'이다. 그리고 이 '없음'에는 이중의 의미가 숨어 있다. 죽음을 기다린다는 것은 이 이중의 역설이 허락하는 한, 일종의 수동태다. 없는 무엇인가를 우리는 기다린다. 아무것도 하지 못하고 그저 팔짱만 긴 채. 없는 것을 있는 것처럼 생각하도록 강요하는 수동태 문법이다. 하지만, 자유죽음은, '스스로 목숨을 끊음'은 의심의 여지가 없이 문법적으로나 실제로나 적극적인 행위다. 죽음을 향해 마지못해 나아가는 인생과 자유죽음이라는 자발적인 행위는 간단하게 비교될 수 있는 게 아니다. 물론 그 결과는 두 가지 경우 모두 똑같은 것이라 할지라도. 어쩔 수 없이 죽어야만 하는 사람은 운명이 부르는 소리에 마지못해 대답할 뿐이다. 겁에 질려 가까스로 하는 대답이 있는가 하면, 용감하게 맞서 외치기도 한다. 하지만 자살을 감행한 사람 혹은 자살할 뜻을 품은 사람은 자신이 먼저 이야기를 꺼낸다. 첫마디부터 직접 한다. 어떤 형태로든(이를테면 병이나 사고 혹은 그냥 단순하게 기력이 떨어져서) 죽음이 말을 걸어오고 난 다음에는, "죽음아, 네 가시는 어디에 있느냐?" 하고 결코 묻지 않는다. 오히려 그는 죽음을 소리쳐 부른다. 죽음은 마지못해 뭐라 알아들을 수 없는 대답을 흘릴 뿐이다. 그래서 다음과 같은 일이 일어난다. 자살하려는 사람은 자신이 누워 있던 매트리스라는 구덩이를 박차고 일어나 머리를 부딪친다. 벽은 점점 좁아진다. 그러나 벽이 좁아지는 것은 죽음의 알아듣기 힘든 대답일 뿐이다. 그것은 죽음의 문제다. "머리로 벽을 받으며(La tête contre les murs)"(에르베 바쟁[12]이 쓴 소설의 제목이다)는 전혀 다르다. 자유죽음을 찾는 사람은 벽을 깨고 나온다. 여기서 벽이란, 내가 이미 암시했듯, 생명의 논리를 말한다. 생명의 법칙이라고 해도 좋다. 어쨌거나 이것은 우리에게 주어져 있다. 선택한 게 아니라, 그 어떤 높은 힘이 우리에게 강제한 것이 이 벽이다. 생물학자도 행태 연구가도 입을 모아 하는 이야기다. 물리학자조차 같은 소리를 한다. 이론물리학의 최신 연구는 전통의 생기론(生氣論)과는 다른 결론을 허용

---

12 에르베 바쟁(Hervé Bazin)은 프랑스의 소설가(1911~1996)다. 주로 폐쇄된 사회의 인간관계를 파헤치는 사실적 수법으로 작품을 썼다.

하고 있기 때문이다. 이를테면 자크 모노(Jacques Monod)[13]는 생명체와 인간이 단순한 "우연의 산물"이 아니라, 틀림없이 생명 법칙에 따라 생겨난 것이라고 주장한다. 미리 정해져서 우리에게 주어진 '생명 법칙'이 있다? 심지어 어떤 이는 우리 일상생활의 행동이 이 법칙으로 이미 '프로그래밍' 되어 있다고 말한다. 이런 생각은 우리가 흔히 쓰는 말속에도 녹아들어 있다. "뭐 다 살려고 하는 일이죠." 자신이 저지른 추악한 일들을 두고 용서를 구하는 사람이 자주 쓰는 말이다. 그러나 다시 한번 묻자. 살아야만 한다고? 일단 태어난 이상 살아야만 한다고? 뛰어내리기 직전의 순간 자살하려는 사람은 자연의 법칙을 깨뜨린다. 아예 이 자연법칙을 돌돌 뭉쳐 보이지 않는 권력자의 발 앞에 던져버린다. 마치 연극 무대 위의 관료가 상관에게 계약서를 집어던지듯. 이제 자연의 규정이라는 것은 아무것도 아닌 한 뭉치의 휴지 조각일 따름이다. 자유죽음을 찾는 이는 누가 묻기도 전에 먼저 목청껏 소리를 지른다. 아니야! 혹은 둔중한 목소리로 나직하게 말한다. 살아야만 한다면 그렇게 해, 나는 아니야! 나는 원치 않아. 밖에서는 사회의 법으로, 안에서는 '자연법(lex naturae)'으로 느끼도록 충동하는 강제 앞에 굴복하지 않을 거야. 사회의 법이든, 자연법이든 나는 더는 인정하지 않겠어.

---

13   프랑스 출신의 생화학자(1910~1976). 1965년에 노벨 생리학·의학상을 공동 수상했다.

이게 바로 뛰어내리기 직전의 상황이다. 클라이스트(Heinrich von Kleist)[14], 채터턴(Thomas Chatterton)[15], 파베세, 첼란과 손디 그 밖에 헤아릴 수 없이 많은 무명의 자살자는 바로 이 상황에 부닥쳤었다. 이들은 그 의도가 '성공'했든 실패했든 상관없이 그들의 행위로 다음과 같은 심각할 정도로 알쏭달쏭하면서 논리적인 모순으로 가득 찬 말을 만들어내고 말았다. 내가 염두에 둔 것은 이런 말이다. "생명은 최고의 자산이 아니다." 이성적으로 생각하는 한, 이 말과는 충돌할 수밖에 없다. 이 말을 만들어낸 사람이 오로지 확실한 극적 효과에만 치중한 나머지 별 깊은 생각 없이 썼다는 것쯤은 눈감아 주겠다. 대체 이게 무슨 말인가? 자산이란 살아 있을 때만 누리는 것이다. 죽음이라는 아무것도 아닌 없음에서 자산이 다 무엇인가? 생명은 최고의, 궁극적인, 가장 심오한, 제일 좋은 자산임이 틀림없다. 그러나 이제 뛰어내리기 직전의 상황에 처한 사람에게 이 논리적으로 말도 안 되는 모순된 판단은 돌연 좋은 의미를 갖는다. 물론 이런 좋은 의미는 생명의 저편에 있는 것, 생명 법칙을 거스르는 것이다. 생명에만 봉사하는 정신인 이성의 피안에 있다. '자살학'이라는 학문 분과의 가장 철저한 연구자도 손끝조차

---

14 독일 최고 시인으로 꼽히는 인물(1777~1811). 인생을 절망한 끝에 불치병을 앓던 유부녀 포겔(Vogel)과 함께 포츠담 근처의 호수에서 권총 자살했다.

15 영국이 낳은 천재 시인(1752~1770). 열다섯 살 때부터 독특한 형식의 시를 써서 발표했다. 불과 열일곱의 나이에 스스로 목숨을 끊었다.

댈 수 없는 곳에 생명보다 소중한 자산이라는 게 있다. 나는 다시 금 두 명을 주목한다. 이 두 명의 내면은 세계사와 정신 역사의 저 위대한 자살자들보다 나에게 더욱 가까이 다가온다. 엠페도클레스[16]나 데모스테네스[17] 또는 카토[18], 더 나아가 해탈을 이루기 위해 자신을 불태우는 다비 의식을 치르는 불교 승려 또는 슈테판 츠바이크(Stefan Zweig)[19] 또는 몽테를랑(Henry de Montherlant)[20] 등의 위인들보다 훨씬 더 가깝게 느껴지는 두 사람은 다름 아닌 구스틀 소위와 가정부 처녀다. 생명이 최고 자산이 아니라는 주장에 따르면, 구스틀이 입고 있던 '황제의 제복'은 생명보다 훨씬 더 소중한 것이다. 이 얼마나 모순된 말인가. 황제가 하사한 제복은 살아 있는 사람만 입는 것이니 말이

---

16   기원전 5세기경에 활약한 그리스 자연 철학자. 세상의 어지럽혀진 질서를 회복하고 만유와의 합일을 위해 자신의 몸을 화산에 던진 철학자라 전해진다.

17   고대 그리스의 정치가(B.C.384~B.C.322). 반(反)마케도니아 운동을 전개하다가 실패했고, 사형을 선고받자 도주하여 음독자살했다.

18   고대 로마 공화정 말기의 정치가(B.C.95~B.C.46). 아버지와 구별하기 위해 소(小)카토라고도 한다. 카이사르에게 대항했으나, 내전에서 패배하자 자살했다.

19   오스트리아 출신의 유대계 작가(1881~1942). 20세기 3대 전기 작가로 꼽히며, 로맹 롤랑의 전기로 유명해졌다. 나치스에 쫓겨 망명을 거듭한 끝에 유럽 문화의 몰락을 안타까워하며 아내와 동반 자살했다.

20   프랑스의 극작가이자 에세이스트(1895~1972). 제2차 세계대전 당시 독일군에 협력했다는 이유로 재판을 받았으나, 죄가 미미하다 하여 용서받았다. 이후 침잠해 살던 몽테를랑은 청산가리를 먹고 머리에 총을 쏘아 자살했다.

다. 머리에 기름을 바르고 달콤한 목소리로 소녀의 별같이 아름다운 눈을 노래하는 가수가 처녀의 살아 있음보다 더욱 귀중하다? 그야말로 모순 그 자체다. 생명의 피안에는 스모킹 재킷도 달콤한 음색도 없지 않은가. 처녀가 저지른 것은 어처구니없는 행동이다. 구스틀 소위가 프라터 공원에서 뜬눈으로 밤을 지새우며 어스름한 새벽이 되면 막사의 쓸쓸한 방에서 권총으로 자신의 관자놀이를 쏘겠다고 생각하는 장면을 떠올려보라. 실소가 터질 정도로 어이없는 태도가 아닌가.

부디 널리 이해해주기 바란다. 여기서 어이없음이란 심리학이 말하는 동기, 즉 오스트리아헝가리제국의 장교 명예 수칙이나 저 가수의 달콤한 목소리에 해당하는 게 아니다. 구스틀과 처녀의 마음 상태도 물론 맹랑하다. 지당한 말이다. 멋진 장식 끈이 달린 칼 없이도, 꽃미남 없이도 얼마든지 살 수 있다. 환한 빛에서 보면 미남의 얼굴은 저 소년 펠릭스 크룰(Felix Krull)이 분장실에서 화장을 지운 가수 뮐러 로제(Müller Rosé)의 민얼굴을 보고 실망하듯 초라할 수도 있다.[21] 내가 말하는 맹랑함이란 심리학이 지적하는 것보다 더 높은 차원의 것이다(아니, 더

---

[21] 여기서 언급하는 이름들은 토마스 만(Thomas Mann)의 장편소설 《사기꾼 펠릭스 크룰의 고백. 회상록 제1부(Bekenntnisse des Hochstaplers Felix Krull. Der Memorien erster Teil)》에 나오는 인물들이다.

깊다고 말하는 게 나을까. 높다거나 깊다는 것은 언어 습관의 문제니 차라리 다른 차원이라 해두자). 내 눈으로 보는 차원에서는 심리학적으로나 사회적으로 얼마든지 수긍할 수 있는 저 유명한 심리학자 P. F.의 자살 역시 못지않게 맹랑하다. 그 사람도 생명의 법칙을 무시하지 않았는가. 아니, 차라리 존재의 법칙을 무시했다고 하는 게 나을까? 나한테야 이거나 저거나 상관없는 일이다. 정의(定義)에 따른다면 말로 할 수 없는 것을 말해주려니 어차피 충분하지 못하게 전달할 수밖에 없기 때문이다. 어쨌거나 중병이 든 노인은 권총으로 무장하고 없음을 향해 달려들었다. 그는 인생을 누릴 만큼 누렸으며, 더욱이 심리학을 철저하게 꿰고 있는 노인이었다. 몸의 아픔과 동반자를 잃은 슬픔을 놓아버리고 싶었으리라. 그러나 있지 않은 사람은 고통으로부터도 자유로울 수 없다. 처녀와 마찬가지로 P. F.는 생명 법칙의 사슬을 끊어버리고, 비유적으로 이야기하자면, 없음을 향해 몸을 던진 것이다. 그렇지만 없음은 고통을 누그러뜨리는 달콤한 휴식을 결코 줄 수가 없다. 누구나 알고 있듯 차라리 모르핀 주사 한 방이면 고통을 잊고 심지어 일시적인 쾌감까지 누릴 수 있지 않은가. 정말 진지하게 나는 자유죽음 논의는 심리학이 끝나는 곳에서야 비로소 시작된다고 믿는다. 그렇지만 일단은 냉정을 유지하고 '높다'느니 '깊다'느니 하는 말들로 입을 채우지 말아야겠다. 오히려 이런 생각이 "삶의 한가운데 서서 신선한 활력으로 즐겁게 사는" 하고 부르는 노랫말의 주인공에게는 아무것도 아니라는 점은 인정해야 하리라. 우리의 논의는 기본적으로 자살을 염두에 두고 있는 사람, 아니 범위를 좀 더 좁혀보자면, 이미 뛰어내리기 위한 디딤판으로서의 문틀에 서 있는 사람에게만 적용된다. 물론 이런 사람에게는 우리의 암중모색이, 말로 하기 어려운 것을 불안하게 이끌며 조금씩 나아가는 우리의 논의가 자신에게 관계되는 유일한 것이리라. 그는 "그래도 살아야만 해" 하는 누구나 아는 지혜 따위를 이미 오래전에 깨끗이 잊어버렸기 때문이다. 힘차게 살아가는 이성적인 남자가 구스틀 소위의 면전에서 이런 말을 한다고 상상해보자. "이봐, 친구! 제복을 벗고 평범한 시민으로 살아가는 사람들도 많기만 해. 어째서 그들처럼 살 수 없다고 허튼 생각을 하는 거야? 햇빛은 시민 복장에도 비치며, 여자들은 계급장이 없는 남자도 사랑해." 그 자신도 이성적이며, 삶을 사랑했고, 밝은 분위기의 염세관을 가졌던 아르투어 슈니츨러는 또 다른 작품 《공정한 게임(Freiwild)》[22] 이라는 희곡을 썼다. 여기서도 주인공은 장교로, 명예냐 불명예냐 하는 문제를 놓고 고민한 끝에 자유죽음을 결심한다. 이때

---

[22] 슈니츨러가 1896년에 발표한 3막의 희곡. 청년 파울 뢰닝(Paul Rönning)은 오스트리아헝가리제국에서 통용되던 결투 전통을 과감히 거부한다. 법의 보호를 받지 못하는 상태에서 싸움을 즐기는 카린스키 중위에게 희생당하고 싶지 않았던 것이다. 여자를 사이에 두고 뢰닝과 다투던 카린스키는 결투 신청을 거부당했다는 모욕감에 끝내 뢰닝을 총으로 쏴 죽인다. 제목 'Freiwild'는 원래 법의 보호를 받지 못하는 사람을 이르는 말이다. '공정한 게임'은 마땅한 대체 단어를 찾지 못한 영미권에 소개된 제목이다.

한 인간적인 남자가 나타나 동료에게 무기를 버리라고 충고한다. 여자를 가운데 놓고 다투다가 '결투 신청'을 받아들이지 않은 쪽은 어디까지나 상대방인데, 그런 일로 스스로 목숨을 끊을 이유가 없다는 것이다. 그러나 결투 신청이 받아들여지지 않음으로써 군인으로서의 명예가 심각하게 손상당했다고 생각하는 주인공 장교는 이렇게 말한다. "이 일로 난 어차피 제복을 벗어야 해. 내가 카린스키(Karinski) 중위이기를 그만둔다면, 이제 난 뭐로 계속 살아가란 말인가?" 이 말에 친구는 이렇게 반문한다. "그래? 카린스키 중위가 그토록 중요한 거야?" 카린스키는 답한다. "모든 거야, 나한테는 그게 모든 거라고." 작가는 어느모로 보나 인간적인 남자의 편에 서 있다. 군인으로서의 명예를 더럽혔다고 죽음을 택하는 게 '미친 짓'이라고 남자의 입을 통해 반론을 제기하기 때문이다. 그렇지만 심리학자이면서 정신과 의사의 입장에 서지 않고, 오로지 작가의 눈으로 보는 슈니츨러는 독자로 하여금 카린스키의 장교복에 들어가 보도록 유도함으로써 결국 이런 이야기가 터져 나오게 만든다. "그래, 맞아. 저 불쌍한 녀석이 카린스키 중위이기를 그만둔다면 뭐가 되겠어?" 어째 저 바이닝거의 경우를 연상하게 만드는 대목이다. 그의 경우에 사람들은 서둘러 정신과 전문의를 불러오리라. 내말은 아주 상냥하며, 주 하나님과 직접 맞닿아 있는 인품을 가진 의사를 염두에 둔 것이다. 주 하나님은, 오스트리아에서 흔히 말하는 것처럼, '병든 말' 돌보듯 바이닝거에게 말씀을 전하리라. "여보게, 사랑하는 젊은 친구! 우선, 자네가 그토록 갈망하는 동시에 증오하는 여성이 백합처럼 하얀 허벅지 사이에 있는 검은 수풀로 능욕과 파괴를 일삼는 릴리스(Lilith)[23]라는 말은 옳지 않아. 둘째, 유대인이면서 유대인이기를 견딜 수 없어 하는 자네가 보는 것처럼 유대인이 끔찍한 피조물인 것은 결코 아니야. 오히려 그 정반대가 맞는다는 것을 입증해주는 사례를 차근차근 들어줄게." 물론 자신의 진찰실에 앉아 실존 분석적 정신 요법(Logotherapy)[24]을 적용하려 애쓰는 정신과 의사가 위와 같이 단순한 논리를 전개하지는 않을 게 분명하다. 오히려 뿌리까지 파고들어 가 바이닝거의 자기혐오가 터무니없는 궤변임을 조목조목 지적하면서 생명이라는 전 지구적인 체계에는 누구나 저마다 자기만의 존재 권리, 아무도 손댈 수 없는 불가침의 권리를 가지고 있다고 누누이 강조하리라. 하지만, 정작 바이닝거 자신은 어떤 반응을 보일까? 적어도 우리가 지금까지 여기서 살펴본 바에 따른다면, 의사의 따뜻한 위안과 지혜의 빛이 가득 담긴 말이 바이닝거에 가닿는 순간, 이미 문턱을 밟고

---

23 수메르 신화에 등장하는 여자 악령. 황야에 살며 어린아이를 습격한다. 간악한 성격으로 천국에서 추방을 당했다고 한다. 그래서 간계를 일삼으며 복수를 꿈꾸는 여신이다.

24 현재 상황에 초점을 두고, 자유의지와 개인의 선택·행위·판단을 강조하는 심리 요법. 실존주의 사상을 배경으로 하며, 어떤 지적인 해석이나 설명을 피한다. 현존재 분석이라고도 한다.

있는 그의 귀에 그 같은 삶의 지혜는 바보가 흔들어대는 종소리처럼 들리리라. 슈니츨러의 《공정한 게임》에 등장하는 카린스키에게는 오로지 중위 계급장이 전부일 뿐이다. 자기 자신이 그 혈통을 물려받았으면서도 바이닝거에게 유대인이란 오로지 죽음으로만 씻어버릴 수 있는 더러운 거품에 지나지 않았다. 결국 카린스키든 바이닝거든 그게 아니라고 친절하게 말을 걸며 지혜를 일깨워주는 사람에게 역겹다는 표정을 지으며 등을 돌릴 뿐이다.

지금 우리의 문제를 다루면서 자꾸 심리학을 기웃거리게 되는 것은 피할 수 없는 노릇이다. 그러나 거듭 강조해두지만 우리는 심리학 바깥에 있다. 심리학은 전문가가 다뤄야 할 영역이다. 그런데 뛰어내림이라는 행위는 아무리 거기에 심리적인 요인들로 가득 차 있다 할지라도 심리학에는 좀체 그 속내를 드러내지 않는다. 다시 말해서 자살이라는 문제는 심리학적인 접근으로 풀 수 없다. 이유는 간단하다. 생명 법칙이라는 게 깨지고 말았기 때문이다. 이로써 심리학도 무너지고 만다. 생명 법칙이 적용되지 않는 마당에 심리학이 다 무엇인가. 잠시 함께 숨을 고르고 '생명 법칙'이라는 전혀 간단하지 않은 개념을 좀 더 깊이 생각해보자. 심리학의 상위개념을 이루는 이 '생명 법칙'이라는 게 과연 무엇일까? 이런 개념이 필요한 이유는, 자기 보존이나 번식 본능이라는 사실에만 의존해서는 생명 욕구를 온전히 설명할 수 없기 때문이다. 오랜 세월 동안 그런 법칙의 토대가 무엇인지 하는 문제를 놓고 수많은 연구가 이뤄져 왔다. 또 그 연구 방법도 제각각이어서 서로 넘볼 수조차 없을 지경이었다. 그럼에도 내가 보기에는 한 가지 움직일 수 없는 사실을 확인해주고 있다. 다름이 아니라 법칙이라는 논리적 판단은 공허하다는 것이 그 사실이다. 이런 판단들은 그 본질상 동어반복(Tautology)[25]이다. 칸트의 용어를 빌리자면, 이런 게 바로 '분석 판단'이다. 생각을 풀어나가는 데 있어 주어 안에 이미 포함된 것을 이끌어내는 '분석 판단'은 정작 현실이 무엇인지 우리에게 전혀 말해주는 바가 없다. 현실을 아는 데 있어 결코 새로운 무엇을 우리에게 가르쳐주지 않는다. 그렇지만 현실은 틀림없이 그 토대를 가지고 있지 않은가. 어떤 게 있음과 동시에 없다는 것은 말이 되지 않는 이야기라는 점은 우리가 현실로부터 받아들이는 근본 경험이다. '생명 법칙', 여기서는 생명 논리 혹은 존재 논리라 불러 마땅한 것, 결국 생명을 다루는 모든 판단은 이 생명이라는 근본 사실과 언제나 결합해 있어야만 한다. 멋지고 훌륭하게 사는 가장 좋은 방법이 살지 않는 것이라고 말해서

---

25 어떤 판단의 주어와 술어가 같은 개념에 지나지 않는 판단. 이를테면 '인간은 사람이다' 하는 게 동어반복에 해당한다. 같은 개념만 되풀이했을 뿐, 새로운 것을 전혀 알려주지 않는다. 반대로 하나에 둘을 더하면 셋이라든가, 직선은 두 점 사이의 최단 거리라는 판단은 개념에 포함되어 있지 않던 사실을 알려준다는 점에서 종합판단이라고 한다.

는 곤란하다. 있는 동시에 없다는 게 무슨 말인가? 그야말로 일고의 가치도 없는 헛소리일 뿐이다. 있음의 논리가 그러하다면 사회의 논리도, 보편적인 의미에서 태도 논리도, 매일같이 먹고 자고 일하는 논리도, 마지막으로, 죽음을 배제한 일체의 형식 논리도 그래야 마땅하다. 내가 즐겨 인용하며 아무리 들어도 질리지 않는 에피쿠로스(Epicouros)의 말에 이런 게 있다. "죽음은 우리와 전혀 상관없는 것이다. 우리가 존재하는 한, 죽음은 없으며, 죽음이 들어서자마자 우리는 존재하지 않는다." 얼마나 정확한 말인가! 그리고 재담꾼의 익살처럼 공허한 말이다. 하지만 공허한 것 그 이상이다. 죽음을 상대해야만 하는 사람에게 죽음도 그 나름의 논리를 가지고 있다는 생각은 끝 모를 혐오감을 불러일으킨다. 죽음의 논리는 우리가 흔히 이성적인 태도를 가진 사람에게만 허락된다는 의미의 논리가 아니다. 죽음의 논리는 끊임없이 단 하나의 결론만 허용한다. 없는 것은 있지 않다. 이로써 그렇지 않아도 현실을 담아내지 못했던 모든 논리 판단(분석 판단)은 마지막으로 남은 현실과의 결속마저 잃어버린다. 특히 있음과 없음이라는 두 개의 존재 범주를 수학의 공식처럼 서로 관계시켜 같은 차원의 것으로 놓아버림으로써 '없음'이 곧 '있지 않은 것'과 동격이 되어버리고 만다. 없으며 있지 않다는 것은 완전한 부정이다. 도저히 생각할 수 없는 것을 생각하게 만드는 저주라고나 할까.[26]

지금 나에게 있어 중요한 문제는 다음과 같은 것이다. 실제로 뛰어내리기 직전의 인간은 말하자면 한쪽 발은 삶의 논리에, 다른 쪽 발은 죽음의 논리라는 반(反)논리에 각각 드리운다. 여기서 삶의 논리라고 하는 것은 자신을 지키고 종족을 보존하려는 내재적인 태도, 즉 태어나면서부터 갖는 본능만을 뜻하는 게 아니라, 더 높은 차원의 추상적인 가치까지 함께 아우른다. 더 높은 추상적 가치라 함은 사회질서나 명예 추구 등을 가리킨다. 다시 말해서 존재자 대 존재자 사이의 관계 혹은 무엇이 '참'이고 뭐가 '거짓'인지 숙고하고 도전하며 지켜내려는 일체의 노력 역시 삶의 논리는 포괄한다. 우리는 '참'과 '거짓'을 언제나 암묵적으로 존재 범주, 즉 실제로 있는 것인 양 여기는 경향을 보인다. 이런 혼동이 빚어지는 이유는 '있음'과 '없음'을 이어주는 다리가 없기 때문이다. 바로 그래서 우리는 죽음을 생각하기가 이토록 힘들다. 반대로, 뛰어내리는 사람은 말의 가장 본래적인 의미에서 반반씩 다리를 걸치고 넘어간다. 경험의 차원에서 그의 행위가 끝까지 이루어졌는지, 아니면 '구출'을 받기는 했지만 여전히 진공 속에 목을 매달고 있는지 하는 따위의 문제는

---

26   저자가 여기서 논의하고 있는 문제는 철학에서 이른바 '코풀라(Copula)'라고 하는 것이다. 예를 들어 영어의 'to be' 동사가 '있다'와 '~이다'의 두 가지 의미를 갖는 데서 비롯되는 문제다. 그러니까 'not to be'는 '없다'라는 뜻만 아니라, '~이 아니다'라는 뜻도 가지기 때문에 생겨나는 혼란이다. 저자는 오로지 '없다'의 경우에 한정해 논의를 전개한다.

전혀 상관이 없다. 잠깐, 넘어간다? 이런 '넘어감'이란 존재하지 않는다. 뛰어내리는 사람은 말로 설명할 수 없는, 논리적으로 말이 되지 않는 일을 저지른다. "비틀어버림, 그게 죽음이다(Le faux, c'est la mort)." 사르트르가 한 말이다. 뛰어내리는 사람은 생명의 논리와 죽음의 논리 사이에서 찢기어 있다. 존재적으로 독특한 이런 상황은 바로 이 찢겨 있음으로써 빚어진다. 그래서 뛰어내리는 사람은 죽음의 논리 혹은 죽음이라는 안티 논리가 무엇인지 안다. 심리학의 개념이 그런 것을 표현할 여지를 허락하지 않는 탓에 그게 뭔지 전혀 말해줄 수 없다고 할지라도. 그럼에도 자살 심리학은 마치 식은 죽이라도 먹듯, 굳어버린 단어와 방법으로 자살하려는 사람들의 속을 해부한다. 근엄한 얼굴로 아무것도 아닌 것을 가지고 왜 그러느냐고 타이른다. 그나마 조심스럽게, 말하자면 까치발을 하고 살금살금 다가와 주는 것은 나은 편에 속한다. 더구나 불편한 것은 그런 해부와 접근의 목적이 본인보다는 가족, 더 나아가서는 사회의 보상 심리에 달려 있다는 점이다. 자살을 기도했으나 마지막 순간에 목숨을 건져 다시 생명 논리와 그 언어의 세계로 되돌아온 사람을 붙들고 왜 그랬냐고, 어째서 우리를 그토록 놀라게 만들었냐고 추궁하는 셈이다. 정작 본인의 의중 따위는 아무래도 좋다. 그저 놀라 쓸어내린 가슴을 보상해달라는 식이다. 사정이 이렇다 보니 대부분의 자살 연구에서 우리가 읽는 것은 그렇고 그런 이야기일 뿐이다. 뛰어내렸던 사람은 죽음이 무엇인지 전혀 모른다. 그는 다만 죽음을 삶의 상황으로 착각했던 것일 따름이다. 다시 생명을 회복한 자는 부끄러워 얼굴을 들지 못한다. 우리 문화에서 자살은 부끄러워해야 마땅한 일에 지나지 않기 때문이다. 무슨 몹쓸 병에라도 걸렸던 것처럼 고개를 숙이며, 심지어 가난보다도 더 창피한 것처럼 얼굴을 붉힌다. 그는 말한다. "그저 평안을 얻고 싶었소. 그냥 편안하게 쉬고 싶었소." 마치 죽음이 삶의 한 순간인 것처럼 말이다. 아무것도 아닌 없음이 아니라, 존재 범주로 설명할 수 있는 것처럼 표현한다. 그래서 동시대의 자살 연구가들은 자유죽음에서 강제로 떼어진 사람이 많은 양의 수면제를 먹고 나서 '침대에 편안하게 누워 있었다'라거나 심지어 '초콜릿까지 먹었다'고 천연덕스럽게 이야기한다. 그러니까 무슨 문학 표현처럼 '그저 편안하게 행동했다'고 말하면서, 그것을 두고 즐거워한다. 안도의 한숨이라도 쉬는 것처럼. 하지만, 정말 편안했을까? 나는 그렇게 믿기를 거부한다. 완전한 부정이라는 짙은 안개가 걷혀버리고, 좁아지기만 하던 벽들이 다시 넓어지는 것을 정말 그가 보았으리라고 믿지 않는다(나 역시 지나친 비유를 구사하고 있다는 것을 잘 안다. 그러나 내 유일한 전달 수단인 언어가 다른 선택의 여지를 남겨두지 않는 것을 어쩌랴. 말로 담아내기 힘든 것을 시도하고 있는 내 고통을 이해해주기 바란다). 비유야 어쨌든 간에 내 눈에 다음과 같은 사실은 움직일 수 없는 것으로 보인다. 즉, 저 '평안'과 '깊은 잠'을 구하며 자살을 기도한 사람은 그의 존재가 갖는 한 영역, 곧 에둘러 우리가 '잠재의식'이라고 부르는 곳에서, 자신이 잠과 평안으로 들어가는 게 아니라, 어떤 것으로 뛰어들고 있다는, 그러니까 어떤 것일 수 없는 어떤 것으로 뛰어내리고 있다는 것을 잘 안다. 어떤 것일 수 없는 어떤 것? 무엇인가에 뛰어들고 있기는 한데 그게 뭔지 알 수 없는 것, 아니 존재하지 않는 그 어떤 것! 참 난처한 표현이기는 하나, 이런 것을 두고 투덜거리는 것조차 허락되지 않는 너무나도 끔찍한 것, 이게 바로 없음으로서의 죽음이다. 물론 반론은 할 수 있다. 지금까지 내가 말한 내용은 뛰어내리는 사람이 신앙을 갖는 경우에는 적용될 수 없다는 식의 반론은 가능하다. 신앙이라는 것 역시 생각이기는 하다. 하지만, 이 생각이라는 게 궁극적인 깊이에 이르면 당연히 이 세상의 잠과 평안으로 들어가는 게 아니라, 비교조차 할 수 없을 정도로 더욱더 아름답고 평안한 어떤 것으로 나아가고 있다고 얼마든지 주장할 수 있다. 무엇과도 견줄 수 없이 아름답고 평안한 어떤 존재, 바로 신에게로 말이다.

두비토(Dubito).[27] 적당한 때가 오면 반드시 자유죽음과 기독교를 더욱 자세히 이야기해야만 하겠다. 여기서 우선 말해두고 싶은 것은 진정 신앙심이 깊은 사람에게 뛰어내려야 할 상황은 생겨나지 않으리라는 점이다. 자유죽음, 즉 '자살'은 이런 맥

---

27 '나는 의심한다'라는 뜻의 라틴어다.

락에서는 결국 죄악이라고 말해질 수밖에 없기 때문이다. 그러
나 신은 위대하다. 주님의 자비는 끝을 모르므로 언젠가는 용서
해주실 거다. 그래서 '신앙인'은 죽음을 자신의 가슴으로 끌어
당겨, 주님의 사랑으로 품어 안으리라. 그렇다면 모든 게 좋다.
삶과 죽음을 두고 벌이는 논리적인 혼란이라는 우리의 문제는
고작 쓸데없는 망상일 뿐이다. 아니다, 더욱 나쁘다. 이것은 불
행이다. 오늘날 우리가 살아가는 문명, 혹은 원한다면 시대정신
은 신앙과 거리가 멀기만 하다. 그토록 깊은 신앙은 극히 소수
의 사람에게서만 찾아볼 수 있을 뿐이다. 더욱이 갈수록 줄어들
고 있다. 이런 시대에서 신앙이 우리의 존재를 떠받들어주는 확
실한 버팀목이 될 수는 없다. 사랑하는 주님에게 모든 것을 맡
긴 사람만 그런 버팀목을 기대할 수 있다. 하지만 오늘날 철저
한 권리 의식으로 무장한 사람들은 오로지 자신이 주인일 뿐이
다. 스스로 살 것인지 죽을 것인지 결정한다. 신의 권능과 권위
가 끼어들 틈을 조금도 주지 않는다. 근본적으로 문제가 되는
것은 각자가 처해 있는 상황이다. 이 상황이라는 것에서 출발해
야만 자유죽음을 논의할 수 있다. 그리고 상황이란 심리학이 야
단법석을 떨어가며 헤집어놓은 메마른 땅과는 다른 것이다. 거
기에는 훨씬 더 많은 비밀이 숨어 있다. 인간이 뛰어내리기 직
전에 처하는 상황이란 신앙을 가졌느냐 아니냐 하는 문제와 전
혀 상관이 없다. 구스틀 소위는 가톨릭 교육을 받고 자랐다. 그
를 키운 사람들은 주님의 권능이 두려운 나머지, 죽음이라는 말

을 입에도 올리지 못했다. 그럼에도 청년은 스스로 목숨을 끊을 생각을 하는 무거운 죄를 저질렀다. 물론 슈니츨러의 걸작 단편은 심리학의 테두리 안에 머물러 있다. 엄마, 아빠, 고향 도시 그라츠 그리고 처녀와 연병장의 동료 군인들. 이게 구스틀의 심리를 에워싸고 있는 울타리다. 아마도 슈니츨러는 구스틀의 세계에서 신이 중요한 역할을 하는 게 그럴싸하게 보인다 싶어 자신의 단편에 신을 끌어들였으리라. 하지만 그 슈니츨러가 누구야? 이렇게 묻는 소리를 나는 똑똑히 듣는다. 그리고 또 이렇게도 묻겠지. 삶이냐 죽음이냐 하는 문제를 둘러싼 존재론적 말장난을 하려고 교묘하게도 심리학을 끌어들이고 있는 거야? 심지어 이런 상황 설정은 심리학의 오용이자 추행이라는 비난도 들린다. 물론 의사이자 작가인 슈니츨러는 뛰어난 실력을 자랑하는 심리학자는 아니었지만, 동시대인인 지크문트 프로이트를 아주 높이 평가한 몇 안 되는 작가들 가운데 한 사람이었다. 슈니츨러는 인류학자는 아니었지만, 인간을 이해할 줄 알았다. 그의 작품에 나오는 한 줄 한 줄이 반박할 수 없는 그 증거다. 또 슈니츨러가 심리학에 밝은 작가지 현상학에 바탕을 둔 사상가는 아니라는 말도 맞다. 그렇지만 핵심은 그가 인간을 안다는 점에 있다. 바로 그래서 저 젊은 장교가 밤새 자신과 벌이는 내면의 독백, 말이 나온 김에 하는 이야기지만 다른 더 유명한 독백에 조금도 손색이 없는 이 자기 자신과의 대화를 읽어보면, 그 안에 담겨 있는 인간 존재의 심연이 가진 비밀이 고개를 든다. 우리는 누구인가? 우리는 어디서 왔는가? 우리는 어디로 가는가? 이때 슈니츨러는 겸손하게 뒤로 물러서서, 자신의 등장인물들로 하여금 말하고 생각하게 한다. 위의 문제들을 놓고 사람들이 별생각 없이 지껄여 대는 게 정확히 무엇을 의미하는지 곱씹어보게 만든다. 슈니츨러는 문제에 직접 손을 대지는 않지만, 그게 우리에게 아주 절박한 문제라는 사실을 잘 알았다. 바로 그래서 슈니츨러는 여기서 말해야 하는 것을 다루는 데 조금도 부족함이 없는 무장을 갖춘 증인이다. 물론 저 심연은 그 속내를 쉽사리 드러내려 하지 않는다. 오히려 심지어 한사코 아무말도 하지 못하게 만들기도 한다.

쉽게 말할 수 없다는 점을 강조하면서 나는 낯선 풍경 안으로 들어선다. 짙은 안개가 묵직한 추를 드리우고 있는 늪지대다. 에세이스트라면 아주 조심해야 할 수렁이다. 몸을 사리지는 않는다. 좌고우면하는 데 익숙하지 않은 탓이다. 쉽게 말할 수 없는 것을 말해버리고 말았다면, 이제 비판의 화살을 맞을 각오를 해야 한다. 명료한 생각만으로는 충분하지 않다. 사람들이 자주 인용하는 글에 다음과 같은 게 있다. "대답할 수 없는 질문은 하지도 말아야 한다." 몇 줄 더 나아가 결론이 내려진다. "말할 수 없는 것은 침묵해야만 한다." 지극히 타당한 말이다. 적어도 누구나 인정할 수 있는 판단이 문제가 되는 곳에서 이런 철저한 태도는 반드시 필요하다. 철학이 '과학'에 봉사하려는 요구를 갖는 한, 꼭 지켜야 할 성실함이다. 하지만 철학이 과학이고자 하는 채워질 수 없는 요구를 포기하는 한, 위의 말은 힘을 잃는다. 과학의 말로 알 수 없다고 할지라도, 알기 위한 노력을 끊어서는 안 된다. '아프리오리(a priori)'[28] 한 인식으로 받아들여지는 것은 설혹 그 바탕이 인식 불가능한 것이라 할지라도, 끝까지 붙들고 늘어져야 한다. 역설이라는 방법을 동원해서라도 그 정체를 밝히려 시도해야 한다. 그리고 이 시도는 꼭 필요하다. 그 이유는 이렇다. 루트비히 비트겐슈타인에게 영감을 얻어 시작된 신실증주의는 옳은 동시에 틀렸기 때문이다. 신실증주의는 생명의 논리라는 영역 안에서 의미 있는 판단을 이끌어내기 위해 가짜 질문을 거부하고 솎아낸다는 점에서는 옳다. 하지만 이 영역을 넘어가야만 하는 경우에 신실증주의의 태도는 옳지 않다. 세상을 살아가는 일의 궁극, 그 핵심을 알려고 고민을 거듭하는 인간의 정신 활동이 일탈과 넘나듦을 벌이는 게 불가피하고 꼭 필요한 경우, 알 수 없다고 침묵만 일삼을 수는 없지 않은가. 비트겐슈타인은 《논리 철학 논고》에서 "신비함이란 없는 것이다" 하고 말한다. 물론 여기서 이 말의 의미는 '알 수 없

---

28 인식이나 개념이 후천적인 경험에 의존하지 않고 '논리적'으로 앞선 것으로 주어진 것. '선천적'이라고 옮기기도 한다. 칸트는 인간이 가진 '아프리오리' 한 형식 조건 안에서만 무언가 알 수 있을 뿐, 이런 형식을 넘어선 것은 알 수 없다는 논리를 펼쳤다. 그러니까 "말할 수 없는 것은 침묵해야 한다"는 비트겐슈타인의 주장은 '아프리오리'한 것까지 부정하려는 시도다.

는 것'을 신비함으로 포장해놓고 그게 진짜 있는 것처럼 생각하지 말자는 권고다. 신비함은 신비주의자나 다루게 내버려 두라는 지적이랄까. "환한 대낮에 달빛이 비치는 것"을 두고 신의 계시 어쩌고 하는 일은 물론 삼가야 한다. 하지만 내 생각은 다르다. 신비주의라는 것은 기만과 속임수만 일삼을 뿐이다. 알 수 없다고 해서 신비주의에 팽개쳐두는 것은 더욱 위험하다. 물론 비트겐슈타인도 그런 뜻으로 말하지는 않았다. 그러나 이야기를 더욱 정확하게 할 필요는 반드시 있다. 우선, 도무지 알 수 없는 수수께끼라고 해서 그것을 없는 것으로 치부하는 태도는 위험하다. 이런 수수께끼는 있을 뿐 아니라, 우리가 살아가는 모든 행위에 걸쳐 두루 찾아볼 수 있다. 이 문제들을 놓고 함께 이야기를 나누는 것은 꼭 필요한 일이다. 물론 무어라 말해야 할지 막막하기만 한 나머지 이런 논의에서 이끌어낸 결론은 별생각 없이 사는 바보마저 비웃음을 흘리며 공격해댈 소지를 다분히 가진다. 그렇다 하더라도 뛰어내리기 직전 자신의 발 앞에 시커먼 입을 벌리고 있는 심연 앞에 서본 사람이라면 이런 논의에 동참해 함께 고민을 나눠야만 한다. 서로 머리를 맞대고 분명한 말로 자신의 속내를 풀어내려 노력해야 한다. 물론 끝없는 순환 논리가 이어질 수는 있다. 아니, 더 정확히 이야기하자면 알 수 있는 것과 없는 것이 반쯤 맞물린 절반의 순환 논리를 통해서라도 계속 정확하게 말하려 애를 쓰면서 그 알 수 없는 신비라는 게 무엇인지 생각을 모아봐야만 한다. 결코 정확함에 이를 수 없는 논의일지라도 끊임없이 시도해봐야 한다. 명료한 문장(du langage clair)의 조명이 비추지 않을지라도, 불명확할지라도 이야기를 해야 실마리를 찾을 수 있다. 왜? 우리가 풀지 못한다고 해서 수수께끼가 없어지는 것은 아니니까. 알 수 없다고 해서 그게 없어지는 것은 아니므로. '알 수 없는 것'일지라도 분명 존재한다.

주제에서 벗어났다고? 아니, 그렇지 않다. 오히려 그 반대다. 끊임없이 움직이며 조금이라도 더 나아가보려 하고 있을 뿐이다. 우리는 죽음이라는 것보다 더 절박한 수수께끼를 알지 못한다. 죽음이라는 것의 안을 들여다볼 때 자유죽음은 그 어처구니없는 모순을 몇 배는 더 끌어올린다. 너무도 엄청나서 도저히 그 규모를 알 수 없을 정도로. 이제 구스틀 소위는 물러가도 좋다. 그 깃털같이 가벼운 인격보다 우리는 훨씬 더 중요한 것을 다뤄야 한다. 가장 좋은 방법은 구체적인 인물 대신 'X'를 놓고 이야기하는 것이다. 뛰어내리려는 사람의 실명을 거론하게 되면, 그의 구체적인 실상보다는 어딘가 모르게 부풀려진 허상에 사로잡히기 쉬운 까닭에 익명의 'X'로만 이야기하는 것이 좋다. 그런 허상이 있다는 것을 어떻게 알았느냐고 묻는다면, 나는 서슴없이 성찰과 공감을 통해서라고 대답하련다. 사르트르는 플로베르(Gustave Flaubert)[29]가 일으킨 간질 발작이 가짜였다는 것을 처음부터 알았을까? 아니, 전혀 몰랐다. 오로지 강한 예감에 사로잡혀 사르트르는 몇 안 되는 빈곤한 자료나마 열심히 모아 사건의 실체에 접근할 수 있었다. 그리고 마침내 알아냈다. 예감의 힘이 능력을 부여한 것이다. 이런 능력은 오로지 부지런히 '자료'를 모으고, 연상의 물꼬를 틀어가며 얻어낼 수 있었던 것이다. 이를테면 예감의 재능이라고 할까. 분명히 말해두지만 어디까지나 예감이지, 예상이 아니다.[30] 두 단어는 같은 어원을 갖지만, 예감이 예상보다 훨씬 덜 닳아 있다. 그래서 'X'의 자유죽음을 추적하기에는 예감이 한결 더 낫다. 이런 식으로 가능한 한 'X'의 구체적인 모습들을 떨쳐버리고 그 그늘 속에 숨어 있던 죽음의 모순을 환하게 드러냄으로써 자유죽음을 택한 사람의 정황이 가진 사적인 특징을 솎아내 버린다면 다음과 같이 말할 수 있으리라. 있어서 안 되는 것은 실제로 있을 수 없다. 의심의 여지가 없이 칼날처럼 날카로운 결론이다. 작가는 죽음이라는 수수께끼에 익살스러운 표정을 지으며 예리하게 한 토막 잘라내어 구절을 완성했다.[31] 이로써 신비주의에 이끌리지 않고,

---

29   프랑스의 작가(1821~1880). 《보바리 부인》 《세 가지 이야기》라는 작품으로 유명하다. 부친의 권유로 마지못해 법학 공부를 하던 플로베르는 간질병에 걸린 것처럼 꾸미고 나서야 문학에 전념할 수 있었다.

30   예감은 'Ahnden'을, 예상은 'Ahnen'을 각각 옮긴 말이다. 어원을 살피면 'Ahnden'은 의지나 의도가 없이 이뤄지는 것인 반면, 'Ahnen'은 의도를 가지고 접근하는 것이라는 차이가 있다.

31   여기서 작가는 사르트르를 지칭한다. 앞서 등장한 인용문 "비틀어버림, 그게 죽음이다(Le faux, c'est la mort)" 하는 게 본문이 말하는 구절이다.

오로지 사색의 힘으로 죽음이라는 문제를 생각하는 데 있어 작가는 결정적인 도움을 제공한다. 있어서 안 되는 것은 실제로 있을 수 없다! 바이닝거는 유대인으로 있고 싶지 않았다. 그러나 그는 유대인이었다. 가정부는 가수의 관심을 절대 받지 못하는 무명의 인물로 있고 싶지 않았다. 그러나 가수의 눈에 가정부는 이름 없는, 가난한 처녀일 뿐이었다. 그래서 탈출구는 죽음뿐이었다. 있을 수 없는 것은 실제로도 있어서는 안 되니까. 혐오스러운 유대인으로 살아가고 싶지 않으니까, 유대인이 아닐 수 있는 현실의 길은 죽음이었다. 가정부도 마찬가지다. 가수의 눈길 한번 받을 수 없는 인생을 사느니, 그 현실을 부정하고 싶었다. 부정의 길이 곧 자살이었다. 하지만, 이 길은 길이 아니다. 그 어디로도 이끌지 못하는 길은 길이 아니다. 바이닝거가 스스로 목숨을 끊었다고 해서 유대인이 아닌 다른 사람이 되는 게 아니지 않은가. 개수대 앞에서 설거지하던 불쌍한 처녀가 죽었다고 가수의 품 안에 안길 수야 없지 않은가. 결국 자유죽음은 '무의미'하다. 이 말은 모든 경우에 남김없이 적용될까?

잠깐 숨을 고르며 '엑스 도모(ex domo)'와 '프로 도모(pro domo)'라는 말을 생각해보자.[32] 《늙어감에 대하여》라는 책에서 죽음이라는 사건에 한 걸음 다가가기 위해 나는 니체를 인용했다.

"죽음이란 경멸받아 마땅한 조건 아래서 벌어진 경우에만 자유롭지 못한 죽음이다. 아직 때가 무르익지 않았음에도 찾아온 죽음, 이는 겁쟁이의 죽음이다. 인생을 사랑하는 마음에서 택한 죽음은 다르다. 아무런 사고 없이 똑똑한 의식을 가지고 택한 죽음, 이것은 자유죽음이다."

당시 나는 거칠 것 없는 용기로 다음과 같이 덧붙였다. "얼간이들이 이루어온 자유죽음의 역사." 이런 표현을 쓴 지도 벌써 8년이라는 세월이 흘렀다. 이제 용기는 당시처럼 드높지 않다. 하느님 맙소사, 8년이라는 세월에도 나는 조금도 더 지혜로워지지 못했다. 그러나 세월은 나에게 새로운 것은 안겨다 주었다. 세월은 흐르기를 멈추지 않았기 때문이다. "얼간이들의 역사"라는 말을 취소하지는 않겠지만, 철저히 인생 논리 영역을 암시하는 경우에만 국한해서 쓸 것이다. 자기 자신과 결코 떨어지려 하지 않으면서도, 다시 말해서 인생과 완전히 결별하지 않으려 하면서도, 불안하고 조심스러운 발걸음으로 죽음이라는 안티 논리를 향해 나아가는 태도를 주제로 논의하는 지금 여기에서는 '얼간이'라는 표현을 쓰겠다. 이로써 내가 이야기하고자 하는 바는 다음과 같은 것이다. 자유죽음을 선택한 'X', 그러니

---

32 'pro domo'라는 말은 키케로가 망명에서 돌아와 자신의 몰수당한 집을 되돌려 받기 위해 한 연설이다. 'domo'는 집을 뜻한다. 그러니까 직역하면 '집을 위하여'라는 말이다. 'ex domo'는 '집에서 나온다'는 뜻이다. 오늘날 'ex domo, pro domo'는 '나에게서 나와, 나를 위하여'라는 뜻을 가진다.

까 가정부, 첼란, 클라이스트, 하젠클레버(Walter Hasenclever)[33], 헤밍웨이[34] 등은 그들의 어리석은 죽음으로 도저히 반박할 수 없는 치명적인 증거를 내놓았다. 즉, 그들에게 있어 인생은 '최고로 가치 있는 자산'이 아니었다. 그뿐이 아니다. 그들은 우리에게 분명하게 보여줬다. '있어서 안 되는 것은 실제로 있을 수 없다'는 게 심오한 농담 그 이상이라는 것을! 그들은 죽음이라는 모순(살기 위해 죽는다는 사실)을 또 다른 보다 더 놀라운 모순이라는 값을 치르고 풀어버렸다. 그 더 놀라운 모순은 이렇다. "나는 죽는다, 고로 나는 존재한다." 또는 이렇게 말할 수도 있다. "나는 죽는다. 고로 지금까지 끊임없이 나에게 어떤 판단을 강요하던 인생은 이제 없다." 아니, 더 나아가 이렇게 말해보자. "나는 죽는다, 고로 나는 최소한 뛰어내리기 직전의 순간에서만큼은 우스꽝스러울 정도로 어리석게도 그토록 갈망했던 나 자신을, 있을 수 없었던 상황을 현실로 이루어냈다." 현실이 그토록 나에게 허락하지 않던 바로 그것을! 뛰어내리기 직전, 바이닝거는 비(非)유대인이었으며, 빗자루를 든 처녀는 꽃미남 가수의 사랑을 받는 애인이었다.

---

33 독일의 작가(1890~1940). 독일에서 표현주의 문학을 개척한 인물이다. 나치스에 저항한 나머지, 체포당하는 것을 피하기 위해 스스로 목숨을 끊었다.

34 20세기 미국 문학의 대표 작가로 꼽히는 헤밍웨이(1899~1961)는 엽총으로 자신의 머리를 쏘아 자살했다.

여기서 지금 내가 논리적으로 말이 되지 않는 것을, 경험상 사실이 아닌 것을 억지로 꿰어 맞춰가며 증명하려 하고 있다고? 의미도 근거도 없는 말들을 늘어놓아 가면서 불합리한 소리를 주절대고 있다고? 환한 지적에 감사를 드린다. 다만, 어떻게 하면 검열관의 환심을 살 수 있는지 간단한 비결쯤은 나도 얼마든지 알고 있다는 점만 분명히 해두겠다. 그런 것을 몰라서 지금 이 골치 아픈 모순을 끌어안고 씨름하고 있는 게 아니다. 모순과의 철저한 대결 없이 그저 그런 사탕발림만으로 시간을 낭비하고 싶지 않을 따름이다. 우리가 지금 원하는 것은 자유죽음이라는 수수께끼에 조금이라도 더 가까이 가서 그 속내를 알자는 것 아닌가. 유익하고 건설적인 이야기를 하자고? 좋다, 다만 실체가 없는 개념들로 얼기설기 지어놓은 형이상학으로 뭐가 달라지는가? 이성의 소리를 외면하면서 자살하려는 사람들을 지켜주려 한다고? 유치한 소리는 하지 말자. 나는 사람들에게, 자 이제 떼를 지어 나가 목숨을 끊어라, 그러면 여러분의 정신에 명예 훈장이 드리워질 것이라고 이야기하는 게 아니지 않은가. 그럴 생각은 털끝만큼도 없다. 그렇게 멍청하게 군다면, 침묵하겠다. 내가 지금 이야기하고 있는 것은 우리가 그 위에서 움직여야만 하는 습지대, 짙은 안개가 드리워진 습지대로부터 그저 몇 가지 소소한 자료와 그저 그런 이야기들 그 이상의 것을 환하게 밝혀내기 위한 준비 작업일 따름이다. 듣기 좋다거나 나쁘다는 것을 따질 만한 성질의 문제가 아니다.

그럼 이제 지금까지의 힘든 작업을 통해 얻어낸 결과를 요약해볼 필요가 있다. 우선, 우리의 생각은 실증과학이라는 영역의 테두리 안에서 이른바 '자살학'이 밝혀낸 모든 것과는 분명히 구분된다. 확인해낸 것은, 논리라는 게 무엇이 되었든 생명의 논리여야 한다는 점, 그리고 "어떤 말로도 설명할 수 없는 자살이란 일체의 구속을 깨뜨리는 행위"라는 사실이다(골로 만이 형 클라우스를 회상하며 한 말이다).[35] 그뿐이 아니다. 자살이라는 행위는 순수이성과 실천이성의 굴레도 끊어낸다. 더 나아가 묵묵히 참고 따르는 골로 만의 체념과 달리 나는 '행위'를 과감하게 설명하려는 시도를 추구하지 않았다. 오히려 조심스럽게 더듬으며 행위에 접근하려 했다. 물론 논리적인 정연함 대신 의혹의 여지가 많은 비유에 의지했다. 결과적으로 이 같은 접근 방식은 쉽게 말해질 수 없는 '수수께끼'를 조금의 긴장도 늦추지 않고 이야기하도록 독려해왔다는 점에서 정당성을 얻는다. 한편에서는 끝끝내 고개를 돌리려는 무관심이, 다른 편에서는 맹목적인 망상이 끊임없이 위협을 가하는 속에서 이뤄진 안간힘이었다. 우리는 현대 논리학이 이른바 '가짜 질문'으로 치부해

---

35 골로 만(Golo Mann)은 토마스 만의 여섯 자식 가운데 셋째, 아들로는 둘째다(1909~1994). 역사학자이자 시사평론가면서 작가로 활동했다. 클라우스 만(Klaus Mann)은 둘째이자 장남으로(1906~1949) 역시 작가로 활동했다. 나치스를 피해 미국으로 망명했던 아버지를 따라갔던 클라우스는 이후 계속 세계를 떠돌던 끝에 자살했다.

버린 문제를 파고들어 가 그게 겉보기처럼 가짜가 아니라는 것, 오히려 우리 존재의 가장 깊은 층을 이루고 있다는 점을 보여줬다. 이것만으로도 이 글이 의미 있는 것으로 평가받기를 기대한다. 동시에 이는 곧 다음과 같은 책무를 떠맡게 되었다는 것을 뜻한다. 여기서 말하는 책무란 다름이 아니라 도저히 생각하기 힘든 것을 마치 어떤 물건을 손에 잡기라도 하듯 붙들어 구체적으로 '가늠해봐야 한다'는 것이다. 말하자면 생각할 수 없는 것을 생각이 가능한 것처럼 떠올리며 계속 논의를 끌고 가야만 한다. 없는 것을 있는 것처럼, 모순을 당연한 것처럼, 생각해야만 하는 이중의 위험을 이 책무는 떠맡는다.

　　그런 책무를 수행하기 위한 계약을 독자와 체결하는 경우, 서명을 요구할 수는 없다. 어리석음[이것은 물론 내가 마음대로 지어낸 것도, 심지어 그 어떤 속임수인 것도 아니다. 다만, '인간 조건(condition humaine)' 가운데 가장 저급한 것일 따름이다], 역설, 모순 따위가 자신에게도 해당하는 것인지 아닌지 하는 문제는 전적으로 독자의 판단에 맡겨야 하기 때문이다. 게다가 독자는 언제라도 인간의 건전한 상식으로 도피할 수 있다. 아니, 독자는 앞서 이야기한 것처럼 생각하기가 이중으로 힘든 것을 물고 늘어지기보다는 건전한 상식에 매달리는 게 훨씬 더 자연스러운 일이리라. 누구나 때가 되면 맞이하는 죽음이 그 뿌리에서부터 모순이라는 사실을 받아들이는 것은 생각처럼 쉬운 일이 아니다. 더구나 자유죽음이라는 문제에 이르면 이런 어려움은 더욱 커진다. 자유죽음이라는 것은 근본적인 모순을 뿌리째 뽑으려는 시도지만, 이는 실패로 끝날 수밖에 없다. 자살을 기도하는 사람은 더욱 깊은 모순이라는 심연으로 뛰어내리기 때문이다. 그는 죽을 뿐 아니라(또는 죽음으로 자신을 보내버릴 뿐 아니라), *자기 자신을 스스로 지워버리는* 결과까지 낳는다.

　자살을 시도하는 사람은 죽음과 자아 소멸이라는 이런 상황을 다분히 의식해서 체험한다. 어떤 이는 짐짓 밝은 기분인가 하면, 또 어떤 이는 열광하기도 하며, 히스테리와 함께 온갖 소동을 벌이는 사람이 있는가 하면, 침착하고 겸허한 자세로 받아들이는 사람도 있다. 이처럼 뛰어내리기 직전의 상황은 다양한 모습을 보여준다. 유대인, 여성, 나, 이렇게 오토 바이닝거는 생각했으리라. 혹은 아예 아무 생각을 하지 않았을 수도 있다. 유대인, 여성, 나, 이렇게 세 가지 생각에 괄호를 쳐버리고 짓밟아버리는 것도 충분히 예감할 수 있는 일이다. 저 가정부 처녀는 별처럼 반짝이는 두 눈 없이는 살 가치도 없다고 생각했으리라. 또는 아무것도 생각하지 않고 다만 어떤 것, 비유적으로 말하자면 도저히 견딜 수 없는 '압력'을 느꼈을 수도 있다. '황제의 제복'이 머리를 깊게 파고든 나머지 구스틀 소위는 자신의 마지막 밤일지 모를 어둠 속에서 내내 고민에 빠져 괴로워하면서도 정작 뭐가 문제인지 표현할 적절한 단어를 찾지 못했다. 말로 구체화하지 못하는 생각에만 사로잡혀 있었던 것이다. 여기서 내 언어의 한계가 곧 내 세상의 한계인 것은 아니다. 오히려 스스로 말뚝을 박아가며 쳐놓은 내 세상이라는 울타리가 언어에게 출입을 제한하는 간판 '출입 금지(off-limits)'를 강제한다. 존재, 곧 '있음'이라고 하는 것은 연구하기 아주 힘든 문법적 구문을 가지고 있다. '있음'이라는 말은 그 모순, 즉 '있지 않음'이라는, 어떻게 생각해야 좋을지 모를 모순을 그 안에 포함하고 있기 때문이다. 그래서 이 '있지 않음', 곧 '없음'이라는 말뿐인 불가능성을 강제로 이끌고 오는 사람은 무의미한 사람이 된다. 그러나 어디까지나 무의미한 사람일 뿐, 망상과 광기에 사로잡힌 괴상하고 의심스러운 사람이 되는 것은 아니다.[36] 한마디로 자유죽음을 미친 짓으로만 몰아세우는 것은 명백한 잘못이다. 뛰어내렸다고 해서 반드시 미친 짓이 되는 것은 아니다. 정확히 그 사람이 어떤 상황에 있었는지 살피지 않고 무조건 '정신착란'이거나 '광기'로 낙인찍어서는 안 된다. 자유죽음에 이끌리는 성향이 일종의 병인 것도 아니다. 홍역을 앓는 사람이 치료를 받고

---

36 이 문장의 원어 표현은 다음과 같다. "Des Unsinns, nicht des Wahnsinns." 여기서 'Unsinn'이라는 말은 논리적으로 성립되지 않는다는 뜻의 무의미다. 그러니까 자살을 무의미한 것으로 바라보는 것은 자유죽음이라는 행위가 논리적이지 못하다는 지적일 뿐, 아무런 의미가 없다고 보는 게 아니다. 이게 저자의 본뜻이리라 본다. 간결한 문장을 풀어놓을 수밖에 없는 옮긴이의 고충을 이해해주기 바란다. 원어에서 대립이 확실하게 드러나기 때문에 원문을 소개해 둔다.

툭툭 털고 일어나듯 그렇게 다스릴 수 있는 병과는 거리가 먼게 자유죽음에 이끌리는 성향이다. 하지만 더 자세한 이야기는 나중에 하도록 하자. 지금 우리에게 더욱 필요한 것은 이제 막 어둠에 익숙해지기 시작한 눈을 좀 더 길들여야 한다. 밤새 눈으로 어둠을 응시해야만 하기 때문이다.

2장

죽음은 자연스러운 것인가

Wie natürlich ist der Tod?

나는 다음과 같이 말할 자격이 있다. 너희에게는 별것 아닌 돌발 사건일 수 있다. 이를 부정하지는 않겠다. 하지만 나에게 있어 그 것은 인생의 결정적 사건이다. 너무나도 결정적인 나머지 나는 나 자신에게 죽음을 선고한다.

우수한 성적으로 대학 입학시험에 합격한 아들에게 아버지는 선물로 멋진 스포츠카를 사주었다. 처음으로 운전대를 잡은 청년은 기쁜 나머지 고속도로를 신나게 달리다가 한순간의 부주의로 일찌감치 생애를 마감하고 말았다. 휘어진 정도가 심한 곡선 주로를 너무 빨리 달린 탓이다. 이런 죽음을 두고 사람들은 아주 불행한, 곧 지극히 부자연스러운 죽음이라고 부른다. 청년은 뜨거운 아스팔트 위에서 고통에 몸을 떨며 마지막 숨을 거두는 순간, 장래를 촉망받는 젊은이로 인생을 마감했기 때문이다. 싹만 놓고 봐도 그는 미래에 잘나가는 변호사일 수 있었다. 사람들이 우러르는 의사가 될 수도 있었다. 건축가로 명성을 떨치는 것도 가능했다. 가정을 꾸리고 아이들을 낳아 키우며, 아내와 행복과 불행을 함께 나누며 보람 있는 인생을 살 수 있었을 텐데 하며 세상은 안타까워했다. 파티를 빛내며 무대를 사랑할 줄 아는 남자를 잃었다고 아쉬워했다. 청년의 갑작스러운 죽음이 얼마나 자연적이지 못한가 하는 점은 스위스 현실주의 시인

C. F. 마이어(Conrad Ferdinand Meyer)의 유명한 시에서 잘 읽어볼수 있다. "……살았더라면 꽃다발을 바쳤을 것을, 지금은 너무도 초라해, 건네지 않으려네." 다른 곳에서는 90세의 노인이 죽었다. 그는 평화롭게 세상을 떴다. 늙어서 기력이 많이 쇠약했으며, 기억력은 봉사를 거부했다. 결국 노인은 온종일 안락의자에만 앉아 인생의 황혼을 즐겼다. 사람들은 그가 그 자세 그대로 숨을 거둔 것을 발견했다. 가까운 친족 외에는 노인의 죽음을 두고 격렬하게 애통해할 사람이 거의 없었으리라. 노인은 지극히 자연스러운 죽음을 맞았다. 어느 모로 보나 분명한 이야기다. 그렇지만 이 두 극단적인 사례 사이에는 다른 무수한 죽음들이 하나의 온전한 스펙트럼처럼 펼쳐진다. 자연스러운 죽음이 있는가 하면, 그렇지 못한 것, 심지어 반자연적인 죽음까지 볼 수 있다. 화려한 명성의 정점에서 39세의 나이로 안타깝게 죽은 영화배우 제라르 필리프(Gérard Philipe)[1]는 천사처럼 아름다운 외모에 배우로서는 보기 드문 고결한 정신의 소유자였다. 그의 아내 안느 필리프(Anne Philipe)는 남편의 죽음을 안타까워하며 《한숨 짓는 시간(Le temps d'un soupir)》이라는 감동적인 책을 썼다. 시인 게오르크 뷔히너(Georg Büchner)[2]는 23세의 나이에 패혈증에

---

1   당대 최고의 인기를 누린 프랑스 영화배우(1922~1959). 간암으로 사망했다.

2   독일의 극작가(1813~1837). 자연주의와 표현주의의 선구자로 알려져 있다. 《당통의 죽음》《보이체크》 등이 대표작이다.

걸려 참혹하게 죽어가며 자신의 끔찍한 상태를 알리고자 "썩어 악취가 풍기는 열(Faulfieber)"이라는 비유적인 표현을 썼다. 후두 결핵으로 요절한 요아힘 침센(Joachim Ziemssen)[3]은 군인으로서 꿋꿋함을 잃지 않고 죽음을 맞았다. 그의 경우를 두고 토마스 만은 다음과 같이 상상의 나래를 펼쳤다.

"그는 땅을 바라보는 것처럼 바닥을 내려다보았다. 참으로 묘했다. 그는 정결하고 말쑥한 자세로 걸었다. 말을 탄 기사의 의젓함으로 지나가는 사람들에게 인사를 건넸다. 언제나처럼 깔끔한 외모에 완벽한 예의를 갖추었다. 그런 모습으로 이제 흙으로 돌아간 것이다. 언젠가는 우리도 모두 흙으로 돌아가리라. 일찌감치 가는지, 좀 더 있다가 돌아가는지 하는 차이만 있을 뿐이다. 그렇지만 그토록 젊은 나이에, 기쁜 마음으로 깃발을 들고 봉사하려던 청년이 그저 잠깐 그 기쁨을 누리고 세상을 뜨다니……. 참으로 쓰라린 일이다."

하지만, 죽음을 못마땅한 것으로 받아들이고 마치 도전이라도 받은 것처럼 격정의 반론을 쏟아내는 게 군기를 들고 기뻐하는 젊은 소위 침센의 경우에만 국한하지는 않는다. 실러

---

3   토마스 만의 장편소설《마의 산》에 등장하는 인물이다.

(Friedrich Schiller)[4]가 46세의 나이로 죽은 것도 '자연스럽지' 못한 죽음이다. 카프카[5]가 41세의 나이로 꺾어졌을 때, 세계의 문학 애호가들은 자연의 그 같은 욕지기 나오는 승리를 두고 격분했었다. 하지만 자연은 아무것도 모른다. 우리가 그 많은 과학 지식에도 여전히 자연을 모르듯. 죽음이 어디 제라르 필리프, 뷔히너, 카프카에게만 찾아오던가. 나는 46세의 건강한 수학과 정교수가 돌연 뇌졸중으로 사망한 사례도 알고 있다. 또 55세의 성공한 상인이 흔히 말하는 '스트레스'를 견디다 못해 심장마비로 죽었다는 소식을 듣기도 했다. 철학자 에른스트 블로흐(Ernst Bloch)[6]가 그의 동료 아도르노(Theodor Adorno)[7]와 마찬가지로 66세의 나이에 죽었더라면, 사람들은 아마도 그를 두고 동독의 국민 사상가라고도 불렀으리라. 아도르노의 죽음 역시 게오르크 뷔히너의 사망 못지않게 '비자연적'이었다. 아무튼

---

4   괴테와 쌍벽을 이루는 독일의 대문호(1759~1805). 극심한 가난에 시달리며 창작 활동을 하다가 폐렴에 걸려 죽었다.

5   실존주의 문학의 선구자로 꼽히는 독일 작가(1883~1924). 카프카는 1917년에 폐결핵 진단을 받았다. 이후 투병하며 요양소들을 전전하는 고생을 한 끝에 죽었다.

6   독일의 철학자(1885~1977). 아주 다양한 이력을 자랑하는 철학자로 '유물론'에 충실했다가 나중에 미국으로 이주하여, 표현주의 논쟁을 주도하며 사상의 다채로운 편력을 자랑하기도 했다. 본문의 표현은 실제로 92세까지 산 블로흐가 66세에 죽었더라면 동독의 국부로 떠받들어졌을 거라는 지적이다.

7   독일의 철학자이자 미학자(1903~1969). 프랑크푸르트학파의 중심 인물이며 1969년에 심장마비로 사망했다.

창조적 정신력의 소유자들이 갑자기 생명력이 끊어지면서 위의 두 사례처럼 아쉬움과 분노를 토하게 만든 일은 많기만 하다. 저 볼테르(Voltaire)[8]는 리스본에서 일어난 지진이 신의 이름으로 일어났다는 주장에 격렬히 저항하며 격노했지 않은가. 근본적으로 죽음은 결코 자연스러울 수 없다. 특히 죽음의 위협에 직면해 있는 사람들에게는 더더욱 그렇다. 몸의 감각기관이 절반 정도라도 기능하는 한, 죽음은 불편하고 괘씸할 따름이다. 몇 년 전 나는 94세의 아주 밝은 성격을 자랑하는 이웃의 임종을 지켜본 적이 있다. 바짝 마른 노인은 방석 위에 허리를 꼿꼿이 펴고 앉아 숨을 헐떡이며 이렇게 말했다. "이제 마지막이야." 물론 남자는 자신의 병약한 상태를 인정하고 하는 말이 아니었다. 이후 몇 시간 동안 조금 나아지는 것 같은 기분이 들자 그는 자신이 평소 즐겨 먹던 양배추 요리를 해달라고 졸라댔다. 엄밀하게 보자면 죽음이 자연적인지 그렇지 않은지 하는 문제는 단순히 의미론의 차원에서 다뤄야 할 물음처럼 보인다. 자연적인 죽음이라는 일상적 표현과 그 논리적 내용이 서로 맞아떨어지지 않기 때문이다. '자연'이라는 말을 원인과 결과가 맞물려 돌아가는 인과관계 전체로 이해한다면, 어쨌거나 죽음은 '자연적'

---

8 프랑스와 유럽의 계몽주의에 지대한 영향을 준 철학자(1694~1778). 본명은 프랑수아 마리 아루에(Françoi Marie Arouet)다. 절대주의 왕권과 봉건주의를 신랄하게 비판함으로써 프랑스 혁명이 일어날 길을 닦는 선구적 역할을 했다.

이다. 다시 말해서 인과관계로서의 외부 세계가 우리의 존재를 좌지우지하는 주인으로서 우리의 자아를 지배하고 있다면, 죽음은 자연적일 수밖에 없다. 그렇다면 당연히 우리의 자아(심리적이고 정신적인 현상, 나라면 '감각의 묶음'에 불과하다고 표현하리라)에게 있어 신장, 위장, 심장 등은 모두 외부 세계의 일부에 지나지 않기 때문이다. 비유가 그토록 좋아하는 뜨거운 심장이라는 것도 따지고 보면 근육 덩어리일 뿐이지 않은가. 반면, 개념으로 쓰기에 깔끔하지 않기는 하지만, 우리 인생을 담아내는 사회적 네트워크이자 소통 수단으로서의 일상 언어는 엄밀함을 중시하는 언어철학이 깎아내리고 있는 것보다 훨씬 더 영리하다. 비록 애매함과 다의성을 가지고 있기는 하지만, 일상 언어는 언제나 통계적으로 확인할 수 있는 사실들에서 출발한다. 이런 사실들을 기준으로 '자연적'이라는 말을 개념으로서의 자연, 즉 인과관계로서의 자연과는 상관없이 '보통'이라는 뜻으로 쓰는 것이다. 다시 말해서 일상 언어에서 '자연적'이라는 말은 특정 시점에 특정 인구에서 양적인 기준으로 보아 '일반적인 것'을 보통이라고 하며, '자연적'이라고 표현한다. 나는 여기서 '자연적인 죽음'과 '비자연적인 죽음'이라는 말들을 일상 언어의 용법은 물론이고 깔끔한 의미론적인 차원으로도 함께 사용할 것이다. 지금 우리의 문제를 명확히 하기 위해서는 어느 쪽도 포기할 수 없기 때문이다. 이런 접근 방식은 지극히 위험한 것이며, 비웃음을 사기에 알맞은 방법론이기는 하지만, 내가 지금 여기서 다루는 모든 문제를 두 가지 측면에서 동시에 볼 수 있게 해주는 강점은 가진다. 착시 현상을 불러일으키기에 좋은 양면성이지만, 우리가 그 안에서 살아가는 현실이라는 게 바로 양면적이지 않은가.

  죽어가면서도 아직 분명한 의식을 가진 사람에게 그의 죽음이 어쨌거나 비자연적으로 보인다고 내가 말한다면, 나는 이 말로 일상 언어와 논리 언어 사이에 끼어 있는 셈이다. 일상 언어가 우리에게 전해주는 세상에 있어 모든 죽음은 그 첫 번째 충격이 잦아들고 상처가 아무는 동안 침묵하며 죽음에 익숙해지려는 노력의 시간이 지나고 나면 '보통'이거나 '자연적'이다. 제라르 필리프는 36세의 나이로 죽었다. 이 무슨 끔찍한 일인가. 하지만, 이제 유감스럽게도 36세라는 나이로 죽는 것은 오늘날 그 연령대에 특정 퍼센트의 사람이 프랑스에서 당하는 자연스러운 일이다. 그러니 이제 당연한 것으로 받아들이자. 분노의 경악이 지나가고 나면 어쩔 수 없는 일로 받아들이고 마는 셈이다. 바꿔 말해서 현실을 둘둘 말아 불가피하다는 말로 포장해버리는 '비(非)자유'가 고개를 든다. 우리의 자유의지로 아무것도 바뀔 게 없다는 점에서 이런 태도는 '자유가 아닌 것', 곧 '비(非)자유'다. 'X'가 얼마 전에 고속도로에서 사고를 당해 비참하게 죽었다고? 사람들은 원통한 나머지 눈물을 쏟으며 격하게 흥분한다. 그러나 어느 정도 시간이 지나고 나면 이른바 '경험'이 고개를 든다. 매년 거리에서 교통사고로 죽는 사람들이 몇 명이더냐. 'X'는 그 가운데 한 명일 따름이다. 슬프기는 하지만, 흔히 있는 보통 일이다. 다시 말해서 자연스러운 일이다. 그런데 'Y'가 스스로 목숨을 끊었다고? 이런 어처구니없는 일이 있나. 사람들은 무어라 말해야 좋을지 모를 불편함에 어색한 표정을 지으면서 아프게 저려오는 가슴을 싸안는다. 그러나 시간이 지나고 나면? 'Y'는 자기 손으로 죽음을 택했어. 세상에는 어느 때나 자살하는 사람들이 있기 마련이고, 그는 그 가운데 한 명일 뿐이야. 이처럼 세월이 흐르면 슬픔은 줄어들기 마련이다. 죽음을 끌어안고 살 수야 없는 노릇 아닌가. 신비롭게도 일상 언어는 다시금 논리적으로 깔끔한 의미론의 개념에 근접한다. 자연적인 죽음은 이제 논리 언어로 정의된다. 이에 따르면 자연적인 죽음은 자연을 통해 일어나는 죽음, 즉 시간·공간적인 인과관계에 따라 누구나 알고 있는 과정을 거쳐 일어나는 죽음이다. 이처럼 시간이 흐르고 나면 죽음은 누구나 인정하는 현실로 자리를 잡는다. 이를 인정하지 않는 사람은 미친 사람일 뿐이라고 일상 언어는 말한다.

물론 죽음 바로 곁에 가 있는 사람의 사정은 다르다. 그에게 객관적인 현실쯤은 아무래도 좋다. 그는 심장에 어떤 물질이 쌓여 있다고 생각하지 않는다. 오로지 뭔가 '가슴을 짓누른다'고만 느낀다. 그가 아는 것은 이런 압박감이자 답답함일 뿐이다. 다른 사람들, 그의 주치의까지 포함한 다른 사람들은 이런 것을 모른다. 자신의 자아로부터 빠져나와 병세를 설명해주는 전문가들을 믿고서 자신의 몸에서 객관적으로 일어나고 있는 일을 어느 정도 숙지한다고 할지라도 여전히 그의 자아는 자신 속에 밀폐된 채로 남아 다른 사람의 접근을 거부한다. 객관적인 언어를 주관의 언어로 옮기고 소화한다는 것은 절대 완전히 성공할 수 없는 일이다. 일단 죽음이 시야로 들어오기 시작하면, 사람은 걷잡을 수 없이 화가 난다. 다만, 안간힘을 쓰며 화를 간신히 억누를 뿐이다. 아니면, 감정이라고는 없는 개념의 영역으로 밀어놓거나. 마음을 열고 받아들이는 일은 결코 없다. 죽음을 그 온전한 무게 그대로 자아 안으로 받아들인다는 것은 곧 인생을 거절한다는 뜻이다. 사람들은 빙빙 돌려가며 죽음을 이야기한다. 아니 더 정확히 말하자면, 죽음 주위를 어슬렁거리며 한껏 목청을 낮춰 이야기한다. 어떻게든 피하려고만 한다. 지금 여기서 우리가 하고 있는, 언어를 통한 접근은 절대 감행하지 않는다. 여전히 사람들은 누군가 죽으면 그 죽은 사람의 가장 가까운 가족이 "망자는 자신의 '평안'을 찾았습니다!" 하고 입에 발린 소리 하는 것을 들어야만 가까스로 '마음이 편안'해질 수 있다. 이때 죽은 육신, 곧 시체가 평안할 수 없다는 것은 누구나 알고 있는 사실이다. 완전한 해체로 이끄는 화학 과정이 시작된 시체가 무슨 평안을 느끼겠는가. 그리고 임종의 방에서 의례적으로 하는 말들을 입에 올린 사람일지라도 계단으로 나가면 자신이 무슨 소리를 한 것인지 너무나도 잘 안다. 그저 그동안의 관습대로 따랐을 뿐이라는 사실을. 아마도 그는 주워섬긴 말의 틀을 깨는 생각을 할지도 모른다. 그리고 이렇게 중얼거리리라. 저기 저 망자는 평안하지도 그렇다고 괴롭지도 않아. 참으로 죽음이란 어찌 생각해야 좋을지 까다로운 게 아닐 수 없다! 그래도 생각은 이어진다. 내 경우는 어떻게 될까? 나도 여기저기 눌리면서 평안하지 못할까? 오 이런, 맙소사! 자신이 신앙인임을 자인하며 종교의 가르침을 따른다고 할지라도, 이런 생각을 할 때면 신의 이름을 소리쳐 부르지 않는다. 죽어 분해되어 가는 자신의 육신을 떠올리면서도 신을 진지하게 찾을 사람이 몇이나 될까. 그러니까 자연적인 동시에 부자연스러운 죽음은 신보다도 위대하다. 죽음은 누구나 한 번 마주치지만, 신은 언제나 숨어 있다. 이게 바로 신이 현현하는 방식인 것을 어쩌랴.

안타깝지만 우리는 모두 언젠가 죽는다. 목을 향해 날아드는 칼의 바람 가르는 날카로운 소리를 들었든 듣지 못했든, 우리는 죽음을 알고 있다. 심리학자들은 이런 앎이 생애의 여섯 번째 혹은 일곱 번째 해부터 우리의 뇌에 똬리를 틀고 들어앉는다고 주장한다. 이 시기는 '나'라는 주관이 완전하게 정립되는 때라는 주장이다. 이제 이런 앎은 나이를 먹어가면서 더욱 강해진다. 말하자면 발을 내디디며 계속 나아간다고 할까. 인간은 자기방어를 위해 죽음 주위를 돌며 얼버무리는 가운데, 얼버무리의 저편에서 살아간다. 계속 짙어지고 강해져 가는 죽음의 예감을 끌어안고 죽음으로 나아간다. 인간은 집을 짓는 사람과 같다. 상량식을 올리는 축제의 날에 허물어져 내릴 집을 짓는! 물론 인간은 '자연적인 죽음'을 희망한다. 그 같은 희망으로 자기 자신에게서 빠져나와 언젠가는 떠나야 할 자기 자신의 일부를 짓는다. 그 일부는 자율적[9]으로 멍하니 객관적인 사실, 언젠가는 찾아오게 될 죽음이라는 것을 바라본다. 객관적인 사실? 여기서만큼은 일상의 언어가 정밀한 논리의 언어와 맞아떨어진다. 이때 인간의 지성과 도덕 양심은 비참함을 맛본다. 나만의 집을 짓겠노라고 호기롭게 큰소리치며 나를 떠나기는 했지만, 사실 나는 죽음 앞에서 아무 말도 못 하고 멍하니 지켜볼 수밖에 없는 가련한 존재라는 것을 알기 때문이다. 이게 바로 본래의 나다. 이 자아는 일단 죽음이 시야에 들어오기 시작하면 장차 아무런 평안을 누리지 못하리라. 인간은 구슬땀을 흘리며 집을 짓는다. 벽돌에 벽돌을 쌓으며, 창틀을 세운다. 그러나 이 모든 게 헛된 일이라는 것을 잘 안다. 자연적이기만 희망했던 죽음은 비자연이자 반자연이라는 모습을 취하기 시작한다. 비자연? 우리는 아주 신중하게 이야기를 끌고 가야 한다. 사람은 어

---

9   여기서 '자율적'이라는 말은 '누가 시키지 않았음에도'라는 의미로 읽어야
     한다.

떤 교양 수준이건 간에 누구나 자연을 보는 저마다의 생각을 가지고 있다. 물론 그게 뭔지 정확히 꼬집어 이야기하지는 못한다. 그렇다고 자신의 의견을 쉽게 포기하지도 않는다. 인간은 자신이 어느 정도 우주를 알고 있다고 생각한다. 적어도, 지구가 태양의 주위를 돈다는 것, 동시에 지축을 중심으로 돌기도 한다는 것을 들었다. 지질학이 뭔지는 기본 교육 과정을 밟으며 조금 배웠다. 어디 그뿐인가? 선생님은 중력 혹은 전기가 무엇인지 자신의 초라한 지식을 전달해주기도 했다. 젊은 시절 관심을 가지고 몇 단계 더 올라갔다면 생리학이나 세포 혹은 화학반응 같은 것도 익혔으리라. 그렇다면 세포가 자율적 권한을 갖는 시민이라는 헤켈(Ernst Haeckel)[10]의 말도 들어보지 않았을까? 헤아리기도 어려울 정도로 엄청나게 많은 세포로 이루어진 우리의 몸은 그야말로 '세포들의 공화국'이라 불러도 손색이 없다는 말을 이런저런 형태로 접해 보았으리라. 이내 죽음 이야기도 틀림없이 듣게 된다. 어려서 듣는 죽음 이야기는 이런 식이다. 할머니가 "하늘나라로 가셨단다." 아나(Anna) 숙모가 "심장마비로 돌아가셨단다." 혹은 이웃집 노인이 "파킨슨병"으로 죽었다더라 하는 식이다. 이 경우 동네 개구쟁이들과 함께 노인의 뒤뚱거리는 걸음걸이를 흉내 내며 놀렸던 기억에 가슴이 철렁

---

10 독일의 생물학자이자 철학자(1834~1919). 다윈의 진화론을 독일에 전파하는데 기여했다.

내려앉기도 했으리라. 학교 교육 덕분에 이제 인간은 죽음이 하나의 생명이 시작될 때부터 이미 들어선 어떤 과정의 종착점일 뿐이라는 것을 안다. 세포들의 자기 재생 능력이 그 사멸 속도를 따라가지 못하는 것, 이것이 바로 죽음이다. 이런 이야기를 듣고 나면, 다음 수업 때는 세포의 생성과 소멸을 좀 더 관심 있게 배우지 않을까. 가을에 떨어지는 낙엽을 두고도 좀 더 의미 있는 생각을 해보았으리라. 종교 수업 시간에는 신의 질서라는 말을 듣기도 했다. 생성과 소멸을 통해 균형을 잡아주는 신의 질서! 사라지는 것은 아무것도 없다. 질량과 에너지는 서로 변환하는 것이어서, 우주 전체로 보면 늘 일정량을 유지한다는 게 물리학의 보존법칙이기 때문이다.

그렇지만 하늘나라로 주님을 찾아간 할머니는 뭔가 이상하기만 하다. 어제만 하더라도 침대에 누워 거친 숨을 몰아쉬며 물을 달라고 하지 않았던가. 그러니까 어제는 분명히 *옆에 있었다*. 사람들이 몰려와 할머니의 시신을 수습하고, 목사는 하느님께 그녀의 영혼을 거두어 달라며 기도를 올린다. 나직한 목소리로 불쌍한 영혼이 암흑을 다스리는 악마의 피 묻은 손에 떨어지지 않게 해달라고 중얼거린다. 이제 식탁과 침대에서 할머니가 차지하던 자리는 텅 비었다. 부모는 할머니가 다행히도 자연스러운 죽음을 맞았다고 안도의 숨을 쉰다. 늘 쾌활하기만 하던 삼촌 아돌프(Adolf)가 등산을 하다가 사고로 죽은 것에 비하

면 얼마나 감사한 일이냐고 가슴을 쓸어내린다. 하물며 옆 골목
에 살던 글뤽스만(Glücksmann) 여사가 나치스에게 끌려가 독가
스의 제물이 된 것을 생각해보라고 말한다. 쉿. 더 이상 아무 말
도 하지 마. 어쨌거나 누구든 언젠가는 죽는다. 이제 몇 주 뒤면
할머니는 잊히리라. 저 쾌활한 삼촌 아돌프가 기일이 지나자마
자 잊혔듯이. 현실은 죽음의 자연성을 두 가지 방식으로 우리에
게 강요한다. 일단, 학교에서 주섬주섬 챙겨 들은 지식들로 죽
음은 당연하게 여겨진다. 다른 한편, 눈물 몇 방울 흘리고 나서
도리를 다했다고 생각하며, 떠나간 망자를 추억하기보다 유산
이야기에 더 열을 올리는 사람들 탓에 죽음은 더없이 자연적인
것으로 포장된다. 결과적으로 세월은 죽은 자와 죽음을 잊어버
리게 만든다. 그러나 망각된 죽음은 언제나 대기 상태에 있다.
'하늘나라로 간다'든지, '죽음', '사망', '죽을병' 등과 같은 말들
은 항상 새롭게 우리를 찾아오기 때문이다. 그래서 성장하는 아
이는 불안에 떨며 묻는다. 나도 언젠가는 죽는 것일까? 물론 나
도 자연의 일부니까 그렇겠지. 혹시 쉰 살에? 와, 쉰 살?! 그렇
게 오래 살아? 지겹지 않을까? 아무려나 그때까지는 아직 시간
이 많구나. 소년은 쉰 살의 쉬어버린 중년이 된다는 것을 상상
조차 하기 힘들어한다. 그거야 어쨌거나 내가 지금 열다섯 살이
아니고, 열아홉 살이라면, 저 항상 깔깔대며 도전적으로 다리를
꼬고 앉는 금발의 마리아(Maria)가 나를 달리 볼 텐데……. 지금
처럼 투명인간 대하듯 무시하지 않고 나를 남자로 봐주지 않을

까? 이처럼 죽음은 멀리 있다. 하지만, 계속 가까워져 온다. 정말 자연스럽게 죽을 수 있을지 갈수록 자신이 없다. 항상 익살맞게 강의하는 통에 언제나 학생들로 가득 찬 강의실에서 논리학 교수는 이렇게 말한다. 이른바 자연법칙이라는 것은 귀납법에 근거를 두고 있는 거야. 여보게들, 그러니까 자연법칙이라는 것을 믿는 건 어리석은 짓이야. 지금까지 늘 해가 동쪽에서 떴다고 해서, 내일도 반드시 그러리라는 보장은 없는 거니까. 원리적으로 따지면 내일은 불이 얼음처럼 차가울 수 있다는 것도 얼마든지 생각할 수 있는 일이야. 학생들이 왁자하니 웃음을 터뜨린다. 씁쓸한 일이다. 방에 난방을 하면 내일 아침 분명히 추워지지 않을 거다. 그리고 나까지 포함해 우리는 모두 언젠가 죽는다. 이게 자연법칙이다. 지금까지 이 법칙을 거스른 사람은 없다. 자연은 논리학과 아무 관계가 없다. 죽음은 자연적이다. 나는 완공 축제 때 허물어져 내릴 집을 짓는다. 내 죽음은 논리학과 생각 습관의 저편에 있는 것이다. 죽음이 아무리 자연적이라 한들 내 죽음은 나에게 최고로 *반자연적*이다. 이성을 마비시키며 치명적인 위협을 가하는 게 내 죽음을 생각하는 일이다. 그러나 죽음을 생각하는 일은 멈출 수 없다. 그런데 저녁에는 어디 갈 거야, 기젤레(Gisèle)? 나는 여자친구에게 묻는다. 나도 같이 가도 좋아?

기젤레와 함께 보낸 저녁 시간은 아름다웠다. 다만, 다음

날 도시에서 유명한 곡물 상인이 권총으로 자신의 머리를 쏘았다는 소식을 들었다. 아내에게 버림받았다고 한다. 사업을 소홀히 했다고 한다. 빚을 졌다. 어음을 남발하다 부도를 맞았다. 경찰에 체포되기 일보 직전이었다. 군대에서 준사관으로 복무하다가 제국이 몰락하고 나서 보관하고 있던 권총을 남자는 꺼내 들었다. 거울 앞에 선 남자는 권총으로 자신의 관자놀이를 쏘았다. 누구나 살아가면서 한 번쯤, 빠르든 늦든, 사람들이 자살이라고 부르는 사건과 직면하기 마련이다. 그것도 너무나 가까이 있어서 신문 한구석에 조그맣게 난 기사가 남의 이야기라는 것이 믿기지 않을 정도다. 남의 일로만 여겼던 자살이 내 인생 안으로 구체적인 모습을 띠고 들어옴으로써 죽음을 자연적인 것으로만 보았던 생각은 이제까지와는 전혀 다른, 완전히 새로운 차원으로 확장된다. 다시 말해서 '자연적'인 사건으로만 알았던 죽음이 돌연 주관의 선택 문제로 떠오른다. 그리고 두 죽음 사이에는 뛰어넘기 힘든 간극이 존재한다. 특히 자살한 사람이 그 자살 의지를 인정받는 경우, 그 사람은 우쭐우쭐 커져 어마어마한 거인으로 우뚝 선다. 곡물 상인이 지었던 집은 허물어지지 않았다. 완공될 때 모습 그대로다. 다만, 상인은 자신의 손으로, 직접 강력한 의지와 드높은 용기로 자신이라는 집을 파괴했다. 사람들은 말한다. 그 남자는 언제나 그랬어! 참 대단한 인물이야! 놀랄 일도 아니다. 갈 데까지 간 남자의 마지막 선택이다. 부도 어음, 그게 그의 마지막 작품이었다. 모험가, 마지막 남은 힘을 쥐어짜듯 그는 모험을 감행했다. 잠깐. 그래도 그는 죽었잖아. 실패라는 쓰디쓴 맛을 보고 스스로 목숨을 끊었잖아. 이처럼 사람들은 말을 빙빙 돌려가며 인정함과 동시에 비웃는다. 자유죽음을 알게 됨과 동시에 우리는 '에셰크(échec)'[11]라는 것을 경험한다(이런 앎을 두고 깨달음이라고 할 수는 없다. 죽음이 무엇인지 하는 깨달음을 우리는 결코 얻을 수 없다. 혹 근접할 수 있을지는 모르나, 그것은 느지막한 말년에나 가능한 일이다). 왜 독일어 텍스트에서 프랑스어 단어를 써야만 하는지 그 이유를 설명하겠다. 이 말은 실패한다, 좌절한다는 뜻을 가진다. 하지만 비슷한 뜻을 가진 그 어떤 독일어 단어도 'échec'를 발음할 때의 독특한 음색을 따라오지 못한다(묘하게 의미론상으로도 딱 맞아떨어지는 독일어 단어를 찾기 어렵다). 그 '건조한 음색(son ton sec)'으로 '레셰크(L'échec)'는 마치 도끼날을 맞은 것처럼 뚝 부러지는 분위기를 맛보게 한다. 되돌릴 수 없는 총체적인 실패의 안타까움을 이보다 더 잘 드러낼 수 있을까. '에셰크'는 운명적인 단어다. 독일어의 비슷한 낱말들은 그 어떤 것도 같은 분위기를 나타낼 수 없을 정도로 서툴러서 프랑스어를 그대로 쓰기로 했다. 총으로 자신의 머리를 쏜 상인은 '에셰크'를 당했다. 바꿔 말하면 이는 다음과 같은 뜻이다. 죽음이 상인을 세상으로부터 몰아

---

11 사전의 정의에 따르면, 이 말은 체스를 둘 때 외통수에 걸린 것을 나타내는 단어라고 한다. 돌이킬 수 없이 실패하고 만 것을 적시하는 단어다.

내기 전에 이미 세상이 그를 버렸다. 그가 세상을 버린 게 아니다. 원칙적으로 따지고 든다면 사람은 '에셰크' 속에서도 살 수 있다. 물론 아주 치욕적인, 말하자면 '비자연적'인 꼴을 감수하며 살아야 한다. 그래서 남자는 '에셰크'에 저항하는 유일한 방법이 자유죽음이라고 생각했다. 사람들이 착 가라앉은 목소리로 마치 무슨 수치스러운 짓을 입에 올리기라도 하듯 자살이라고 부르는 자유죽음을 그는 감행했다. 그래도 '에셰크'를 끌어안고 살아가야 한다면, 이제 '에셰크'는 당사자의 등 뒤에서 상존하는 위협이다. 그리고 '에셰크'는 죽음보다도 더욱 두드러져 보인다. 그래도 참아내야만 한다? 사람이 그럴 수 있을까? 견습공더러 최고 경영자[12]와 똑같이 행동하라고? 공산당 당원들처럼 어깨를 나란히 하고 목청껏 소리를 지르라고? 늘 남들을 두고 허약하다고 한다. 항상 남들이 더 강해 보인다고 투덜댄다. 아마도 '에셰크'의 위협을 가장 분명하게 느끼는 쪽은 내가 '수험생 상황'이라고 부르는 경우에 해당하는 사람이리라. 구두시험을 눈앞에 두었다. 수험생 쪽에서는 피할 길이 없으며, 시험관은 자비라고는 모른다. 어디 한번 번역을 해보시오! 횔덜린 (Friedrich Hölderlin)[13]의 이 시 구절을 해석해보시오. 방정식을 풀

---

12   여기서 '최고 경영자'란 신을 가리키는 비유다.

13   독일이 낳은 위대한 시인(1770~1843). 고대 그리스·로마 시대를 잃어버린 황금시대로 우러르며 이를 바탕으로 한 낭만주의 시를 썼다.

어보시오. 할 수 있다면, 하면 그만이다. 할 수 없는 사람은 떨어진다. 끝 모를 바닥으로 곤두박질친다. 시험을 끝내고 홀가분하게 웃는 사람이 있는가 하면, 일그러진 미소를 짓는 사람도 있다. 수험생은 입을 쩍 벌린 심연 위에서 간신히 밧줄에 매달린 채 떨고 있을 따름이다. 밧줄이 언제 끊어질지 몰라 조마조마하기만 하다. 떨어진 수험생은 자신 앞에 다가오는 게 무엇인지 팔짱 끼고 구경해야만 한다. 부모도 친구도 다 소용없다. 물론 이들은 이해한다고 말한다. 다 알고 있노라고 다독이려 한다. 안다고? 무엇을? 지독한 쓰라림 속에서 '에셰크'를 삭혀야 하는 사람은 당사자일 뿐이다. 그래서 곡물 상인은 에밀 슈트라우스(Emil Strauß)[14]의 앞으로도 길이 남을 걸작《친구 하인(Freund Hein)》에서 하인리히 린트너(Heinrich Linder)가 그랬던 것처럼 권총을 잡았다. 돌연 곡물 상인의 자유죽음은 시험에 떨어진 수험생의 그것과 전혀 다르지 않게 분명한 자연스러움을 얻는다. 이런 자연성은 할머니의 죽음에서는 찾아볼 수 없던 것이다. 끊임없이 '에셰크'의 위협을 받으며 사는 사람은 많기만 하다. 수험생, 파산자, 평론가들에 의해 갈기갈기 찢긴 작가, 창작력의 고갈로 손가락 하나 까딱할 수 없는 화가, 병자, 눈물로 아무리

---

14 독일 출신의 소설가(1866~1960). 직접 체험한 농경 생활을 바탕으로 과오나 시련을 겪으면서 이상주의적으로 노력하는 인간상을 그린 작가다. 본문에서 언급하고 있는 작품은 1902년에 발표되었다.

호소해도 대답이 없는 사랑, 돌격 명령을 앞두고 덜덜 떨고 있는데 장교에게서 질책을 받는 군인 등등. 이들에게 자유죽음은 구원의 약속이 된다. 실패와 좌절의 두려움을 참을 수가 없어 고민에 빠진 사람에게 끝까지 생각해보라며 권해지는 자연 죽음은 최악의 '에셰크'다. 나름대로 열심히 살았지만, 모든 것이 헛되다. 가슴속에 품고 있던 세상이 어느 날 돌연 와르르 무너져 내렸기 때문이다. 저녁의 어스름한 공원, 처음으로 혀가 얽히며 나누었던 키스의 달콤한 추억은 영원히 사라지고 만다. 설레는 가슴을 안고 준비해온 초연 무대의 막이 드디어 내리고, 우레 같은 박수갈채를 기대했건만 홀로 쓸쓸히 텅 빈 극장 무대에 서 있을 따름이다. 다이아몬드를 더욱 빛나게 다듬어야 할 도구는 어디로 갔는지 흔적을 찾을 수가 없다. 구두 밑창을 기워야 할 바늘이 왜 하필 지금 부러지고 마는 것일까? 뛰어난 솜씨를 기대했던 사람들은 고개만 절레절레 흔들며 등을 보인다. "잠깐, 망나니. 하지만, 도끼날은 이미 떨어졌다. 마침내 되돌릴 수 없이 실패하고 말았다(Un instant, Monsieur le bourreau. Mais déjà le couperet tombe. L'échec ultime)." 차라리 단두대의 칼날에 스스로 머리를 들이대는 게 낫지 않을까? 일체의 '에셰크'에, 더 이상 견딜 수 없는 '에셰크'에 단호하게 '아니!'라고 말함으로써 그래도 살아봐야지 어쩌고 하는 모든 장광설을 침묵하도록 잠재워야 한다.

　여기서는 두 가지 개념을 끌어들일 필요가 있다. 앞 장에서 이미 암시했던 것이지만, 지금껏 너무 큰 대가를 치러야 하기에 유보해왔던 것이다. *인간성과 존엄성, 이게 바로 그 두 개념이 다. 자유죽음은 인간의 특권이다.* 1975년에 발표된 기념비적인 책《자살》, 내가 보기에는 지금까지 '자살학'의 총결산이라 할 수 있는 이 책에서 장 배슐러는 다음과 같이 썼다.

"자살은 개별적인 사례로 보나 보편적으로 보나 *인간적이다.* …… 동물 애호가들의 가슴을 아프게 만들 각오를 하고 하는 말이지만, 동물은 분명 스스로 목숨을 끊지 않는다. 물론 주인 의 무덤을 지키며 굶어 죽은 개나, 여주인보다 오래 살지 않으 려고 소동을 피웠다는 고양이의 이야기를 들어보지 않은 것 은 아니다. 그런 이야기들은 감동적이다. 하지만 불행하게도 검증이 가능한 경우, 그런 이야기들은 모두 상상력의 산물임 이 밝혀졌다. …… 마찬가지로 어린아이도 스스로 목숨을 끊 는 일이 없다. 일곱 살 이하의 어린아이가 자살했다는 기록은 어디에서도 찾아볼 수 없다. …… 정신과 치료를 받아야 하는 자살 미수자들 가운데 자신의 인간적인 성격을 말살할 정도 로까지 의식을 망가뜨린 사람은 없다."

자유죽음을 구하는 사람은 상대가 신뢰를 가지고 접근할 때 자신의 인간적인 면모를 숨김없이 드러낸다는 사실을 아는 가! 이제 우리가 좀 더 자주 다루게 될 두 번째 개념을 살펴보

자. 이 개념은 우리가 흔히 '존엄성' 혹은 '명예'라 부르는 것이다. 구스틀 소위가 소중히 여겼던 장교로서의 품격 같은 것이 여기에 해당한다. 명예 수칙을 어겼다고 해서 오스트리아헝가리제국의 장교로서 삶을 지속할 수 없다고 본 이런 명예심은 특정 사회가 만드는 것이다. 부자로서 자신의 신분이 자랑스럽기만 했던 저 곡물 상인의 경우도 마찬가지다. 부유층으로서의 신분을 잃고 살아갈 수 없었기에 그는 파산을 당하고 나서 치욕적인 삶보다는 죽음을 선택했다. 토마스 만이 그려낸 인물 민헤르 페퍼코른(Mynheer Peeperkorn)[15]에게 있어 그의 명예는 남자였다. 그의 바짝 선 성기였다. 그러나 그의 자부심은 발기불능 상태에 빠지면서 처참하게 무너져 내린다. 이런 치욕은 우리가 앞서도 다루었다시피 죽음으로써만 지울 수 있다. 사실과 통계 수치를 중시하는, 말하자면 과학적인 방법론 그 이상의 어떤 높은 가치와도 거리가 먼 남자인 장 배슐러조차 '존엄성'의 문제만큼은 아주 진지하게 접근한다. 삶과 죽음을 두고 그 어떤 가치 판단도 내리지 않았던 그인 것을 보면 이 문제를 얼마나 비중 있게 생각하는지 잘 알 수 있다. '자살의 철학'이라는 제목의 두 쪽(책의 전체 분량은 650쪽이다)에 걸친 짧막한 글에서 배슐러는 자유죽음이야말로 인간의 조건이 갖는 본질적인 측면이라고 강

---

15   토마스 만의 《마의 산》에 등장하는 인물. 화려한 애정 편력과 함께 톡톡 튀는 인간으로 그려졌다.

조한다. 그의 말에 귀 기울여 보자. "자살은 자유와 존엄성 그리고 행복 추구권을 확실하게 증명하는 행위라는 점을 나는 사실을 통해 명확하게 알 수 있었다." 그러니까 인간은 바로 인간성과 존엄성을 방패 삼아 '에셰크'에 맞선다(여기서 아직 자유는 이야기하지 않겠다. 물론 자유도 앞으로 다루겠다). 인간은 '에셰크'를 참아낼 수 없다. '에셰크'로 추락하고 나서 반쯤 으깨진 몰골로 사람은 바로 '인간'이라는 이름으로 떨쳐 일어나 죽음을 자신에게로 잡아당긴다. 지금 우리가 심리학을 가지고 이야기하고 있는 것은 아니다. 특별히 '에셰크'의 심리학을 가지고 토론할 생각도 없다. 인간이 처한 상황이 어떤 조건 아래서 '에셰크'로 규정되는가 하는 것을 판가름하는 심판관은 곧 그 개인 주관과 사회다. 양쪽의 판단은 엇갈릴 수밖에 없다. 특히 자살의 경우에는 더욱 그 엇갈림의 정도가 심하다. 우선, 사회는 종족 보존이라는 이유를 들어 자살을 거부한다. 여기에 다시 문명은 종교와 도덕을 덧붙인다. 이때 심리학자와 정신과 전문의는 문명에 봉사하는 충직한 하인이다. 곡물 상인이 스스로 목숨을 끊었다고? 이 무슨 어처구니없는 짓인가! 먼저 첫값부터 치르고 사회로부터 면허증을 교부받은 전문의에게 될 수 있는 한 빨리 상담을 받은 다음, 어디 회사라도 취직해 월급쟁이로도 얼마든지 살수 있는 거 아니야? 혹시 알아, 열심히 일하다 보면 막판에 다시 성공을 거머쥘 수도 있잖아. 어쨌거나 그의 정신 나간 이성을 올바른 방향으로 인도해야 한다고 문명사회는 목청을 높인다. 우리 모두가 살아가는 것처럼, 그도 그렇게 살아야 한다고 주먹을 을러댄다. 이와는 반대로 주관은 자신의 권리를 고집한다. 주관은 '에셰크'를 당했음에도 사회를 구성하는 하나의 부품처럼 때만 되면 먹고 싸는 존재로 살아가기를 거부한다. 주관은 사회를 무시한다. 자신의 자유죽음으로 불행해질 가족도 무시하기 일쑤다. 죽은 자와 함께 살 수 없어 난처한 가족은 냉가슴을 앓는다. 그래도 아랑곳하지 않고 주관은 자신의 존엄성만 더욱 강화할 따름이다. 홍수야 일어나든 말든 이미 세상을 떠난 자신에게 무슨 상관이랴 하는 태도다.

누군가 자발적으로 인생과 갈라섰다고 해서 홍수가 지구를 덮치는 것은 아니며, 노아의 방주가 필요한 것도 아니다. 사회는, 가족까지 포함한 사회는 모욕을 당한 사람처럼 얼굴을 붉힌다. 하지만 그것도 잠시, 결국 사회는 관대하게 용서한다. 잊어버린다. '에셰크'가 자신들의 문제는 아니니까. 그것은 그저 일순간 꼭지가 돌아버린 주관, 혹은 눈에 보이지 않는 긴 손에 농락당한 주관의 문제일 뿐이니까. 유감스럽지만 남자는 앞선 자살자들처럼, 이후에 따라올 헤아릴 수 없이 많은 후배처럼, 비자연적인 죽음으로 죽었을 따름이다. 살아 있는 사람들의 공동체가 모르는 것은, 아니 사회의 계속된 존립을 필수적인 것으로 전제하는 한, 알아서 안 되는 것은, 물론 다음과 같은 사실이다. 자살을 감행하는 사람에게 있어 자유죽음이란 모든 죽음과 마찬가지로 어려운 것이지만, 자유죽음은 지극히 자연적이다. 그것도 드높은, 유일하게 우리 손으로 설정한 기준, 즉 존엄성이라는 기준에서 볼 때 너무나도 자연스러운 죽음이다. 더구나 자유죽음이 자연적이라는 깨달음은 자살의 경우에만 한정되는 게 아니다. 전혀 그렇지 않다. 죽음이라는 생각과 만난 사람은, 막스 프리슈(Max Frisch)[16]가 증언하듯, 최소한 한 번쯤 살아서 농담처럼 이런 이야기를 한다. 내가 사는 게 오로지 죽기 위해서라면, 집을 짓는 게 완공 축제 때 허물기 위해서라면, 차라리 죽음을 피해 죽음으로 도망가고 싶을 뿐이야! 좀 더 생각을 정확하게 가다듬는다면 이렇게 말해야 하지 않을까. 존재의 어처구니없는 부조리함으로부터 도망 나와, 없음이라는 어이없는 불가사의함으로 사라진다!

　여기서 중요한 것은 저 높은 곳에서 '존재의 욕망 덩어리', 즉 인생이라고 부르는 것에 어디까지 저항할 수 있는가 하는 점이다. 고귀하신 양반들의 심리학에 손가락질은 하지 않겠다. 그렇다고 내 손을 덥석 잡아달라는 말은 아니다. 나는 그저 큰절을 올릴 뿐이다. 감히 내가 *욕지기나는 인생*이라는 말을 입에 올리더라도 심리학자들께서는 크게 개의치 않기를 바란다. 사

16　스위스 출신의 작가(1911~1991). 전후 독일어권 문학계가 낳은 위대한 작가로 손꼽힌다. 《호모 파버》《안도라》 등이 대표작이다.

회철학의 입장에서 보더라도 살덩이를 맞대고 사는 것을 싫어
하는 사람의 사회성에는 문제가 많으리라. 별로 원하지 않는
것, 거리, 얼굴들, 풍경 등 정말 볼썽사나운 것들을 보고 살아야
만 한다는 사실에 치를 떠는 인간에게 제발 사교성 좀 가지라
고 준엄하게 타이를지도 모른다. 사교적이지도 않고, 심리학도
접근하기 힘든 인간. 생명을 보존하려는 공동체의 뜻에 봉사하
는 심리학의 입장에서 보면 얼마나 고까울까. 그러나 인생에 반
항하는 자는 그 구질구질함에 욕지기를 일으키며, 창조의 위대
함 따위는 조금도 알고 싶어 하지 않을 뿐이다. 먹고 싸고, 죽이
고, 쾌락에 몸을 떨며, 죽임을 당하는 존재. 그저 무서움에 부들
부들 떨 뿐이다. 도대체 왜 무엇이어야만 하는가? 그저 아무것
도 아닌 없음으로 돌아가면 왜 안 되는 것인가? 말도 안 되는 물
음이라고? 냉정한 머리와 철저한 논리로 따져보라고? 그렇지
만 이왕 하는 생각 놀이를 더욱 날카롭게 하자면, 이런 질문을
진지하게 받아들여, 빠져나갈 길이 없게 대답하려는 시도를 해
야만 한다. 존재 앞에서 쏟아내는 욕지기(높은 곳에서는 이런 것
을 두고 없음의 유혹에 눈이 멀었다고 한다)는 인생(존재의 악성 종양)
을 비웃으며 무엇으로든 살아야만 한다는 이야기에 구역질해
댄다. '구토(La nausée)'[17]는 인간이 가진 기본 상태 가운데 하나
다. 구토는 에로스와 마찬가지로 숨긴다고 해서 없어지는 게 아

---

17 《구토》는 사르트르가 1938년에 발표한 소설의 제목이기도 하다.

니다. 다만, 차이가 있다면 에로스는 사회로부터 인정받는다는 점이리라. 에로스는 살아 있는 자들의 논리, 즉 종족 보존이라는 논리와 맞아떨어지지만, '구토'는 종족 보존 본능에 충실한 문명 패거리가 아우성을 치며 부정하는 것이다.

내가 어떤 입장을 취하고 있는 것은 아니다. 아직은 아니다. 지금 내가 확인하고자 하는 점은 다만 다음과 같은 것일 따름이다. 자유죽음으로 이끄는 '에셰크' 의식에는, 이 '에셰크'가 살아가면서 겪는 것(수험생의 불합격)이든 인생 자체가 가지고 있는 '에셰크'(결국 인생이라는 집은 무너지고 말리라는 바꿀 수 없는 사실)든, 먼저 구토의 감정이 선행돼야만 한다. 평범하게 살라는 말은 '에셰크'를 끌어안고도 아무렇지 않게 살라는 이야기나 다름없다. 사회는 말 잘 듣는 온순한 사람에게 박수갈채를 보낸다. 요란을 떨지 않아 고맙다고 한다. 그러니까 그들의 눈에 자살하는 사람은 요란을 떠는 옹졸한 인간이다. 그러나 구역질을 늘 달고 사는 사람에게 인생 안의 '에셰크'와 인생 자체의 '에셰크'는 도저히 참을 수 없는 역겨움이다. 아픔에 가슴이 쓰라리지만 이를 악물고 자부심을 내세우며 거부하기로 굳은 결심을 한다. 더는 그냥 흘러가는 대로 따라가지 않기로 마음먹은 소수파에 가담하기로 한다. 이 소수파의 사람들은 말한다. 살아서 흘리는 눈물은 비겁함일 뿐이라고, 소심함에 지나지 않는다고! 마치 모든 공포의 근원인 저 죽음의 공포에 이마부터 들이대는 것 이상으로 드높은 용기는 없다는 듯이. 자살하기로 뜻을 굳힌 사람의 용기는 만용이 아니다. 정확하게 이해했다. 이 용기에는 언제나 일말의 부끄러움이 묻어 있다. 살아야만 한다는 인생 논리는 슬쩍 부끄러움이라는 비장의 카드를 꺼내 들고 뛰어내리기 직전의 사람에게 묻는다. 왜 참아낼 수 없느냐고, 왜 끝까지 버티지 못하는 거냐고. 다른 사람들 좀 보라고. 그들은 아무 말 없이 견뎌내고 있는데 어째서 너만 야단법석을 떠느냐고 찔러댄다.

자살을 이미 감행했거나 자살하기로 마음을 먹은 사람에게 자유죽음이란 언제나 지극히 자연적이다. 그들이 느끼는 치욕은 자연스러운 감정이기 때문이다. 그러나 이런 자연스러움이 유지되는 것은 사회가 인정하는 자연 죽음에 비해 찰나라는 순간에 지나지 않는다. 생각하는 동안 그는 여전히 *살아 있다*. 마지막 숨을 거두기까지, 최후의 순간 의식을 잃기까지, 자살하는 자의 인격을 이루는 일부분은 여전히 인생 논리에 죄책감을 가지고 매달려 있다. 그의 몸은 여전히 기능하며 반응한다. 죽음에 거역하며 자신을 부풀린다. 구토의 정신(물론 이것도 정신임이 틀림없다)이 주도권을 차지하는 것을 한사코 허락하지 않으려 한다. 모든 것을 게워내고 침대 모서리에 축 늘어져 공허함으로 떨어지는 것을 막으려 한다. 그러나 사후 경직이 시작되는 순간, 이런 저항은 헛된 일이 되고 만다. 이제 굳어진 몸은 부패라는 미래만 약속받을 뿐이다. 자살자는 완벽한 없음 앞에서

부들부들 떤다. 자신이 끌어당긴 공허 앞에서 떨며 굳어진다. 하지만 공허는 조금도 자비를 베풀지 않는다. 동시에 자살자는 자신을 저주하는 사회 앞에서도 몸을 떤다(그는 소수파의 일원이었을 따름이다. 말하자면 인생이라는 제국이 점령한 식민지의 노예였을 뿐이다). 이제 그는 안다. 사회가 모든 수단을 동원해 그를 구출하려 들 것이라는 사실을! 요즘 표현으로 이야기하자면 다시 독점하기 위해 비상수단을 행사할 게 틀림없다. 그러지 않아도 어려운 것을 왜 더욱 어렵게 만드는 것일까? 해결의 방향이 보이지 않는 모순을 끌어안고 존재를 향해 아니라고 말하지 않았는가. 자신의 존엄성으로 모순을 품어 안았으면 그만 아닌가? 마지막으로 자살학자 장 배슐러의 말을 들어보자. 다시금 이야기하지만 그는 인생 논리의 옹호자인 동시에 실존 염세주의자라 불러 마땅한 인물이다.

"자살과 관련해볼 때 문명은 그 자살자가 받아 합당한 가치를 인정하려 들지 않는다. 자유죽음을 부끄러운 짓으로 비난하며, 심지어 이웃들은 자살자와 직접 살을 맞대고 산 주변 사람들을 못마땅한 눈초리로 흘겨본다. 교회나 국가와 같은 제도권은 공개적으로 비난하거나 다그치기를 삼간다. 하지만 여론은 자살로부터 멀리 떨어져 있는 간격을 좀체 좁히려 들지 않는다. 여론에는 낡은, 의심할 여지가 없이 기독교 전통에서 비롯된 금령이 시퍼렇게 살아 있다."

기독교 전통에서 비롯된 것은 분명 있지만, 그것만 있는 것은 아니다. 내가 아는 어떤 부부는 아들을 잃는 아픔을 겪었다. 아프리카에서 정치범들을 위해 헌신해온 젊은 변호사였던 아들이 어느 날 차가운 주검으로 발견되었다. 살해당한 것인지 자살한 것인지는 정확히 밝혀지지 않았다. 하지만 아버지와 어머니의 생각은 조금도 차이가 없었다. 아들은 살해당한 것이지 자기 손으로 목숨을 끊지 않았을 것이라고 굳게 믿었다. 부부는 독실한 유대교 신자였다. 유대교의 전통에 깊게 뿌리를 내린 사람들이었다. 이들의 눈에는 자살보다 살인이 훨씬 더 자연스러워 보였다. 이들이 성장하고 살아온 세상에서 자유죽음은 수치스러운 짓에 지나지 않았다. 워낙 선량한 사람들이기에 이런 지적을 해도 격한 반응을 보이지 않고 슬그머니 웃어넘겼다. 아들이 만에 하나라도 자유죽음을 택했을 수 있지 않으냐는 말에 부부는 한사코 자살이라는 단어를 쓰면서, 그런 일은 생각조차 할 수 없다고 했다. 그렇지만 아프리카 사람들의 손으로 저질러졌다는 살인이 모진 고문을 당한 후유증으로 견디다 못해 택한 자유죽음일 수도 있지 않은가. 내가 아는 한, 구약성경은 명시적으로 자살을 금지하고 있지 않다. 이렇게 볼 때 불행한 부부는 자신들의 종교 전통을 특별히 따르고 있는 것 같지 않다. 오히려 아들을 잃어 억장이 무너진 나머지 거의 모든 종교가 떠받드는 가치, 즉 자살은 신의 뜻과 어긋난다는 입장을 고수하고 있는 게 아닐까. 아버지와 어머니는 아들이 인생 논리를 깨뜨렸다는 것을 인정하고 싶지 않았던 게 아닐까. 우선, 자유죽음이 자연스럽다는 사실을 받아들이고 싶지 않았을 수 있다. 둘째, 아들이 자유죽음을 자신의 자연적인 죽음으로 선택했다는 사실을 납득하기 어려웠다고 볼 수도 있다.

'자살학'의 최신 연구 성과들이 신빙성을 갖는다면(여기서 나는 수없이 쏟아져 나온 자살 연구들의 극히 일부밖에 모르기 때문에 정말 믿어도 좋은지 판단을 유보하겠다), 자유죽음은 우리에게 알려진 거의 모든 형태의 사회에서 일어난 사건이다. 시대를 막론하고 종교 공동체 안에서도 자유죽음은 끊이지 않았다. 물론 어느 시대에나 자유죽음은 언제나 눈에 잘 띄지도 않는 소수파만 감행한 사건이다. 이미 그 원인을 환하게 밝혀낸 사례도 많고, 앞으로 연구의 소지를 남기고 있는 경우도 소수파가 감행했다는 혐의가 짙다. 이들이 소수였다는 것은 곧 이들이 '에셰크'라는 상황에 처해 있었다는 증거가 아닐까. "나더러 로마의 바보 역할을 연기하고 내 칼로 스스로 내 목을 치라고?" 맥베스가 울부짖는 대사의 한 토막이다. 사회적으로 그 정당성을 인정받은 자살이란 역사를 조감한다면 큰 비중을 차지하지 못하는 것이었을 따름이다. 중국에서는 공자의 사망 이후 자살을 사회적 해악으로 보았다.[18] 고대 그리스에서는 헤게시아스(Hegesias)[19]라는 철학자가 출현해 한때 잠깐 자유죽음을 열렬히 옹호했을 뿐이다. 후기 로마에서 자유죽음은 원래 품격과 예의의 문제였으며, 서고트족에서는 노인들이 스스로 바위 위에 올라 몸을 던지곤 했다. 신이 그 용기를 가상히 여겨 천국에 들어갈 수 있게 해준다고 믿었기 때문이다. 이런 몇몇 사례를 제외하고 역사를 일별하면 사회가 자유죽음에 큰 의미를 부여한 경우는 거의 찾아볼 수 없다. 반대로 인생 논리는 승리에 승리를 구가해왔다. 논리적으로 맞는 방향이었다. 인생 논리는 본능일 뿐 아니라, 내가 앞 장에서 보여줬듯, 논리라는 원칙에 들어맞는 것이기 때문이다. 이성, 곧 존재와 인생의 이성은 도무지 없음이라는 것을 생각하지 못한다. 비교라는 것은 있는 것을 있는 것과 견줄 때 가능한 것일 따름이다. A=A라는 동일률은 있음의 근본 경험을 담아낸 논리다.[20] '없음 = 없음'이라는 등식은 아무것도 말해주

---

18 공자의 가르침으로 자살을 경시하게 되었다는 의미로 한 말이다.

19 기원전 3세기경에 활약한 고대 그리스 철학자. 그의 가르침은 실존철학과 매우 흡사했으며, 존재를 거부할 것을 강조한 탓에 사람들은 그를 '파이시타나토스(Peisithanatos)' 즉 '죽음을 설득하는 자'라는 별명으로 불렀다고 한다. 알렉산드리아에 아카데미를 세우고 자살을 역설한 끝에 그 자신도 자유죽음을 택함으로써 결국 그의 아카데미는 문을 닫고 말았다. 인생과 고통을 철저히 곱씹어보고 문제 삼으라고 가르치고 다닌 탓에 고위층의 미움을 톡톡히 샀다고 한다.

20 형식 논리의 최고 원칙. 같음과 다름을 구분하는 게 앎의 출발점이라는 플라톤의 근본 사상에서부터 출발한 원칙이다. A는 A인 동시에 B일 수 없다는 아리스토텔레스의 확장 해석으로 동일률은 논리학의 기둥이 되었다. A는 B가 아니라 A라는 점에서 동일률은 인식론의 근본 원리기도 하다. 이로부터 유추해 '있음'은 '있음'으로만 생각할 수 있을 뿐, '없음'과 동격이 될 수 없다는 점에서 존재론의 근간이기도 하다. 여기서 아메리는 죽음을 '없어짐'으로 놓고 논의를 풀어가려고 시도한다.

는 게 없는 반이성적인 표현이 아닌가. 다만, 자유죽음은 있다는 섬세한 차이는 생각해볼 수 있다. 죽음이란 없어지는 게 아닌가? 그럼 없는 게 있다? 자유죽음만큼은 이 문제를 쉽게 풀 수 있다. 자유죽음은 바로 '에셰크'에 대한 대답으로서, '에셰크'를 담고 있는 인생을 겨눈 저항으로서 있다. 결국 자유죽음이란 자기 부정으로 존재한다. 자유죽음은 긍정인 동시에 부정이다. 바로 그래서 어처구니없는 모순이다. 자유죽음은 이 모순으로 존재한다. 그래서 '이중의 모순'이라고 말할 수도 있다. 아니, 그렇게 말해야만 한다. 자유죽음을 행하는 자는 인생 논리를 긍정하는 인격인 동시에, 자기 자신을 결과적으로 부정함으로써 인생 논리를 부정한다. 인생 논리라는 사슬을 박차고 나오면서도, 여전히 그 사슬에 묶여 있다. 그는 천수를 다하는 자연적인 죽음을 기다리려 하지 않는다. '에셰크'의 상태에서 살아가는 것은 반자연적이기 때문이다. 그래서 자연적인 죽음, 곧 자신의 존엄성을 지키려는 죽음을 그는 택한다. 어릿광대의 옷을 입은 것만 같던 인생을 버리기로 한다. 이런 유혹은 이루 말할 수 없을 정도로 달콤하다.

　　에밀 슈트라우스의 《친구 하인》에 나오는, 시험에 떨어진 수험생 하인리히 린트너는 창피하기만 한 졸업 파티가 끝나고 난 다음 자유죽음을 결심하고 권총을 들고 숲으로 간다. 나뭇잎 사이로 햇살이 쏟아진다. 풀밭에는 이슬이 촉촉하다. 시냇물이 졸졸 흐르며 청아한 노래를 부른다. 생명의 법칙이 명령하는 그대로다. 열여덟 살 소년은 뜻하지 않은 여유에 몸을 맡기고 계속 걷는다. 오랜만에 누리는 휴식이 평안하다. 자신을 추스르며 청년은 혼잣말로 중얼댄다. 정신은 의지를 북돋우나, 육신이 허약하다. 자연과 육신은 더없이 사랑스러운 가면을 쓰고 그를 유혹한다. 정신을 상대로 음모를 꾸민다. 유혹을 참아내려 안간힘을 쓴다. 단순히 육신의 요구가 아니라 존재의 유혹임을 알기 때문이다. 하지만, 강한 정신 덕분에, 터지는 욕지기가 더욱 강렬하기 때문에, 그는 자신에게 명령했던 행동을 실천에 옮긴다. 이제 곧 '없음 = 없음'이라는 등식이 성립한다. 있던 린트너가 없어져 버렸다. 우리가 살아서 열심히 베꼈던 동일률이 무너지는 순간이다. 죽음의 그림자가 우리를 덮칠 때마다 자연이 자연인 동시에 반자연이 되며, 있는 게 없어지는 저 모순의 등식이 고개를 든다. 결국 동일률은 해체된다. 아무것도 아니며, 있지도 않다. 그저 없는 게 아니라, 즉 사라진 게 아니라, 철저한 허무다. 차라리 허무라는 원칙이 희망이라는 원리보다 훨씬 더 강하다고나 할까? 나는 역사와 정치에서 찾아볼 수 있는 호감 가는 경우가, 드높은 용기로 성취해낸 정의가, 희망에 매달려서 이뤄졌다고 결코 믿지 않는다. 자신을 없음으로 던지는 행위, 이게 역사를 끌고 온 원동력이었다. 하지만 여기서 이 문제를 본격적으로 다루기에는 너무 이르다. 지금 당장 문제가 되는 것은 자유죽음을 다른 모든 죽음과 마찬가지로 자연적인 동시에 비자연적인 것으로 복권을 시켜주는 일이다. 특히 사회적인 차원에서 이 문제에 접근해야만 한다. 개인과 지나친 간격을 두고 개인의 '에셰크'를 포용하지 않는 사회야말로 자살의 온상이 될 것이기 때문이다. 자유죽음이든 아니든 죽음을 철학으로 변호할 수는 없다. 자살을 이미 기도한 사람이나 자살할 뜻을 가진 사람이 소수파에 속한다고 해서 누려 마땅한 권리를 훼손당하는 일이 없었으면 하는 마음에서 나는 지금 여기서 이런 논의를 하고 있다. 소수라 해서 그 권리를 침해해서야 되겠는가. 먼저 자신의 문제를 스스로 결정할 권리부터 인정해주고 접근할 때 가장 진솔한 모습을 확인할 수 있다는 점을 잊지 말자. 다행스럽게도 이미 상당한 발전을 이룬 모든 사회에서는 성적 취향에 있어 소수파가 무슨 범죄 집단이거나 환자 집단으로 취급받지 않는다. 여자든 남자든 동성애 취향을 가졌다고 해서 '다 나을 때'까지 검역소에 가두어 두지는 않는다. 마찬가지 이유에서 참으로 알 수 없는 일은 왜 자살을 했거나 시도하는 사람들은 끝끝내 사회의 마지막 남은 별종 취급을 받아야 할까 하는 물음이다. 물론 자살이라는 행위가 동성애라는 성적 취향보다 사회에 부정적인 영향을 끼치는 것은 사실이다. 동성애자는 후손을 낳아야 한다는 논리를 거부하는 것일 뿐, 존재 자체를 부정하지는 않기 때문이다. 그럼에도 자살 시도에 성공한 사람은 매몰차게 잊어버리고, 자살 시도에 실패한 사람은 정신병자 취급하는 게 인간적인 태도일까? 인간다운 정서로 보자면 그들을 먼저 따뜻하게 품어 안아야 하는 게 아닐까? 스스로 매우 발달했다고 자처하는 유럽 중부의 어느 작은 나라에서는 '구출된' 모든 자살 시도자를, 그가 자신의 행위를 감추려 하지 않는 한, 직권으로 정신병원에 넣어버린다. 나는 한 젊은 여인의 사례에서 받았던 충격과 부끄러움을 절대 잊지 못한다. 여자는 단지 자신의 자유죽음 의도를 발설했다는 이유 하나만으로 거친 털실로 짠 참회의 죄수복을 입고 정신병자들 사이에 섞여 대학 교육을 받았다는, 세상 물정 모르는 몇몇 멍청이의 심판을 기다려야만 했다. 지적인 능력으로 따지자면 여인이 그 심판관들보다 커다란 탑 높이만큼 더 뛰어났다. 일면식 없는 위원들로 이뤄진 위원회가 그녀를 풀어줘도 좋은지, 풀어준다면 언제가 적당한지, 결정을 내리는 어처구니없는 작태를 어찌 받아들여야 할까? 죽음을 두고 그저 빙 돌려 이야기할 뿐인 이런 믿지 못할 월권이라니! 하루라도 빨리 바로잡아야 할 전근대적인 제도가 아닐 수 없다. 아무것도 모르는 과학의 오만을 깨지 않고서는 이루어질 수 없는 일이다. 도대체 과학이 죽음을 두고 무얼 알 수 있는가. 내가 지금 무슨 상상을 하고 없는 이야기를 지어서 한 게 아니라는 점을 분명히 강조해둔다.

무엇이 정상이며 뭐가 비정상인지 멋대로 주물러가며 재단하는 어르신들이 정작 문제의 본질이 어디에 있는지 깨달았으면 하는 마음에서 잠깐 내 전문 분야가 아닌 것을 두고 이야기했다. 이런 식으로 사족을 다는 일은 이게 마지막이다. 심리학과 정신분석에 전혀 이해관계가 없는 쪽에서 자유죽음을 택할 자유를 인간의 양보할 수 없는 권리로 인정해줄 것을 목표로 하는 운동이 일어나지 않는 한, 작금의 어처구니없는 상황은 조금도 변하지 않으리라. 자살을 이미 기도했거나 하려는 사람을 사회는 계속 음험한 구실, 즉 시도 내지는 계획한 행위로 이미 성체를 포기한 것이 아니냐는 구실을 내세우며 '파문'해 버릴 게 틀림없다. 내가 보기에 이런 반대 운동에 필요한 지원은 정신분석에 반대 입장을 취하고 있는 필자들, 이를테면 미셸 푸코[21]와 들뢰즈, 가타리[22] 등에게서 기대할 수 있다. 그러나 이들의 도움만으로 충분하지는 않다. 결국에는 이들의 이론이 더 큰 불상사를 낳은 것은 아닌지 특히 엄밀하게 주목해야만 한다. 정신이 받는 고통을 사회라는 몸체가 앓는 병으로 보는 이들의 입장은 자유를 기본 인권으로 인정받고자 하는 목표를 한참 벗어나는 것이기 때문이다. 현실 경험을 통째로 부정하는 탓에 그 발병

---

21 프랑스의 철학자(1926~1984). 주체 혹은 자아에 초점을 맞추는 정신분석에 반기를 들고, 사회로부터 개인에게 강요된 구조를 주목해야 한다는 이론을 펼쳤다.

22 들뢰즈(Gilles Deleuze)는 프랑스의 철학자로, 푸코와 함께 구조주의를 대표하는 인물이다(1925~1995). 서구 근대 이성의 재검토를 주장하며 전래의 경험론과 관념론에서 벗어날 것을 강조했다. 가타리(Félix Guattari)는 프랑스의 심리학자다(1930~1992). 들뢰즈와 함께 프로이트 이론에 반기를 들고 반(反)정신분석의 입장을 취했다.

원인을 사회에서 찾을 수 없는 정신병 환자가 실제로 있다. 따라서 이런 환자는 사회라는 차원에서 치유가 불가능하다. 자신이 피란델로(Luigi Pirandello)의 희곡에 등장하는 투사인 동시에 독일 왕 하인리히 4세라고 한사코 주장하는 사람의 광기는 정말 황당한 것이 아닐 수 없다. 그런 미치광이가 요구하는 사회를 만들어 그를 역사적인 인물로 탈바꿈시켜줄 수는 없는 노릇 아닌가. 거꾸로 사회는 그를 예의주시하며 혹시 살인을 저지르는 것은 아닌지 경계해야만 한다. 카노사의 굴욕을 갚는답시고 아무나 보고 교황 그레고리오 7세라며 때려죽이는 불상사가 일어날 수 있으니 말이다.[23]

　이야기가 주제에서 벗어났다. 하지만, 다시 실마리를 잡을 수 없을 정도로 멀어진 것은 아니다. 여기서 광기와 사회를 연관 지어서 하는 이야기는 우리의 주제와 전혀 상관이 없는 게 아니기 때문이다. 전체적으로 볼 때 사회는 자살이 얼간이나 반미치광이가 저지르는 짓쯤으로 폄하한다. 단지 당사자의 닫힌 세계 안으로 사회가 들어가 볼 수 없다는 이유 하나만으

23　여기서 언급하고 있는 것은 이탈리아의 극작가이자 노벨 문학상 수상자인 루이지 피란델로의 작품 《엔리코 4세》의 독일어판 《하인리히 4세(Heinrich Ⅳ)》에 나오는 내용이다. 극의 주인공은 가면무도회가 벌어지는 가운데 말에서 떨어져 머리를 부딪치며 자신이 카노사의 굴욕을 당한 하인리히 4세라는 착각에 빠진다. 이를 치료하기 위해 주변 사람들은 하인리히 4세 당시와 똑같은 상황을 연출해준다.

로. 그렇지만 여기서 우리는 언어라는 수단이 허락하는 한, 바로 이 닫힌 세계 안으로 들어가 보고자 한다. 우리는 '에셰크'와 욕지기나는 세상을 이야기했다. 이 두 가지가 죽음이라는 토사물을 낳는 주범이다. 심리학과 정신분석학이라는 학문은 이 두 현상에서 존엄성을 박탈해버렸다. 학문들은 이런 현상을 질병으로 간주하고 질시한다. 짐작하듯 질병을 치욕쯤으로 여긴다 (가벼운 뇌졸중을 앓고도 사람들이 알까 봐 전전긍긍하며 한사코 자신의 상태를 감추던 남자 이야기는 누구나 들어봤으리라). 심리학과 정신분석이라는 연구 분과들은 욕지기나는 세상과 '에셰크'라는 병적인 상태와 관련해 많은 것을 알고 있다고 여긴다. 그러나 실제로 알고 있는 것은 행동 방식들에 지나지 않는다. 심리학과 정신분석학이 인간에 관련해 알고 있는 것은 콘라트 로렌츠 (Konrad Lorenz)[24]가 그의 애지중지하던 회색 거위와 관련해 알고 있는 꼭 그만큼일 뿐이다. 아, 저기 우울증 기질을 가진 사람이 있구나. 그의 마스크는 굳어져 있으며, 아무 표정이 없거나 고통으로 일그러져 있다. '환자'는 자신의 주변에서 벌어지는 우스꽝스러운 잘난 척에 끙끙 앓으며 세상에 등을 돌린다. 과학은 아주 가끔 행태의 확인이라는 도식을 벗어나 조금 더 나아갈

---

24 오스트리아의 동물학자(1903~1989). 유형별로 동물의 고유한 행동을 관찰하고 기록해 이른바 '비교행동학'이라는 새로운 학문을 창시했다. 1973년 그 공로를 인정받아 노벨 생리학·의학상을 받았다.

따름이다. 경우에 따라서는 미리 주어져 있는 가설을 간신히 떨쳐버린다. 이럴 때 등장하는 문장에는 다음과 같은 것을 찾아볼 수 있다. "과거는 치욕적이며, 현재는 고통스럽고, 미래는 존재하지 않는다."[콜로나(L. Colonna)가 《자살과 정신 질환 분류학(Suicide et nosographie psychiatrique)》에서 한 말이다.] 환자로 내몰린 끝에 자신의 인생을 견딜 수 없게 되어버린 사람은 언젠가 자살을 시도한다. 그의 과거가 정말 치욕적이었을까? 그의 느낌 안에서는 분명 그랬으리라. '에셰크'의 감정 안에서 그는 자신이 살아오며 겪은 모든 것을 실패로 여기며 헤아려본다. 참을 수 없는 중압감이 그의 가슴을 짓누른다. 그렇지만 다른 편에서 보면 그가 당한 모든 굴욕, 사람들에게 받은 모욕, 껍질만 남아버린 희망 등이 곧 자신의 일부라는 것을 안다. 이런 것들을 자신에게서 떼어내기가 무척 어렵다. 프로이트는 이를 두고 "떨어짐의 고통"이라는 표현을 썼다. "떨어짐의 고통"은 아프기만 하다. 예견하는 미래는 새로운 아픔으로만 다가올 뿐이다. 도망치기로 한다. 곧장 달려 숨겨진 비존재로 뛰어든다. 죽음이라는 이름의 유일한 탈출구를 찾는다. 그는 이른바 '자연적인 죽음'을 기다릴 여유가 없으며 그럴 기분도 아니다. 오로지 아는 것이라고는 단말마의 고통에 시달리는 육신이 아무런 희망이 없는 무의미한 저항만 거듭하고 있다는 사실일 따름이다. 우울증 환자는 얼마나 병든 것일까? 그 병세는 어느 정도일까? 나는 이런 문제를 두고 말하는 직업 훈련을 받지 않은 탓에 자격이 없기는 하지만, 그래도 내 논의를 과학계가 귀담아들어 줬으면 하고 바랄 뿐이다. 지금까지 읽어보고 직접 겪은 바를 종합해볼 때 마음의 건강(몸의 건강까지 포함해서)이 질병이라는 영역과 구별되는 경계선이라는 것은 언제나 자의적이고, 그때그때 사회 체계에 따라 달라지는 것으로 보일 뿐이다. 몽상가는 얼마나 아픈 것일까? 점이나 미신 따위에 매달리는 사람은? 세상의 종말을 운운해가며 떠드는 광신자는? 인간의 건강한 상식에 호소한다고 하면서 하늘을 찌를 것만 같은 모순을 저지르는, 쇼펜하우어가 말한 "지나침 너무나도 지나침"은 얼마나 건강한 것일까? 프랑스 왕 ㄱ   ㅍ(Louis-Philippe)[25] 아래서 수상을 지낸 사람은 여덟 살 먹은 아 ㅗ장에서 하루에 열에서 열한 시간 동안 일하는 것이 건강에 아 다는 말을 했다고 한다. 그러지 않으면 시간이 남아돌아 못된 짓 일삼는다나. 우리의 개념으로 보자면 이 남자는 악당이거나 정   가 틀림없다. 그러나 그와 동시대를 산 사람들에게 그는 의심의   가 없이 이성적인 인간이었다. 더없이 인간적인 남자로 보기도   라. 어린 아이의 건강 따위는 안중에도 없었던 것일까? 의사가 ㅗ   터 금연을 지시했음에도 여전히 담배를 끊지 못하는 나 자신은 얼마나 병이 든 것일까? 삶의 한복판에서 죽음에 손을 내밀며 터무니없는 죽음의 논리와 그에 못지않게 어처구니없는 인생

---

25   프랑스의 국왕 칭호를 공식적으로 쓴 마지막 왕(1773~1850).

논리를 동등한 것으로 취급하려 하는 나는 얼마나 중병에 걸린 것일까? 내가 올바로 보았다면, 정신 질환은 경험의 한계를 잘못 판단할 때 비로소 시작된다. 아닌 것을 맞다고 주장할 때, 한 번도 가본 적이 없는 곳을 가봤다고 흰소리할 때, 살아 있으면서 죽었다고 억지를 부릴 때, 정신병은 고개를 든다. "과거는 치욕적이며, 현재는 고통스럽고, 미래는 존재하지 않는다"고 전문가가 설명한 우울증 환자는 동성애자와 마찬가지로 병에 걸린 게 아니다. 그는 다만 다를 뿐이다. 이런 경우를 두고 과학은 균형을 잃었다고 말한다. 심리적인 충격으로 별거 아닌 돌발 사건이 무슨 엄청난 일로 부풀려진다. 개밋둑이 그의 눈에는 산처럼 보인다. 이게 논리적으로 말이 되지 않는다는 것은 분명한 일이다. '사물'(우리의 예에서는 개밋둑 내지는 산)은 목적을 가지고 의도적으로 꾸며낸 것과 전혀 다르지 않다. 탁자는 내가 그것을 목적 그대로 이용할 때만 탁자다. 앉아서 일하거나, 식사할 때, 탁자는 비로소 탁자다. 내가 그것을 언제나 방의 벽에 칠을 하는 보조 사다리로만 이용한다면, 그것은 우리가 통상 쓰는 말의 의미에서 탁자가 아니다. 그리고 실제로 나도 개밋둑이 산으로 변하는 상황에 빠질 수 있다. 이를테면 바닥에 배를 깔고 누워 실눈을 뜨고 부지런히 오가는 개미들을 바라본다면 말이다. 이른바 '균형'이라고 하는 것은 사회가 측정한다. 그렇지만, 저마다 자신의 척도를 가지고 있기 마련이다. 모든 경험을 통틀어 문제 삼지 않는 한, 내 판단은 맞는 것으로 인정해줘야만 한다.

나는 다음과 같이 말할 자격이 있다. 너희에게는 별것 아닌 돌발 사건일 수 있다. 이를 부정하지는 않겠다. 하지만 나에게 있어 그것은 인생의 결정적 사건이다. 너무나도 결정적인 나머지 나는 나 자신에게 죽음을 선고한다.

이것은 자연적인 죽음이다. 이 죽음이 자연적인 이유는 내가 일상 언어가 자연 죽음이라고 부르는 것을 정신적으로 소화할 수 없기 때문만이 아니다. 적어도 내가 선택한 죽음은 나에게 있어 자연적이다. 어디 그뿐인가? 나는 내 존재와 행위를 두고 사회가 왈가왈부하며 판단하는 것에 따르지 않기로 작정했기 때문에도 자연적인 죽음을 택한다. 사회가 내리는 판단의 본질은 *기능성*에 있다. 우울증 환자가 자신의 직업 활동을 마지못해 불충분하게 한다거나, 심지어 전혀 하지 않고 침대에서 뒹굴며 될 대로 되라는 식으로 사는 사람은 사회에 불필요한 인간, 즉 기능하지 않는 인간이다. 이익을 추구하기에 바쁜 사회는 그래서 그런 인간을 '치료'하려 든다. 정신분석 상담을 통해 빙빙 돌려가며 하나 마나 한 소리를 일삼다가, 전기 충격을 주거나 약물 요법을 쓴다. 이런 모든 방법이 전혀 도움이 되지 않으면, 사회는 그를 격리해 어딘가에 가두어버린다. 일단 그를 다락방 같은 곳에 가두면, 그는 눈에 보이지 않으며, 성가시게 굴지 않는 데다가 감시를 받는 탓에 자유죽음을 이룰 수도 없다. 그래서 사회는 조금도 양심의 가책을 받지 않는다. 이의를 제기하지 않을 수 없다. 여기서 사회의 심판이라는 것은 용서할 수 없는 잘못이다. 무슨 짓을 하는지조차 잘 모르고 저지르는 비행이다. 상담과 쇼크와 약물은 다르다고 하여 그 자신에게서 몰아내 완전히 *다른* 인간으로 만드는 짓을 하는 수단일 따름이다. 인간에게 강요된 자아, 외부의 간섭으로 빚어진 자아는 문제가 많은 조작의 산물이다. 이런 외부의 간섭이라는 것은 치과 의사나 외과 의사가 하는 수술과 똑같다. 제정신을 가진 어떤 사람도 맹장염에 걸린 환자의 맹장을 수술로 제거해서는 안 된다고 말하지 않으리라. 썩은 치아를 뽑아서는 안 된다고 정색하지 않으리라. 하지만 맹장과 치아는, 환자의 인격만 놓고 이야기하자면 외부 세계에 지나지 않는다. 맹장을 떼어낸다는 것은 집이 시끄러워서 다른 집으로 이사를 가는 것과 같은 일이다. 여기서 제거되고 뽑히는 것은 '연장 실체'다. 몸에 좋으라고 하는 일이다. 그러나 우울증의 경우, 심지어 자살 시도가 수포로 돌아갔을 때, '사유 실체'는 격심한 고통을 겪는다. 영혼의 더할 나위 없는 상처라 말할 수도 있다.[26] 이렇게 해서 '치료를 받은 사람'은 이제 아무것도 알려고 하지 않고, 묵묵히 기능할 뿐이다. 모 박사님이 처방전을 써줘서 고맙다고 말하리라. 다시 세상을 장밋빛

26　여기서 '연장 실체'는 'res extensa'를, '사유 실체'는 'res cogitans'를 각각 옮긴 말이다. 세상에 공간적 연장(延長)을 갖는 사물과 생각하는 정신, 이렇게 두 가지로 설명하며 데카르트가 쓴 개념이다.

으로 보리라. 그러나 사실 그는 아무 생각도 하지 않는 것일 뿐이다. 다른 이야기를 하지 못하도록 윽박지름을 받은 탓이다.

결국 모든 게 나와 타인, 개인과 사회 사이의 싸움이라는 열악한 최후를 향해 치닫는 것일까? 그렇기도 하고 그렇지 않다고도 대답할 수 있다. 갈등은 끝까지 처절한 양상을 띠거나 조정 단계로 접어들거나 둘 가운데 하나리라. 어쨌거나 사회 쪽에 유리하게 돌아가는 것은 불 보듯 훤한 일이다. 사회는 홀로 고군분투하는 나를 상대로 압력을 행사하는 다수이기 때문이다. 개성과 기능성 사이의 질곡, 주관의 정황과 공동체 의식 사이의 간극이 쉽게 극복될 수 없다는 것을 읽어낸 사람은 다수의 판단을 거부할 수 있다. 다만, 다수의 판단에 적대적이지는 않아야 한다(그럼 광인 취급을 받는다). 거부하면서도 적대적이지 않기 위해서는 다수의 판단을 제한적으로 받아들임으로써 그 판단이 누구도 거역할 수 없는 보편타당한 것은 아니라는 점을 우리는 분명히 해두어야 한다. 이를테면 늙고 병들어 죽은 자연 죽음이 반드시 '자연스러운 것'은 아니다. 손발을 묶어두고 자연 죽음만 기다리라고 하는 게 반자연적인 경우도 얼마든지 있다. 자유죽음을 택하려는 사람은 자연 죽음이 가지는 반자연성을 미리 감지한 것이다. 그러므로 자살을 시도했거나 하려는 사람이 자유롭게 택한 죽음의 자연성을 부정해서는 안 된다. 이로써 *세상이라는 전체* 그림은 확 뒤바뀐다. 언제라도 우리 모두를 끌어안을 수 있는 죽음은 "비틀어버림(le faux)"이 아니다. 사르트르가 죽음을 표현한 이 말(le faux)은 논리적으로는 공격하기가 어렵지만, 인간적 면을 온전히 담아내지는 못한 것이다. 이제는 죽음의 얼굴도 다른 용모를 띤다. 죽음은 일방적으로 몰아내고 거부할 수 있는 게 아니다. 일방적인 몰아냄으로 죽음이 왜곡되고 비틀려지기 때문이다. 사회적인 편견이 없이 죽음을 바라볼 때 우리의 지평 앞에 새로운 휴머니즘이 떠오른다. 희망이라는 원리를 놓지 않으면서도, 그 자체로 모순이지만 피할 길이 없는 허무라는 원칙도 함께 인정하는 게 우리의 새로운 휴머니즘이다. 자살자는 영웅과 마찬가지로 모범적인 성격을 띤다. 세상의 피난민은 세계 정복자보다 못난 게 아니다. 오히려 어떤 면에서 보면 더 낫기까지 하다. 기능성을 위주로 끊임없이 변하는 법칙을 제시하는 다수는 더 이상 최후의 발언권을 갖지 않는다. 통찰과 배려라는 관용을 가진 인간이 자신의 발언을 함께 저울대 위에 올려놓는다.

이제 자살은 가난과 질병과 마찬가지로 치욕이 아니다. 자살은 더 이상 침울해진 정서를 가진 사람이 저지르는 비행이 아니다(중세에는 심지어 악마에게 사로잡힌 영혼이라는 표현을 썼다). 어디까지나 자살은 존재를 몰아붙이는 도전에 맞서 그에 응전하는 일종의 대답이다. 세월이라는 흐름에 휩쓸려 떠내려가다가 익사하기 직전, 지르는 단말마적 고통의 비명이 자살이다.

우리의 자아는 조각조각 끊어져 소용돌이에 휘말리며, 기억의 색은 누렇게 바래고, 우리의 현실은 저 끝 모를 바닥으로 빠져든다. 자연 죽음으로서의 자살이라는 게 정확하게 무엇일까? 존재를 강타하며 파괴하는 '에셰크'에 맞서 단호하게 아니라고 말하는 게 자살이다. 곡물 상인이 스스로 목숨을 끊었다고? 그저 치욕을 감수하고 사회가 그 변화무쌍한 변덕 속에서 그의 행위를 잊어주기를 바라는 게 낫지 않았느냐고? 아니다. 그가 택한 방법은 자신의 '에셰크'에 단호하게 아니라고 말한 것일 따름이다. 시험에 떨어진 수험생이 총으로 자신의 머리를 쏘았다고? 그렇다고 해서 그가 사회의 낙오자가 되는 것은 아니다. 오히려 그 반대다. 그는 실패자가 될 위험을 예방한 것일 따름이다. 우울증 환자가 자신의 메말라버린 세계관 때문에 자살을 선택했다고 해서 그 세계관이 잘못된 것이라고는 누구도 말할 수 없다. 우리는 적어도 그에게 인정을 해줘야 한다. 그의 선택은 이성적인 것이었다고! 그 누구에게도 양도할 수 없는 자신의 기준을 가지고 그에 맞게 행동한 것일 뿐이라고! "그래도 끝까지 살아야만 해." 저잣거리를 떠도는 세속의 지혜는 이렇게 꾸짖는다. 아니다. 살아야만 하기 때문에 살아야 하는 인생이라는 것은 없다. 어차피 반드시 찾아올 어느 날 더는 살 수가 없어서, 아니 살아서는 안 되기 때문에 그저 꾹 참고 그날을 기다려야만 하는 것은 더더욱 아니다. 수확하기 위해 낫을 든 농부, 그의 이름은 죽음이다. 이때 누구든 손수 낫을 들 수 있다. 비유적으로 경계라고 일컬었던 곳에 우리는 이미 도달했다. 벼를 베는 농부가 낫으로 자기 손을 자를 수야 없다. 하지만, 죽은 것만 못한 삶이라면, '에셰크'한 상태의 인생이 더욱 추한 것이라면, 존엄성과 자유를 가지고 죽음을 선택할 수 있다. 더는 인간답게 살 수 없는 경우, 존엄성과 자유는 곧 율법이 된다. 주체는 완전한 주권을 가지고 결정을 내린다. 물론 그렇다고 해서 반사회적으로 되는 것은 아니다. 선택과 결정은 오로지 당사자 개인의 문제다. 그는 자신의 독자성을 위해, 지금껏 단 한 번도 자신의 고유한 것이지 않았던 생명이라는 고유 재산을 파괴한다. 손을 내려놓는다. 이야기를 좀 더 이끌고 가보자.

3장

손을 내려놓다

Hand an sich legen

손을 내려놓으며 우리의 자아가 자신을 스스로 지워버리는 가운데 혹여 처음으로 완전히 자신을 실현하는 기쁨을 맛볼 수도 있다. 이제는 존재의 끝이기 때문이다. 있음으로부터 탈출했기 때문이다.

손을 자신에게 내려놓다. 어딘지 모르게 현실성을 솎아낸 것처럼 들리는 표현이다. 아니, 현실에서 멀어져 현실을 무시하는 탓에 진부하고 고풍스럽게만 들리는 말이다.

그런데 나에게는 그만큼 절박하게 들린다. 진부하게 들릴지라도 계속 썼으면 좋겠다는 느낌을 주는 표현이다. 손을 내려놓다. 듣기만 해도 몸서리쳐지는 자살 행위로 떠오르는 것 중에는 1947년 가브리엘 데샤이(Gabriel Deshaies)가 발표한《자살의 심리학(La psychologie du suicide)》에서 다룬 것이 있다. 이 책은 내가 알기로 아직 독일어로 번역되지 않았다. 책에서 대장장이는 자신의 머리를 선반 위에 올려놓고 나사 바이스의 오른쪽 손잡이를 두개골이 으깨질 때까지 돌렸다. 참혹한 죽음의 방식은 많기만 하다. 죽음의 방식? 그러고 보니 잉에보르크 바흐만(Ingeborg Bachmann)[1]의 마지막 책의 제목도《죽음의 방식(Todesarten)》이지 않았던가? 면도날을 가지고 자신의 목줄을 끊은 남자도 있었다. 일본의 작가이자 투사인 미시마(三島 由紀

夫)[2]는 할복이라는 전통 관습이 요구하는 그대로 날카로운 장검으로 자신의 배를 찔렀다. 어떤 죄수는 자신의 속옷을 찢고 꼬아서 끈으로 만든 다음, 그것을 자신의 목에 걸고 감방 창살에 매달려 자살했다. 하나같이 참혹한 죽음의 방식이 아닐 수 없다. 손을 실제로 내려놓았다. 하지만, 어디에? 자살자에게 있어서는 '나'의 일부인 몸에! 그러니까 나와 내 몸으로 손을 내려놓는다. 나와 내 몸은 하나면서 둘이다. 자살을 이미 시도했거나 할 생각을 가진 사람에게 나와 내 몸은 없어져야 할 대상이다. 동시에 넘어설 수 없는 주체다. 상처받기 쉽고 없앨 수 있기는 하지만, 그래도 주체로서의 나는 넘어설 수 없는 주체다. 자유죽음을 구하는 사람이 하나의 통일체인 동시에 둘로 나뉜 존재라는 것, 이 통일체와 복합체는 서로 특정한 관계를 형성한다는 점은 의심할 여지가 없는 사실이다. 아마도 그래서 심리학은 이런 관계를 두고 '나르시시즘'이라고 부르는 모양이다(자기 자신을 스스로 공격하는 성향도 여기서 배제되지 않는다. 그렇지만 심리학의 가설은 이후 적당한 때에 이야기하도록 하자). 여기서 우리가 마주하는 아무 꾸밈없이 헐벗은 사실은 이렇다. 나와 내 몸을 똑같은 나와 내 몸이 파괴한다. 대체 이를 어찌 이해해야 좋을까?

1 　오스트리아 출신의 작가(1926~1973). 20세기 독일어권 문학계가 낳은 걸출한 여성 작가다. 본문에서 언급한 연작 소설집은 1995년에 나왔다.

2 　일본의 작가인 미시마 유키오를 일컫는다(1925~1970). 전후의 허무주의적이고 탐미주의적인 문체로 유명했다. 일본 혼의 타락에 분개하며 할복자살했다.

나는 앞서 나의 자아에 반해 몸에서 일어나는 일들, 내 몸의 부분들, 즉 심장, 위장, 신장 등을 '외부 세계'라고 말했었다. 사실이 말에는 보충해야 할 점이 많기만 하다. 실제로 외부와 내부, 경우에 따라서는 내가 지금 들여다보는 저 안이라고 하는 것 등은 서로 겹치고 맞물린다. 그러면서도 서로 멀리하며 피하려 든다. 그래서 서로 전혀 모르는 것처럼 낯설게만 느껴진다. 나와 내 몸의 관계는 아마도 우리가 살아가면서 겪는 모든 일 가운데 가장 풀기 어려운 복잡한 신비리라. 우리의 주체라고 하는 것은 그 정확한 정체가 뭘까? 우리가 언제나 항상 모든 일의 중심에 세우고 싶어 하는 '나'라는 자아는 어떻게 이해해야 좋은 것일까? 우리는 일상생활에서 우리의 몸을 거의 의식하지 않는다. 몸은 우리의 "세계 내 존재(In-der-Welt-Sein)"[3]에서, 사르트르가 표현했듯, "무시당하는 것(le négligé)", "침묵 아래 간과되는 것(le passé sous silence)"일 뿐이다. 사람들은 자신의 몸을 두고 거의 이야기하지 않는다. 생각조차 하지 않는다. 몸은 나의 자아를 이루는 일부면서도 저 밖 어딘가에 있다. 세계라는 공간의 그 어딘가에 있으면서 자아의 투사(Pro-jekt)를 이루기 위해 "부정되는 것(se néantise)"이 우리의 몸이다. 우리는 *우리의 몸으로*

---

3   하이데거 실존철학의 근본을 이루는 개념. 인간의 현존을 세계 안에 던져진 투사(Pro-jekt)로 보는 실존철학에서는 우리가 세계 안에서 다른 존재자와 교섭을 가져야만 살아갈 수 있다고 주장한다. 그러니까 세계를 벗어나는 일, 곧 죽음은 실존철학에 있어 아무 의미를 갖지 못한다.

있으면서, *몸을 가지고 있지 않다.* 몸은, 내가 앞서 설명했듯, 다른 것, 외부 세계에 속하는 게 확실하다. 마찬가지로 우리는 낯설기만 한 몸을 다른 사람의 눈으로 볼 때야 비로소 의식한다 (이를테면 과학 공부를 통해 몸의 기능을 알게 되면 우리는 몸을 의식한다). 혹은 몸이 우리에게 *부담*이 될 때 비로소 그 존재를 깨닫는다. 왜 흔히 고통 때문에 '껍데기에서 빠져나오고 싶다'⁴는 말을 쓰지 않던가. 건강할 때는 의식조차 하지 않던 몸이 조금만 아프면 거추장스럽고 빠져나가고 싶기만 한 것이다. 그만큼 몸은 적대적인 것인 동시에 내 것이다. 벗어던지고만 싶은 껍데기는 여전히 우리의 일부, 즉 나라는 '자아'를 이루는 한 부분이다. 몸으로 세상을 겪는 동안만큼은 몸은 "무시당하는 것"이다. 하늘을 향해 높이 뛰어오를 때, 몸은 공기이자 날아오름이다. 스키를 타고 신나게 활강할 때면, 몸은 휘날리는 눈보라며 얼음처럼 차가운 바람이다.

일상생활에서, 곧 몸의 부담을 느끼지 못하는 가운데, 빠르게 달리면서 우리의 팔을 자동차의 기어 스틱처럼 자유자재로 부릴 수 있다면, 몸은 이제 자아와 거리감을 없애고 완전한 하

---

⁴ 이 문장의 원어는 'aus der Haut fahren möchten'이라는 숙어로 일상에서는 '미치도록 화가 난다'라는 의미로 쓴다. 그러나 여기서는 원어를 그대로 직역해주는 게 낫다고 판단했다.

나가 될 수 있을까? 그러나 다른 것이 아닌 하나가 되기 위해서는 이미 이전에 일체로 있었다는 전제가 성립해야만 한다. 언제나 몸과 자아가 혼연일체를 이루지는 않는 탓에, 차라리 아직 우리 몸을 소유하지 않았다고 말하는 편이 낫다. 성장하고 절정을 구사하며 노쇠해가는 우리 몸은 언제나 나 자신과 거리를 두고 있기 때문이다. 우리의 자아를 떠받들고 다니는 몸은 말이 없는 충직한 하인이다. 정성을 다해 섬기다가 우리가 잠에 빠져들면, 까치발을 하고 조용히 사라져준다. 병에 걸렸다는 것은 이 노예가 반란을 일으켰다는 뜻이다. 그러면 우리는 몸을 향해 불같이 화를 낸다. 적어도 통증을 일으키는 부위에 대고 욕지거리를 쏟아낸다. '빌어먹을 발가락'이 우리를 아프게 한다고 욕설을 퍼붓는다. 흥분하며 제발 '편안하게 내버려달라고' 요구한다. 마치 다른 어떤 인격체와 싸움이라도 벌이듯. 그렇지만 발가락은 우리 것이다. 발가락을 절단하는 일이 없게 해달라고 간청하며, 다시 "침묵 아래 간과되기(passer sous silence)"만 바란다. 부서지기 쉬운 재질로, 신경생리학적으로 보면 발가락보다도 낯설기만 한 치아도 마찬가지다. 뿌리가 병든 치아는 치과 의사를 찾아가 뽑아야만 한다(환장할 정도로 아파서 그 저주받을 치아를 뽑아버렸다고 사람들은 말한다). 발치의 순간이 지나고 어느 정도 시간이 흐르면 우리는 뽑아버린 치아가 아쉬워 우울한 기분에 빠진다. 빠진 구멍이 증명해주는 없음이 우리의 '자아'를 좀먹었다는 느낌에 괴로워한다. 자아의 가치가 줄어들고 말았다는 처절함을 맛본다. 발치 이후 우리는 그만큼 덜해졌다. 구멍이 부끄럽기만 하다. 단지 보기 흉하다는 이유만으로 부끄러운 것은 아니다. 우울함과 괴로움의 뿌리는 더욱 깊숙이 있다. 어쩌자고 치아가 하나 빠진 얼굴은 비대칭을 이루며 뭔가 부족해 보이는 인상을 줄까? 바로 우리의 일부가 떨어져 나갔기 때문이다. 구멍을 가진 우리는 '일부(à part)'를 잃어서 다른 사람과 다르고, 덜 가진 몰골을 할 수밖에 없다. 그래서 우리는 인공 치아가 완성되어 자리를 잡기까지 한사코 미소도 짓지 않으려 애를 쓴다.

그러나 치아가, 발가락이, 아니 심지어 팔과 다리가 문제는 아니지 않은가? 유감스럽지만 아니다. 우리가 자유죽음 앞에 섰을 때, 손을 내려놓으려 할 때, 문제가 되는 것은 우리 몸 *전체*다. 우리 자아의 형체이자 떠받드는 하인이었던, 낯선 것인 동시에 바로 내 것이었던 우리 몸 전체가 없어지려는 순간이 아닌가. 장차 "침묵 아래 간과하라"는 말도 할 수 없게 되리라(더는 존재하지 않는 우리가 무얼 간과할 것인가?). 오히려 목소리를 들어줄 이가 아무도 없기 때문에 말도 꺼내지 말고 침묵해야 하리라. 우리 몸은 해부를 맡은 의사가 다루는 물건, 장의사가 무덤까지 운반해야 할 짐이 되고 말 따름이다. 이렇게 해서 우리는 뛰어내리기 직전, 이전에는 결코 경험한 적이 없는 친밀함과 내밀함을 가지고 우리 몸을 깨닫는다. 여기서 특히 중요한 역할을 하는 것은 *머리*다. 나는 종종 16층 발코니에 나가 창틀에 매달려 보곤 한다(다행히도 나는 현기증을 전혀 모른다). 왼쪽 손으로 쇠창살을 잡고 저 아래쪽을 내려다보며 허공을 뚫어져라 응시한다. 이제 나는 놓아버리기만 하면 된다. 내 몸은 어떻게 떨어질까? 다이빙 선수들의 묘기를 보고 감탄했듯 우아한 회전을 하면서? 아니면, 돌덩이처럼 똑바로? 아무튼 머리를 아래로 하고 떨어질 거라고 나는 상상해본다. 상상에서 두개골이 아스팔트에 부딪쳐 으깨지는 것을 본다. 아니면, 물에 빠질 수도 있으리라. 북해 연안의 어딘가가 되겠지. 발을 적셨던 물은 점차 가슴팍까지 차고 올라온다. 가슴팍을 넘어 입술을 때린다. 머리는 잠깐 파도 위에 머물며 완전히 빠질 때까지 찰랑대는 파도의 음악 소리를 듣겠지. 물에 빠져 사라지고 나면 해변에 몰려든 사람들이 뭔가 찾을 거다. '익사한 사람'이 아니라, 어떤 물건을! 인간과 나와는 전혀 상관이 없는 무엇인가를! 단두대, "이미 칼날은 떨어졌다(déjà le couperet tombe)." 머리를 칼로 치는 참수형이야말로 가장 철저한 파괴리라. 아주 간접적으로 손을 내려놓는 일, 이를테면 알약을 한 움큼 삼켜 다시는 깨어날 수 없는 잠에 빠지는 것도 역시 머리를 겨누는 일이다. 간접적으로 손을 내려놓기는 하지만, 죽음의 쌍둥이 형제인 깨어날 수 없는 깊은 잠을 택하는 것 역시 머리를 치는 행위와 똑같다. 아마도 내 머리는 침대 모서리에 꺾인 채 늘어져 있겠지? 눈을 치켜뜨고 있는 것은 아닐까? 어쨌거나 이제 뼈와 살덩이로만 남은 머리를 가진 나도 역시 물건이 되고 말리라. 이미 눈치채고도 남았겠지만, 머리가 대뇌피질이 자리 잡고 있는 곳이라는 과학 지식은 우리의 문제와 아무런 상관이 없다. '나'라는 자아가 사라진 마당에, 머리가 한낱 물질로 남은 지금, 대뇌피질 따위가 다 무어란 말인가. 이런 것이 바로 내가 말하고자 하는 '자아 경험'이다. 물질로 변함과 동시에 사라지는 나. 머리 때리는 것을 인간이 맛볼 수 있는 가장 치욕적인 굴욕으로 여기는 게 우연은 아니다(아이의 머리를 절대로 때리지 말아야 한다는 것은 잘 알려진 사실이다). 최소한의 생리학 지식을 알기 오래전에 우리는 이미 머리와 그 하늘을 찌를 것만 같은 자존심을 잘 알고 있다. 그럼 정말 머리가 우리의 자아일까? 물론 머리만 가지고 자아 전체가 이루어지는 것은 아니리라. 그러나 현상적으로 볼 때 머리는 자아를 근원적으로 체험할 수 있는 최고의 것임은 틀림없다. 자유죽음의 문턱을 넘어서는 사람은 이전에는 결코 경험하지 못했던 밀도 있는 대화를 몸과 머리와 자아와 나눈다. 이런 대화는 무수한 단계들로 이루어진다. 뉘앙스의 미묘한 차이들을 보여주기도 한다. 온갖 측면들이 숨 가쁘게 이어진다. 워낙 다양하고 미묘해서 내가 지금 여기서 그 하나하나를 적시해줄 수 없을 지경이다. 다만, 몇 가지만 예로 들어보자. 없애버리기로 작정한 것을 바라보는 애틋함은 커져만 간다. 이제 곧 해체되고 나면 더는 존재하지 않는 자아와 물건이 되어버린 몸은 온전히 없음으로 하나가 될 것이기 때문이다. 아무것도 아니며, 무어라 말할 수도 없는 없음. 프로이트가 말했던 "떨어짐의 고통"이라는 것은 지금까지 낯선 것인 동시에 내 것이었던 몸과 이별하게 되는 데서 비롯되는 아픔이다. 한 손이 다른 손을 어루만진다. 더듬는 손과 더듬어진 손은 이제 더 이상 구분할 수 없을 지경으로 해체되리라. 릴케의 시가 노래하듯, "무너져 내리는 손이여!" 하는 탄식이 터져 나온다. 아직은 손이 자신을 감지하며, 다른 손도 느낀다. 손들은 서로 쓰다듬는다. 마치 시골의 간이역에 서서 애끓는 심정으로 작별을 나누는 연인처럼. 우리는 정말 끝난 걸까? 다시는 볼 수 없을까? 그러나 아직은 함께 있다. 팔과 다리와 성기, 이것들은 해체의 과정에서 어떤 모습을 할까? 아직은 있다. 원래 내 것이면서, 낯설기만 한 다른 것으로. 이미 서로 지칠 대로 지쳐 깔보고 무시하며 버리기로 작정했지만, 그래도 사랑은 여전히 남아 있다. 이제 곧 끈에 매달려 비틀려버릴 목을 측은하게 어루만진다. 내 "세계 내 존재"의 일부이기를 그치기 전에 목에게 잘 대해줘야겠다고 다짐한다. 아직은 여전히 세계 속에 있는 내 목에게. 그렇지만 상실될 수 없이 존재하는 다른 세계, 물질로서의 세계가 이제 없어져버릴 나에게 무슨 상관인가. 나 자신이 없어져버릴 마당에 여전히 끄떡없이 있을 세상이 나에게 무엇일까. 몇 번이고 내 몸을 상냥하게 대해주자고 다짐하지만, 이제 얼마 지나지 않아 몸이 떠받들고 있는 '나'라는 자아가 사라질 텐데, 이런 상냥함과 애틋함은 멀리서 보면 흡사 자위행위를 닮았다. 수음과 마찬가지로 내가 없어질 나를 위로하는 행위는 채움이 없는 순환일 따름이다. 나로부터 바깥으로, 다른 몸으로, 타인을 목적으로 삼아 나아가던 선(線)은 휘어져 돌아와 다시 자신과 맞물리며 무의미한 순환을 이룬다. 그렇다, 이는 아무 의미가 없는 짓이다. "인간의 실존을 통해서만 세계는 존재한다." 사르트르가 한 말이다. 하지만 자위하는 인간 실존은 오로지 자기 자신에게로 향해져 있다. 자위하는 실존은 세상을 포기했다. 그래서 결국 묻지 않을 수 없다. 이제 곧 자신이 없어진다는 생각에 자신의 몸을 애틋하게 어루만지는 실존도 인간 실존일까? 이 물음에서도 돌아오는 대답은 저 끈질기게 우리 논의를 따라붙는 단조로운 것일 뿐이다. 그렇기도 하고, 그렇지 않기도 하다. 자위하는 실존 역시 인간 실존이다. 터져 나오는 분노(목을 긋기 전)든, 화학 산업이 우리에게 제공한 산뜻한 죽음의 잠에서 꿈꾸듯 신음하는 '결별의 고통'이든, 몸이 여전히 자아를 통해 느껴지는 한, 그것은 인간 실존이다. 하지만, 우리의 의식이 깨버리기로 작정한, 더러운 옷가지를 훌훌 벗어 던지듯 포기하기로 한 세상을 바라보면, 한 손이 다른 손을 어루만지는 자위는 인간 실존이 아니다. 세계를 품으려 했으나, 이제 돌아오는 것은 나의 손길일 뿐이다. 그래서 처음부터 법칙이었던 게 다시금 확인된다. 자위는 오르가슴에 오르지 못하고 끝난다. 자살하는 사람은 자신의 몸을 찾느라 기진맥진한 상태다. 손들은 더는 서로 쓰다듬지 않는다. 사랑하는 사람을 납치한 기차는 이미 출발했다. 찢어지는 것만 같은 날카로운 기적 소리를 남기고. 홀로 남은 것은 자아일 따름이다.

그리고 이 자아는 마지막 순간까지 지칠 줄 모르고 '나'라는 의식을 만들어낸다. 그러나 이 의식은 자신의 고유한 가능성을 추구하며 지향하는 그런 의식이 더는 아니다. 그런 가능성은 아예 보지 못한다. 오로지 자기 자신에만 침잠해 있는 의식일 뿐이다. 그런데 이게 무슨 말인가? 한쪽 발을 세상 밖으로 내디디고, 세상을 적대적인 눈으로 바라보면서, 무엇인가 자신만의 일을 꾸미려는 일체의 꿈을 포기하고서도, '나'라는 의식을 거듭 만들어낸다? 내가 있다. 나는 있지 않게 되리라. 그래도 나는 있다. 무엇으로 있는가? 나로서 있다. 그 나는 누구인가? 나[여전히 세상은 어두운 그림자를 남기며 스쳐 지나간다. 물론 아무런 미래가 없으며, 이미 생명력을 잃어버린 세상이다. 한 소년이 공원에 서 있다. 눈을 감고 숨바꼭질을 하던 끝에 홀로 길을 잃고 당황해 떨고 있다. 한밤중의 공원에서 맛보았던 키스. '옐로스톤 공원(Yellowstone National Park)'의 출구 도로에 서 있는 소년의 등 뒤로 '로링 마운틴(Roaring mountain)'이 보인다. 하지만 이 모든 것은 바람처럼 휙 하고 스쳐 간 세월 탓에 누렇게 빛이 바래고 말았다]. 나는 누구인가? 비록 이미 빠져나오기는 했지만 내 몸이 나인가. 더 정확하게 이야기하자면, 몸이면서 몸 이상인 얼굴일까? 얼굴은 손을 내려놓는 순간, 거울에 비친 자신의 모습을 바라본다(총으로 머리를 쏘고 흥건하게 피를 흘린 사람들이 거울 앞에서 발견되는 사례는 많기만 하다). 얼굴은 거울에서 자신을 발견한다. 네 개의 눈이 뚫어져라 서로 응시한다. 입은 두려움으로 일그러져 있다. 거울을 사이에 두고 만나는 얼굴은 아직 자아를 가지고 있지 않다. 자아는 얼굴 안에서 아직 자기 자신을 찾지 못한다. 무언가 참혹한 게 솟아오른다. 이 참혹함은 자살자의 속 안에 쌓인 두려움과는 다른 것이다. 말하자면 어떤 사람이 '아, 저게 나로구나' 하고 말할 때 느끼는 참혹함이다. 어째서 나는 저런 모습일까? 거울 앞에서 겪는 참혹함의 체험은 자살자에게만 국한하는 게 아니다. 일상에서도 얼마든지 일어나는 일이다. 하지만 의도적으로 그런 체험을 하겠다고 마음먹는다고 해서 할 수 있는 것은 아니다. 체험은 일어나자마자 추락을 부른다. 거울을 처다보며 거울에 맺힌 상에서 쫓겨난 자아는 낭떠러지에서 낭떠러지로 떨어진다. 매번 추락은 다시금 '나'다. 멈춤이 없는 탓에 불안한 추락은 인간이 심호흡을 해야만 비로소 끝이 난다. 하지만 내가 이렇게 보잘것없는 존재였던가 하는 씁쓸함을 감출 수가 없다. 그래도 나는 소중한 사람이야 하는 서툰 변명과 함께 일상으로 돌아온다. 물론 자살의 상황은 자살자를 거울 결투로 몰고 간다. 이를테면 구토나 사방의 벽이 좁혀지며 압박하는 통에 빚어진 폐소공포증 또는 벽에 두개골이 부딪혀 깨지는 상황은 언제나 거울 결투를 떠올리게 만든다. 이로써 자아는, 어디에 숨어 있든, 그게 무엇이든, 자기 자신의 *끄트머리*에 서 있다. 자아를 두고 "감각의 묶음(Bundle of Perceptions)"이라거나 선험적 주관의 내재적인 현상 형식이라는 식의 규정 따위가 무슨 소용인가.[5] 나는 세계를 부정했으며, 이로써 자기 자신도 부정했다. 자신을 없애버리기로 마음먹은 탓에 이미 자신을 반쯤 있었던 것, 썩은 것으로 감지한다. 자아는 자기 자신에게 도달하려는 마지막 시도를 한다. 네 개의 눈동자가 뚫어져라 응시하며, 두 개의 입이 처참한 경멸이나 크나큰 아픔으로 일그러진다. 그 같은 순간들에서 더는 몸이 아니며, "세계 내 존재"이기를 거부하는, 어쨌거나 세계 안으로 들어가려고 하지 않는 나는 부들부들 불안에 떤다. 자아는 순간적으로 애틋한 자기 연민에 휩싸인다. 너무나 자신을 사랑한 나머지, 과거 자신이었던 자아를 어루만지며 애무를 한다. 이처럼 치욕스럽게 사라져야 할 정도로 자신이 일을 잘못했다고 절대 믿으려 하지 않는다. 그렇지만 자아는 이미 자신을 잃어가고 있다. 마침내 포기한다. 뒤를 돌아보며 그동안 극복해왔던 순간들을 곱씹어본다. 누렇게 바랜 그늘을 안타깝게 보듬으려 하지만, 이미 그마저 존재하지 않는다. 모든 의식은 "무엇을 향한 의식(Bewußtsein von etwas)"[6]이라고 한다. 자살자의 자아가 기억을 잃어버린다면, 자아라는 의식은 대체 무엇을 향할까? 기억해야 할 것을 갖지 못해도 의식인가? 자기 자신만 생각하는 순수의

5　'감각의 묶음'은 데이비드 흄이, '선험적 주관'은 칸트가 각각 자아를 정의한 개념이다. 경험론과 관념론이 다뤄온 자아 문제가 죽음을 다루는 논의에서 아무 쓸모가 없다고 아메리는 지적한다.

6　'무엇을 향한 의식'은 현상학을 창시한 에드문트 후설이 의식을 정의한 말이다. 후설의 현상학은 의식의 기본 구조를 지향성이라고 보고, 언제나 무엇을 지향하는 의식이라는 의미에서 이런 표현을 했다.

식. 이 순수의식은 추락하기 직전, 추락하는 동안 수음과 죽음의 의식이다.

죽음을 향한 의식? 이 무슨 어처구니없는 말인가! 이제 죽음은 돌이킬 수 없는 극단으로서 자살자 앞에 있지 않은가. 말 그대로 끝장이자 '치명적인 결말(exitus letalis)'이 아닌가. 타인의 구조는 아무런 의미가 없다. 스스로 자기 목숨을 끊는 행위로서의 죽음이 우리의 문제기 때문이다. 존재냐 비존재냐 하는 갈림길에 선 수험생으로서 인간은 끝장인 죽음과 직면할 뿐이다. 내가 그동안 '나'라는 자아를 찾아 헛된 탐색을 벌이면서 공포와 전율을 두고 생각해낸 그 어떤 것도 이 경우에는 적용될 수 없다. 어떤 경우든 충격은 크기만 하다. 자살을 준비하는 과정의 일부가 아닐지라도 공허한 자아가 주는 소름 끼침은 무섭기만 하다. 그러나 일단 자살이 실천으로 옮겨지면 공허함을 보는 두려움, '자아'라는 수수께끼에 직면한 '공허함의 공포(horror vacui)'는 순전한 죽음의 공포에 집어삼켜진다. 자연이 준 생명을 거스른다는 두려움은 이처럼 크기만 하다. 우리는 자살 앞에서 언제나 도살장으로 끌려가는 돼지처럼 꽥꽥 비명을 질러댄다. 귀가 찢어지고 가슴이 무너질 지경이다. 물에 빠진 우리는 꾸르륵거리며 물을 먹는다. 왼손으로 목을 잡아당기며 오른손은 면도날을 들이댄다. 아스팔트에 부딪친 머리가 박살이 난다. 올가미가 목을 조여 온다. 총알이 맹렬한 폭음과 함께 관자놀이를 관통한다. 그러나 그렇다고 해서 이전에 결코 알지 못했던 행복감이 찾아올 수 없다는 말은 아니다. 손을 내려놓으며 우리의 자아가 자신을 스스로 지워버리는 가운데 혹여 처음으로 완전히 자신을 실현하는 기쁨을 맛볼 수도 있다. 이제는 존재의 끝이기 때문이다. 있음으로부터 탈출했기 때문이다. 우리는 돌처럼 굳어진, 갈수록 굳어가는 우리의 존재를, 사르트르의 "존재(être)"를 더는 부정하지 않아도 된다. 우리는 우리 자신에서 빠져나와 행동함으로써 스스로 세계가 되었기 때문이다. 역겨움, 존재를 향한 사르트르의 구토는 자신을 '부정'하려 하지 않는다. 끝없이 세상에 몰두하기 위해 영원히 자신을 지워버리지 않는다. 구토는 정반대로도 이해될 수 있다. 구토는 세상으로부터 빠져나오려는 몸부림을 거부하는 저항이다. 좀 더 간단하게 표현하자면, 수험생은 이렇게 말할 수도 있다. 어차피 모든 게 틀어지기는 했지만, 이제 나하고는 상관없는 일이야. 까짓 학교쯤이야 무시하지 뭐. 인생? 그거 웃기는 거야. 지금까지 아무것도 아닌 것을 가지고 왜 그렇게 전전긍긍한 거야. 이렇게 말하는 순간 수험생의 머리에는 평화가 찾아온다. 물론 그 안에 여전히 두려움이 숨어 있는 평화다. 본능적인 두려움, 떨어짐의 고통을 어찌 감당할까 하는 두려움, 혹시 다시는 두려움을 갖지 못하는 것은 아닐까 하는 두려움. 그러나 어쨌든 다시 평화를 찾았다. 인간의 근본은 이처럼 모순이다. 이래도 저래도 좋다는 상반된 감정이 조금도 양보 없이 양립하며 인간을 무덤까지 따라간다.

사람들은 묻는다. 나 역시 나 자신에게 묻는다. 존재함을 보며 느끼는 구토보다 자유죽음을 선택하려는 사람의 마음을 더욱 일반적으로 설명할 수 있는 가설은 없을까? 구토 역시 일종의 구속이기에 자유죽음의 자유를 설명하는 데는 한계가 있지 않을까? 그래서 나는 다시 한번 좀 더 철저히 자유죽음을 다뤄볼 충동을 참을 수가 없다.

우리는 여전히 심리학이라는 공간의 바깥에 머물러 있다. 그러나 우리의 문제가 자유죽음의 충동을 느끼는 사람들이 처한 상황을 다루는 것이다 보니 심리학을 온전히 무시하기는 힘들다. 물론 우리는 현상적으로 접근하겠지만, 이 현상이라는 게 심리라는 본성에 뿌리를 둔 것이기 때문이다. 현상학이라는 것도 현상학자들의 심리적 상태에 그 바탕을 두고 있으리라고 나는 굳게 믿는다. 후설(Edmund Husserl), 사르트르, 메를로퐁티(Maurice Merleau-Ponty)[7] 등은 특히 내적 성찰에 중점을 둔 사상가들이다. 이들의 고뇌로 밝혀진 것은 반성이라는 통로를 통해 이끌어내졌다. 이렇듯 반성으로 걸러진 인식이라는 것은 그들의 고유한 심리 상태를 틀림없이 그대로 반영하지 않았을까. 우

---

[7] 프랑스의 철학자(1908~1961). 후설의 영향을 받아 '감각의 현상학'을 구축했다.

리야 물론 심리학에 손끝 하나 대고 싶지 않지만, 어쩔 수 없이 심리학이 이 연구에 끼어드는 탓에 자유죽음과 죽음을 생각해보는 지금, 프로이트와 맞닥뜨리지 않을 수 없다. 심리학에서 제시하는 자살 이론은 논의가 한참 진행되고 나서 다룰 생각이다. 이제야 비로소 일체의 편견을 떨쳐버리고 자유죽음을 자유롭게 논의할 바탕이 마련된 지금, 존재 앞에서 느끼는 구토와 세계로부터 등을 돌리려는 현상을 어떻게 설명해야 할지 하는 물음 앞에 선 지금, 우리가 다뤄야 할 것은 프로이트가 말한 "죽음본능(Todestrieb)"[8]뿐이다. 많은 논란을 낳은 이 개념은 그의 후계자들조차 몇몇 사람만 빼고 받아들이지 않았다.

"이제 따라야 할 것은 정말 인간이 죽음본능이라는 것을 가졌는지 철저히 따지며 심사숙고해보는 일이다. 저마다 자신의 입장에 따라 죽음본능을 추켜세우는 사람도 있을 것이고, 말도 안 되는 소리라며 물리치는 사람도 있으리라."

죽음본능이라는 가설로 당시 정통 정신분석학 진영으로부터 약간 기이하다는 반응을 불러일으킨 프로이트가《쾌락 원칙

---

8   프로이트는 인간이 살고 싶다는 생각을 가졌으면서도, 마음 깊은 곳에서는 끊임없이 죽음을 생각하고 있다고 주장했다. 이를 '죽음본능' 혹은 '타나토스(Thanatos)'라 부른다. 타나토스에 대립하는 생존본능은 '에로스(Eros)'라 부른다.

의 피안(Jenseits des Lustprinzips)》이라는 책에서 한 말이다. 우리의 논의가 정신분석과 전혀 관계가 없다고 할지라도, "심사숙고"라는 프로이트의 표현은 새겨봄 직하다. "심사숙고", 즉 구체적인 경험에 일절 의존하지 않고 생각만으로 문제에 접근해 들어가는, 프로이트가 말하고 있듯, "철저히 따지며 생각하는 태도"는 우리의 논의에서도 꼭 필요한 것이기 때문이다. 하긴 달리 무슨 방법이 있겠는가? 대안이라야 일일이 자료와 정보를 모아 분류해가며 '심리학의 새로운 해석'을 얻어내는 것밖에 없지 않은가. 그렇지만 앞서도 언급했듯 이런 식으로 주변만 빙빙 도는 접근으로 알 수 있는 것은 전혀 없다. 속을 알지 못하면서 통계 수치나 들먹이는 것은 얼마나 우스꽝스러운 짓인가. 그러므로 우리는 프로이트가 말하는 심사숙고의 사변(思辨)⁹이라는 태도를 받아들여 논의를 이끌고 가야 한다. 프로이트의 사변으로써 어디에 이르게 될 것인지는 두고 볼 일이다.

프로이트의 사변을 정리하면 다음과 같다. 프로이트에게 있어 죽음본능은 생존본능과 쌍벽을 이룬다. 죽음본능은 파괴, 자기 파괴와 타인 파괴를 향해 나아간다. 프로이트는《쾌락 원

---

9   사변(Spekulation)은 일체의 경험적 요소를 배제하고 오로지 사태의 내재적 논리를 추적하는 사유 활동을 말한다. 그 어떤 초월적 존재도 인정하지 않고, 오직 현상의 근본 원리, 곧 이성으로 세상을 바라보는 것이다. 사변을 철학의 궁극적인 형태로 정립한 사람은 헤겔이다.

칙의 피안》에서 다음과 같이 말한다.

> "우리의 본능이라는 것은 애초부터 이원론적이다. 이원론의
> 이런 대립은, 우리가 이원론을 자아본능과 성적본능 사이의
> 대립이라 보지 않고, 생존본능과 죽음본능 사이의 그것이라
> 부른 이후, 오늘날 더욱 날카로워졌다."

일단, 이 이원론이 내가 생명의 근본 모순이라고 부르는 것
과 완전히 맞아떨어진다고 말해야만 할까? 최신 정신분석 이론
에서는 거의 들을 수 없는 죽음본능이라는 것이 내가 말한 존
재의 구토까지 싸잡는 상위개념으로 유용해 보인다고 인정해
야만 할까? 내가 보기에 67세의 프로이트가 《쾌락 원칙의 피
안》을 쓰면서 사변의 결과물로 내놓은 가설은 다음과 같은 점
을 간과했다. 결론부터 말해서 자유죽음은 *분명히 있다*. 이 말
의 타당성을 입증할 증거는 다양하게 내놓을 수 있다. 물론 아
직은 삼가겠다. 나 자신이 아직 의혹의 여지를 가지고 있거니
와, 직접 내 손으로 보충할 생각을 갖고 있기 때문이다. 그래서
죽음과 본능이라는 말을 결합한 죽음본능은 나에게 까다로운
문제가 아닐 수 없다. 본능이라는 것은 결코 공허를 향해 달려
들지 않는다. 오히려 그 반대로, 우리를 열대지방의 숲처럼 무
성한 존재로 몰고 갈 뿐이다. 전체적으로 볼 때 본능이란 쇼펜
하우어가 말하는 "의지", "생명으로의 의지", 곧 내가 세계 안에

서 확장하고자 하는 의지 같은 것이다. 의지는 아주 간단하게 말해서 존재하려는 의지다. 그러나 자유죽음의 경우 이에 선행하는, 그래서 조건이 되는 구토로 존재는 부정된다. 본능이, 우리를 끌고 가는 존재가 자유죽음에서는 부정되고 만다. 어떤 이는, 구체적으로 말해 프로이트의 제자 에도아르도 바이스(Edoardo Weiss)는 스승의 죽음본능을 "데스트루도(Destrudo)"라고 불렀다. 이 말은 죽음본능과 똑같은 뜻을 가진 라틴어다. 결국 과학으로서의 심리학이 즐겨 쓰는 저 추상적인 용어 '죽음본능'에 해당하는 라틴어를 찾아낸 게 "데스트루도"일 따름이다. 분명하게 말할 수 있는 것은 파괴적이고 공격적인 본능은 어디까지나 생명의 요소라는 사실이다. 하지만 우리는 지금 죽음을 다루고 있지 않은가. 그리고 죽음은 파괴 행위 끝에 남은 마지막 잔재들마저 그 창백한 허무함으로 쓸어버릴 뿐이다. 내가 지금 떠올리는 개념은 심리학 이론과는 충돌할지 모르나 우리가 다루는 문제의 성격에는 훨씬 더 어울리는 것으로 보인다. 그것은 바로 '죽음에 이끌리는 성향(Todesneigung)'이다. 일단 이 말을 상형문자와 같은 것으로 받아들이자. 성향이란 무엇인가에 끌리는 것, 말하자면 추락하려는 성벽(性癖)이다. 식물의 줄기가 성장하면서도 땅으로 이끌리는 굴지성(屈地性)처럼 우리도 몸의 근원인 흙으로 끌리는 것이랄까. 이끌림은 동시에 거부의 몸짓인 혐오이기도 하다. 생명을 거부하는, 존재이기를 거역하는 혐오. 이는 일종의 태도거나, 더 정확히 이야기하자면, 태도의 포기다. 이런 점에서 수동적인 측면을 갖는 게 죽음에 이끌리는 성향이다. 그러니까 죽음에 이끌리는 성향이라는 것은 우리가 능동적으로 꾸며가려는 것이라기보다는 수동적으로 참아내며 감수하는 것이다. 물론 이런 감수가 삶의 고통으로부터 도피하려는 능동성을 가지고 있기는 하다. 죽음에 이끌리는 성향은 말하자면 오목하지, 볼록하지는 않다. 그렇지만 성향이니 본능이니 하는 사변이 바탕을 둔 끌림이라는 경험적 현상은 자유죽음에 적용하기 힘든 게 아닐까? 자유죽음이라는 것은 아주 높은 수준의 적극성이 동반되는 행위기 때문이다. 내가 내 손으로 목을 긋는다. 에펠탑의 가장 높은 곳에서 자갈을 깐 파리의 도로를 향해 몸을 던진다. 권총의 차가운 총구를 관자놀이에 들이댄다. 수면제들을 사 모으며, 유언장을 쓴다. 핸들만 약간 꺾어주면 차체와 함께 자기 자신을 저 바닥 모를 절벽 아래로 떨어뜨릴 자동차를 뚫어져라 응시한다. 손수 꼰 끈을 목에 걸고 발판 삼아 딛고 올라선 의자를 걷어찬다. 이제 곧 허공에 매달려 숨통이 끊어지겠지. 저 데샤이의 증언에서 머리를 나사 바이스에 올려놓고 조이는 대장장이의 경우는 어떤가. 그의 숨이 끊어지기 전에 우지끈 두개골이 깨지는 소리가 들리는 것 같아 오싹 소름이 돋는다. 하나같이 쉽게 듣기 어려운 폭력적인 능동성이다. 손을 내려놓는 이런 거친 행동이 과연 프로이트가 말하는 본능의 움직일 수 없는 증명일까? 오히려 내가 제시한 '죽음에 이끌리는 성향'이 더 적절한 표현이 아닐까? 하지만 나 역시 완전한 확신이 서지는 않았다. 자신의 사변을 발표했을 때 후계자들이 보인 떨떠름한 반응을 보는 프로이트의 심정도 지금의 나와 같았으리라. 자유죽음이 우리에게 요구하는 꺾임 없는 의지를 부정한다는 것은 웃기는 일이다. 단지 나는 나름의 경험과 지금까지 관련 서적을 읽고 터득한 것으로 미루어 다음과 같은 점은 확실하게 이야기할 수 있다. 죽음에 이끌리는 성향은 자유죽음을 설명하기에는 적절치 않다. 마지막 순간까지 죽음을 생각하는 의식을 비웃기라도 하듯 살아 꿈틀대는 생존본능을 무릅쓰고 여전히 지탱하는 죽음에 이끌리는 성향이라는 게 과연 뭘까? 본능이든 성향이든, 자신은 죽음에 이끌리지 않는다고 생각하는 사람이 보기에는 뭘 저런 것을 가지고 그러나 싶을 정도로 약하지 않을까? 자유죽음은 자신을 없앤다는 순전한 행위 그 이상의 것이다. 그것은 완전한 의지의 선택이다. 자유죽음을 택한 사람은 이미 오래전부터 죽음에 이끌리는 과정을 겪었다. 조금씩 차근차근 흙으로 가까이 다가갔다. 자살자의 인간다운 존엄이 감당할 수 없는 수많은 굴욕을 탑처럼 쌓아 올렸다. 유감스럽지만 어찌 번역하면 좋을지 몰라 다시 한번 프랑스어 단어를 쓰겠다. "엉 슈멘느망(Un cheminement)."[10] 이는 이미 나 있는 길을 꾸준히 걸어가는 것을 뜻한다. 이 길이 처음부터 그렇게 나 있는 것인지 누가 알랴. 내가 착각하는 게 아니라면, 죽음

---

10   사전적인 정의는 '여행' 혹은 '편력'이다.

에 이끌리는 성향은, 인생에서 부단히 무엇인가 추구해온 사람이라면 누구나 가질 수 있는 경험이다. 좌절하며 체념과 포기를 할 때 죽음의 성향은 슬그머니 고개를 든다. 될 대로 되라는 식의 게으름에는 죽음으로의 끌림이 숨어 있다. 되는대로 사는 사람은 결국 자신의 자리가 될 곳을 향해 이미 자발적으로 이끌린다. 그렇다면 내가 지금까지 주장했던 것과는 달리, 자유죽음은 *자유*롭지 못한 게 아닐까? 그저 타고난 성향에 이끌리는 것일 뿐이지 않은가? 우리는 오로지 완벽한 없음에 지나지 않는 부자유의 사슬에 묶여, 이 궁극적인 부자유의 감독 아래서 발버둥 치고 있을 뿐인가? 아니다, 그렇지 않다. 물론 끌림으로서의 성향이라는 것은 있다. 그러나 생존본능 역시 있다. 자유죽음을 선택한 사람은 생존본능에 비해 허약했던 죽음 성향을 선호하며 더욱 강한 것으로 증폭할 따름이다. 자유죽음을 택한 사람은 이를 두고 이렇게 말하리라. "강력한 저항!" 생존본능에 결사적으로 항거하며 죽음 성향을 따르는 것이다. 자유죽음으로의 길이 처음부터 열려 있었다고 내가 말한다고 해서, 자살자가 존재 혹은 생명 의지 아래 놓여 있지 않다는 뜻은 아니다. 어떤 이는 모아놓은 수면제들을 털어 넣기 전에 저녁 식사를 한다. 그는 우직한 생존본능이 요구하는 대로 따랐을 뿐이다. 호텔 방의 탁자 앞에 앉아 유언장을 쓰고, 숙박비를 위한 돈과 함께 놓아둔 다음, 한 움큼 모아둔 수면제들을 물끄러미 바라본다. 그는 이제 죽음에 이끌리는 성향을 느끼며 더는 생존본능에 따르지 않기로 한다. 흙이 그를 가지게 되리라. 다만, 시인이 생각하는 것과는 다른 뜻에서. 티끌로 돌아간다는 생각은 처절한 동시에 가슴 뭉클한 느낌을 준다. 죽음이 주는 이런 감동이 어린아이나 노이로제 환자가 거듭 반복해서 갖는다는 강박 기제, 즉 프로이트가 말하는 "회귀본능"에 따르기 때문일까? 프로이트의 말을 그대로 빌리자면, "살아 있는 모든 생명체에는 예전의 상태를 다시 되살려내려는 강박관념이 내재해 있기" 때문일까? 대체 그런 강박관념이라는 게 무얼 말하는 걸까? 자크 모노가 말했듯, 그저 "우연이라는 선택" 덕분에 무기체는 생물체가 되는 게 아니던가? 무기체는 우리가 아는 기분이나 감정이라는 것을 모른다. 생명을 갖지 않는 물질은 그 어떤 기분이나 상태라는 것을 전혀 알 수도, 겪을 수도 없다. 여전히 사변적 개념을 사용한다면, 죽음에 이끌리는 우리의 성향은 되돌아가고 싶은 그리움이라는 것을 모른다. 앞으로 나아가려는 열망을 알 턱이 없다. 무기체인 없음으로 끌리는 죽음의 성향은 결국 아무것도 아니며 무엇일 수도 없는 완전한 무(無)의 무감함만을 따를 뿐이다. 이로써 다시 우리는 언어의 한계에 부딪혔다. 말할 수 없는 것, 이는 곧 없는 것에 지나지 않는다. 언어의 한계가 바로 존재의 경계다.

무어라 형언하기 어려워 무의미하게 보일지라도 자유죽음을 택하는 행동 안에는 이처럼 수많은 정황이 담겨 있다! 자신의 존엄성을, 인간으로서의 자부심을 지키려고 안간힘을 썼다! 남은 것은 없다. 공허한 허무일 따름이다. 의심할 여지가 없이 허무라는 원리는 희망이라는 원칙과 정면으로 충돌한다. 내밀하고 강렬하게 품었던 희망, 돌이켜 반성하면서 보듬었던 희망, 이로써 인생의 모든 가능성을 끌어안았던 희망을 깨는 게 허무라는 원리다. 허무는 공허하기만 한 게 아니다. 강력하기도 하다. 허무는 우리가 궁극적으로 도달할 종착점이기 때문이다. 허무를 피할 수 있는 사람은 아무도 없다. 이런 힘, 공허함의 권력, 그 어떤 표현으로도 나타낼 수 없는 이 공허한 힘은 아무리 심사숙고하며 사변을 거듭한들 그 정체를 잡아낼 수가 없다. 그래서 결국 여기서 시험 삼아 '죽음에 이끌리는 성향'이라는 표현을 써본 것이다. 물론 이 표현이 턱없이 부족하다는 것은 잘 알고 있다. 그저 '삶의 권태(Taedium vitae)'[11]를 이야기하면서, 흔히 사람들이 말하는 것처럼, '자살'에 앞선 모든 경험적으로 확인 가능한 사실들을 싸잡으면 간단하다는 것쯤은 나도 알고 있다. 자신이 감당할 수 없는 갈등 상황을 겪으며 자살 충동을 느끼는 사람을 보고 '삶의 권태'에 빠졌다고 이야기하는 것만큼이나 단순한 지적이 또 있을까. 또는 '아노미(Anomie)'[12]라는 말도 있다.

---

11   이 말은 로마의 철학자 세네카가 한 것으로, 정신분석에서는 이 말을 우울증을 앓아 삶의 의욕이나 즐거움이 현저히 줄어든 것을 나타내는 개념으로 쓴다.

이는 뒤르켐(Émile Durkheim)이 지적한 자살 조건 가운데 하나로, 개인의 행동이 사회의 규범을 무시하는 상태를 일컫는 표현이다. 이처럼 심리학이 쓰는 개념들은 일견 그럴듯해 보일 정도로 근사치에 접근하기는 하지만, 서로 종종 충돌과 모순을 빚는다. 그래서 심리학의 개념들은 늘 바뀌며, 언제나 다시금 검토와 교정을 필요로 한다. 경험에 바탕을 두었다고 주장함에도 이런 현상이 일어나는 것을 보면 결국 경험 과학이란 변죽만 울리는 데 그칠 수밖에 없다는 인상을 지우기 어렵다. 이른바 '자살학' 연구논문들을 열심히 읽어봐야 남는 것은 몇몇 통계수치에 지나지 않는다. 그나마 서로 상대의 수치를 논박하고 깎아내리기 일쑤다. 그래서 아무리 그런 자료들을 읽어봐도 읽기 전보다 더 자유죽음이 뭔지 모를 지경에 빠질 따름이다. 그렇지만 계속 '자살론'의 개념들을 정립해보고, 이런 개념들로 모든 경험과 총체적으로 대결하는 것은 물론 필요한 일이리라. 심리학 덕분에 많은 통찰을 얻었을 정도로 이 학문이 진지한 것 역시 사실이다. 물론 이런 통찰이 어느 것 하나 딱 부러지는 게 없고, 언제나 사회의 측면에서만 이야기할 뿐, 주관이라는 개인의 문제를 놓치고 있기는 하다. 이런 탓에 '삶의 권태'를 '죽음에 이끌리

---

12 프랑스 사회학자 에밀 뒤르켐(1858~1917)이 주장한 사회 병리학의 기본 개념 가운데 하나. 노이로제, 비행, 범죄, 자살 따위와 같이 사회에 적응하지 못하는 상태를 말하는 개념이다.

는 성향'보다 더 즐겨 이야기하고자 하는 사람과 대화하기는 매우 어렵다. 이런 사람을 상대로 자유죽음이 허무에 이끌리는 성향이라는 것을 납득시킬 만한 논의를 찾아낼 수는 없다. 하지만 지금껏 살아온 집과 공간을 벗어나, 죽음에 이끌리는 성향을 '의식에 직접적으로 주어진 것(donnée immédiate de la conscience)'으로 감지하는 사람은, 과학을 거부하고 자신의 입장을 단호히 내세운다. 나는 지금도 선명하게 그때 그 순간을 떠올린다. 자그마치 30시간에 걸친 의식 불명 상태에서 깨어난 그 순간을. 그게 30시간이었다는 것을 나는 나중에 사람들에게 들었다. 나는 팔과 다리를 묶인 죄수나 다름없었다. 보기만 해도 무시무시한 기구가 내 몸 곳곳에 구멍을 뚫어놓았다. 인공적으로라도 최소한의 영양분을 공급하기 위한 조치였다. 특히 내 양쪽 팔목에는 바늘들이 꽂혀 있었다. 나는 몇몇 간호사에게 무방비로 내맡겨진 몸이었다. 이들은 때맞춰 왔다가 사라지며 내 몸을 씻겼고, 침상을 깨끗하게 정돈했다. 체온계를 내 입에 꽂았다. 무슨 물건이라도 다루는 것처럼 사무적이고 냉정한 태도였다. 그랬다, 나는 '하나의 물건(une chose)'이었다. 땅은 나를 아직 가지지 못했다. 세상이 나를 다시 가졌다. 나는 다시금 내가 하나의 온전한 세상이 되기 위해 나를 투사해야 할 세계를 가졌다. 좋은 뜻으로 나를 돌본 사람들을 상대로 저 깊은 곳에서 쓰디쓴 분노가 솟아올라 나를 채웠다. 그들은 나에게 참을 수 없는 모욕을 안겨주었다. 나는 다 때려 부수고 싶을 정도로 공격적으로 되었다. 모든 것을 증오했다. 예전부터 죽음과 그 특별한 형식, 곧 자유죽음을 은밀히 다뤄온 나로서는 그 어느 때보다도 내가 죽음에 이끌리고 있다는 것을 명확하게 깨달을 수 있었다. 의사가 자랑스러워한 구조 활동이라는 게 나에게는 최악의 상황이었다. 사람들이 지금껏 나에게 안긴 그 어떤 것보다도 더 큰 고통이었다. 그것은 결코 작은 게 아니었다. 충분하고도 남음이 있는 고통이었다. 이렇게 개인적인 체험을 이야기해도 사람들은 그게 뭔지 납득하기 어려워한다. 지금 내가 죽음을 둘러싸고 펼치고 있는 이런저런 이야기가 별다른 설득력을 갖지 못하는 것처럼. 하지만 나는 지금 증언할 뿐, 설득하고자 하는 게 아니다.

이런 회고는 그저 나 개인의 사적인 이야기에서 그치는 게 아니다. 위의 사례는 좀 더 일반적으로 적용할 수 있다. 지루할 정도로 오래 살다 보면 사람은 이런저런 많은 것을 보고 듣기 마련이다. 구태여 역사적인 사례를 끌어다 댈 필요는 없다. 하물며 심리학이라는 값비싼 과학이 다 무슨 소용이랴. 눈을 번쩍 뜨고 귀를 쫑긋 세우며 보고 들어야 할 개별적인 사례는 많기만 하다. 38세의 엘제 G.(Else G.)라는 이름의 여인은 자기 나이의 꼭 절반밖에 안 되는 19세 연하남의 사랑을 받았다. 여자도 남자를 사랑했다. 모성애 같은 분위기는 전혀 찾아볼 수 없었다. 사람들은 어처구니가 없다며 웃었고, 또 어떤 사람은 재수 없다며 욕지거리를 퍼부었다. 두 연인은 견딜 수 없이 괴로웠다. 죽음보다 자연스러운 것은 없을 것처럼 보였다. 여자는 언제나 많은 양의 베로날(Veronal)[13] 수면제를 지니고 다녔다. 실재하지 않는 의사의 직인을 만들어 필요할 때마다 직접 처방전을 끊어댔기 때문이다. 사람들은 그녀가 몇 차례나 자살을 기도했다고 수군거렸다. 어차피 여자를 둘러싼 확인할 수 없는 풍문은 많기만 했다. 사람들은 그녀가 미쳐가고 있다며, 수면제를 먹고 벌이는 소동이 그저 쇼에 지나지 않는다고 여겼다. 실제로 수면제는 치사량에 이르지 못했다. 약을 전혀 모르는 아마추어라도 그 정도 양으로 죽지 않는다는 것은 알았다. 그리고 그녀는 약을 잘 모르는 문외한이 결코 아니었다. 자유죽음은 그저 그녀가 살아가는 방식의 일부일 뿐이었다. "나는 언제라도 죽을 각오가 되어 있으니 나를 두고 이러쿵저러쿵하지 마." 종종 여자 자신이 냉소적으로 이렇게 빈정댔다고 한다. 나 역시 그녀의 거듭되는 자살 시도가 그리 진지하지 않다고 여겼다. 어느덧 그녀는 사람들의 관심에서 멀어져갔고, 언제부터인가 전혀 모습이 보이지 않았다. 그러던 어느 날 그녀가 독극물을 먹고 스스로 목숨을 끊었다는 소식이 들려왔다. 엘제 G.는 암스테르담의 어떤 호텔 방에서 죽은 채 발견되었다. 암스테르담, 늘 안개로 자욱한 물과 죽음의 도시, 이곳을 그녀는 죽음의 무대로 골랐다. 아무튼 베

---

13   수면제 상표 이름이다. 아주 강력한 효과를 자랑하는 것으로, 이탈리아의 도시 베로나(Verona)에서 이름이 유래했다.

네치아보다는 나은 선택이다. 언젠가는 일을 저지르고 말겠지. 여자가 늘 입에 달고 다녔다는 말이다. 가느다래서 자신 없는 목소리였지만, 입에는 쓸쓸한 비웃음이 떠나지 않았다. 이제 여자는 실제로 암스테르담을 배경으로 일을 저지르고 말았다. 자살학자들은 자살자가 별로 심각하지 않게 툭 뱉은 말일지라도 심각하게 받아들이지 않은 것은 큰 잘못이라고 말한다. 자유죽음이 고집스럽게 따라다니는 인생의 동반자라도 되는 걸까. 하우프(Wilhelm Hauff)[14]의 풍자소설 《달에 사는 남자(Der Mann im Mond)》에 등장하는, 검은 망토를 두르고 백지장처럼 창백한 얼굴을 한 기사처럼 우리를 그림자처럼 따라다니기라도 하는 걸까(자살학자들은 이제 심각하다는 따위의 이야기를 더는 하지 않는다). 그러나 나는 평소 습관과 달리 수면제 양을 세 배나 높인 그 순간의 엘제 G.처럼 심각하지 않고 경박한 탓에, 거리낌 없이 검은 망토를 두르고 창백한 얼굴을 한 동반자라는 표현을 쓰겠다. 이는 일종의 상징적인 그림이다. 곱씹어보며 성찰하게 만드는 그림이다. 죽음에 이끌리는 성향을 선명하게 떠올려보기 위

---

14 독일 낭만주의를 대표하는 작가(1802~1827). 본문에서 언급하고 있는 작품은 그의 데뷔작으로, 하인리히 클라우렌(Heinrich Clauren)의 《미밀리(Mimili)》를 풍자한 소설이다. 《미밀리》는 연애소설로 욕망과 도덕 사이에서 갈등하는 인간의 모습을 그렸다. 《달에 사는 남자》의 주인공인 남자 장교가 검은 망토를 두르고 창백한 얼굴로 끝없이 욕망을 좇아 고뇌하는 것에 빗대 아메리는 심리학의 자살관이 자살의 속내를 들여다보지 못하고 있다고 지적하고 있다.

한 그림이다. 죽음에 이끌리는 성향이라는 것을 나는 포기하지 않겠다. 완전히 자살을 감행한 사람의 숫자는 수확을 하는 신이 잘라낸 수천, 수만의 대다수 생명에 비해 겨우 하나에 달할 뿐이다. 그래서 하는 말이지만 숫자가 이야기해주는 것은 아무것도 없다. 첫째, 나중에 '구출'된 자살자 역시 행위의 순간에 있어서만큼은 아주 진지했다. 따라서 자살학자들이 말하는 진지함 혹은 심각함과 그렇지 않은 것 사이의 구분은 정말이지 자의적이다. 둘째, 이른바 '회색 지대'라는 것이 존재한다. 회색 지대에서 자살을 결심한 사람들은 생명 논리와 종족 보존에 혈안이 된 사회에 속내를 드러낼 수 없는 나머지 마치 그런 결심을 하지 않은 것처럼 서성댈 따름이다.

종족 보존이라는 자기 보호의 후광을 깨뜨려버리고 죽음에 이끌리는 성향을 좇는 사람은 '에셰크'에 호되게 당한 사람이다. '에셰크'는 그에게 너는 아무것도 아니라고 을러댄다. 없어지라고 강요한다. 이는 결국 최악의 '에셰크'가 존재 부정을 강제하며 손을 내려놓으라고 요구하는 것이나 다름없다. 암이, 심장마비가, 당뇨병이 손을 내려놓으라고 윽박지른다. 손을 내어주는 자, 손을 포기하는 사람은 이처럼 자신을 옥죄는 외부 상황에 굴복하고 만다. 상황만큼이나 죽음의 방식은 다양하다. 노름판에서 험한 말이 오간 끝에 명예를 손상당했다며 장교는 총을 뽑아 든다. 총을 다루는 것은 그의 일이다. 방아쇠는 애인의 몸처럼 그에게 친숙하다. 북해 연안에 사는 사람은 아마도 옛날에 허리를 꼿꼿이 펴고 물속으로 걸어 들어갔다는 바이에른의 루트비히 2세(LudwigⅡ)[15]를 흉내 낼 수도 있으리라. 만조가 되면 자신의 수영 솜씨가 거센 파도의 힘을 이겨낼 수 없으리라는 것을 알면서도 말이다. 의사와 약사는 독극물을 먹으리라. 고층 아파트의 16층에 사는 사람은 발코니에 서서 몸을 던지고 싶은 유혹을 느낀다. 얼마나 아래로 추락하게 될지 그는 조금도 가늠하지 못한다. 자신의 눈앞에 펼쳐지는 광활한 땅에 시선을 빼앗겼기 때문이다. 땅은 자석처럼 그를 끌어당기며 머리를 아래로 향하게 하고 떨어지게 하리라. 두 개의 쇳덩이가 조여 오는 가운데에 자신의 두개골을 맡겼던 대장장이의 죽음이 이제 이해가 된다. 그는 항상 이 도구를 가지고 일을 해왔다. 자신이 남기는 마지막 작품을 가공하는 도구가 그것이다. 목을 매든, 권총 자살을 저지르든, 독극물을 먹든, 추락사를 선택하든, 물속으로 걸어 들어가든, 동맥을 자르든, 이 모든 죽음에 있어 결정적인 것은 죽음에 이끌리는 성향이다. 학자들이 저 인생의 구토나 삶의 권태 아래 놓여 있다고 주장한 죽음에 이끌리는 성향은 사실 이처럼 근원적이다.

위에서 열거한 경우에 끼지 않은 사람들, 가정으로라도 회색 지대에 속하지 않을 사람들도, 어차피 죽는다. 예전에 강제 수용소에서 너무나 쇠약해진 나머지 다리를 부들부들 떨던 '무젤만(Muselman)'[16]처럼. 그럼에도 그들은 전기가 흐르는 철조망을 뚫으려 했다. 마치 죽음을 향해 가속페달을 밟는 사람처럼 말이다. 지금과 같은 속도로 일하시다가는 얼마 못 가서 망가지시고 맙니다. 의사가 나에게 경고했다. 절대 휴식을 취해야 할 때라고 강조했다. 그러나 쉬다니 말도 안 되는 이야기다. 오히려 그 반대다. 남자의 목을 조이는 올가미는 더욱 강력하게 조여오리라. 《변증법적 이성 비판》을 쓰던 어느 날 스물다섯 알의 코리드란(Corydrane) 각성제를 먹었던 사르트르는 무슨 생각을 했을까? 오, 아니다. 죽음을 생각하지는 않았으리라. 죽음을 생각한다는 것은 그의 가르침에 위배되는 일이 아닌가. 그는 자신의 작품을 생각했으리라. 세상으로 나아가 세상을 모아 세상을 창조할 작품을! 그러나 아마도 그 안의 *무엇인가가 죽음을 생각하지 않았을까?* 세상으로 나아간다고 하면서 죽음에 이끌렸던 게 아닐까? 누가 알랴. 의사의 충고를 무릅쓰고 시간에 채찍질하면서 더욱 빠르게 자신을 죽음으로 몰고 가는 평범한 이성을 가진 사람이 많다는 것을 누가 알고 있으랴? 밤을 새워가

---

15 비텔스바흐(Wittelsbach) 왕가 출신으로 바이에른의 왕을 지낸 인물(1845 ~1886). 많은 아름다운 성을 짓느라 국고를 탕진한 탓에 궁지에 몰려 호수에 빠져 죽었다는 전설이 전해진다.

16 홀로코스트 동안 독일 나치스 강제수용소의 유대인 포로 사이에서 사용된 속어다. 본래는 무슬림을 겨눠 꾀죄죄한 사람이라 비웃는 단어였던 것으로 거의 아사 상태에 이른, 그리하여 곧 가스실로 들어가기 직전의 사람들을 가리킨다.

며 일하고 낮에는 낮대로 스트레스에 시달리는 상인은 죽으려고 일을 하는 것이다. '자신의 사업을 위해', '가족을 위해' 일을 한다고 사람들은 말한다. 술과 각성제로 자신에게 채찍질을 가하며 글을 쓰는 작가는 또 어떤가? 줄담배를 피워 심장을 망가뜨리며, 생명 논리와는 정반대되는 짓을 하면서 '자신의 작품'을 위해 어쩔 수 없었노라고 말하지 않던가. 그가 죽고 난 뒤 그의 몇몇 동료는 말하리라. 작가로서의 명예를 위해 헌신했노라고! '작품'을 위해 죽었다고! 이런 사람들 모두를 자살자로 꼽는다는 것은 불가능한 일이다. 나는 이들을 자살할 뜻을 품은 사람들로 꼽지도 않으리라. 다만, 나는 '작품'이나 '가족'에 희생한다는 게 완전히 들어맞는 이야기가 아니라고 생각한다. 역사가 보여주는 순교자('자유'나 '신앙' 혹은 '조국'이나 '좋은 일'을 위해 목숨을 버린 사람)의 이야기는 액면 그대로 믿지 말아야 한다. 차라리 나는 모호한 경우에도 죽음에 이끌리는 성향이라는 가설을 끌어다 대면 설명할 수 있다는 쪽에 한 표 던지겠다. 세계를 구한 영웅이니 저 유명한 '양쪽 끝이 함께 타는 촛불(an beiden enden brennenden kerzen)'[17]이니 하는 것 역시 죽음에 이끌린 결과가 아닐까. 한 가지 사례가 떠오른다. 물론 이런 이야기를 하면 격렬한 항의, 심지어 신성 모독이라는 비난을 들어야만 하리라. 내가 지금 염두에 두고 있는 것은 그리스도가 십자가에 매

---

17 일 중독자처럼 일에 매여 사는 사람을 뜻한다.

달려 맞은 죽음이다. 랍비 예수를 역사상 실존했던 인물로 인정한다면 어떨까? 물론 논란의 여지가 많은 가정이기는 하지만, 전혀 얼토당토않은 것은 아니다. 만약 이 논쟁의 여지가 많은 사랑의 선지자가, 신의 아들이, 구세주가 아니라고 한다면, 그의 참혹한 죽음은 일종의 '잠재적 자살(suicide en puissance)'로 볼 수도 있지 않을까. 어쨌거나 틀림없는 것은 예수는 죽음에 이끌리는 성향을 따랐다는 점이다. 십자가에 매달려 비스듬하게 기운 그의 얼굴을 보라. 땅에 끌리는 모습을 선명하게 보여주고 있지 않은가. 십자가에 매달린 예수는 하나님을 향해 왜 자신을 버리느냐고 울부짖었을 뿐 아니라, 사람들에게 분명하게 보여줬다. 선하게 살든 악하게 살든 너희 마음대로 하라고. 자신은 사라지겠노라고. 모든 게 그게 그거라고.

물론 면도날과 같은 날카로움으로 한 가지만큼은 확실하게 해둬야 한다. 입을 꾹 다물고 '죽을 지경으로 악착같이 일하는' 사이비 자살자들은 영웅과 순교자와 마찬가지로 진짜 자살자와 자살할 뜻을 품은 사람과 전혀 다르다. 사이비 자살자와 영웅과 순교자는 *뛰어내리기 직전의 순간*을 완전히 밀도 있게 알지 못한다. 이들이 죽음을 바라보는 자유의지는 언제나 절반에 지나지 않는다. 줄담배를 피우는 작가는 이제 얼마 안 있으면 죽음이 자신을 찾아오리라는 것을 잘 모른다. 또 그렇게 줄곧 담배를 피워대면 살아 있을 시간이 짧다고 구체적으로 이야기해줘도(이를테면 1년 혹은 6개월 또는 3개월이라는 식) 전혀 실감하지 못한다. 탱크를 향해 달려들면서 영웅이 스스로 죽음의 품으로 뛰어들었다 할지라도, 반드시 적의 총알에 맞는 것은 아니다. 그러니까 그는 살 수도 있다고 기대한다. 이런 그가 죽음 직전의 상황을 알까? 순교자는 예방될 수 있었다. 예수가 마지막 순간에, 그가 아닌 바라바(Barabbâs)[18]를 풀어주라고 아우성치는 군중의 야비함에도 모든 것을 용서하고 세상에 자비를 베풀었다면 순교자가 나와야 할 이유는 없지 않은가.

자살자는 오롯이 자신의 결심으로 죽음을 선택한다. 은총과 자비라는 것도 오로지 자신이 결정할 뿐이다. 그가 은총과 자비를 거부했다고 해서 그를 심판할 권위는 존재하지 않는다. 자살자의 죽음은 자신의 자유로 내린 결정이기 때문이다. 그 어떤 권위도 그에게 살라고 강요할 수 없다. 이제 다양한 인생 경험과 자살학이 우리에게 가르쳐주듯, 신의 심판을 기다리는 이른바 '신명 자살'이라는 것도 분명히 있다. 말하자면 신에게 판단을 맡기는 것이랄까. 여기서 자살자는 문을 빠끔히 열어 놓는 자살 방법을 택한다. 대개 수면제를 먹는다. 그래서 언제라도 다른 사람들이 문을 박차고 들어와 그를 다시 살려놓을 수 있

---

18 신약성경에 나오는 인물. 빌라도가 예수를 재판할 때, 예수 대신 석방된 살인 강도다.

게 여지를 남기는 셈이다. 엘제 G.는 자주 베로날을 삼켰다. 물론 그 양을 적절하게 조절함으로써 실제로 목숨이 끊어질 확률을 할 수 있는 한 낮추었다. 그래서 70퍼센트까지 살아남을 가능성을 열어두었다. 다시 말해 그녀의 행동은 마침내 모든 것을 확실하게 끝장내야겠다고 결정하는 그 순간까지는 일종의 게임이었다. 스스로 죽음을 선택했으되, 신의 결정을 기다려보는 게임. 내가 보기에 이런 '신명 자살'의 경우, 남을 협박하거나 강제하려는, 일부러 연출된 호들갑이라는 분명한 증표가 없는 한에서, 그 자유의지와 존엄성을 인정해줘야만 한다. 이런 경우에 있어서 '자살학'이 말하는 자살 개념 혹은 자살 시도는 그 정당성을 완전히 상실하기에 다시 거둬들여야 마땅하다. 이처럼 자신의 자유의지와 존엄성을 분명히 강조한 자살은 침묵으로만 일관하는 자살이나 그저 될 대로 되라는 식으로 세상을 등지고 사라지는 것 또는 저 골고다의 선지자 죽음까지 포함한 순교자의 죽음 등과 전혀 다르다. 스스로 손을 내려놓는 사람은 원칙적으로 타인의 의지에 자신을 맡겨버린 사람과 다르다. 타인의 의지에 따라 일어나는 죽음은 사건인 반면에, 스스로 손을 내려놓는 사람은 어디까지나 자기 자신으로부터 출발하는 자유를 선택한다. 자유인은 언제까지 살 것인지 스스로 결정한다. 남의 구원을 바라는 따위로 운명에 기대를 전혀 품지 않는다. 아마도 거울 앞에서 자기 자신과 나눌 대화, 남에게 이러쿵저러쿵 심판을 받은 나를 몰아내버리는 대화가 이루어지고 난 다음, 드디어 자유롭게 선택한 순간이, 손을 내려놓을 냉엄한 순간이 찾아온다. 여기서 자아를 박해하는 것보다 더욱 끔찍한 일은 여러 형태로 나타난다. 이를테면 *시간*이 그 좋은 예다. 저녁 9시에 일이 벌어진다(통계에 따르면 자살은 대개 늦은 저녁 시간이나 새벽에 일어난다). 정각 9시. 지금은 7시다. 60분이라는 시간이 두 번 더 흘러야 한다. 각 분은 또 60초씩 재깍재깍 흐른다. 초침은 지칠 줄 모르고 움직인다. 벌써 1분이 흘렀다. 2분, 3분, 5분, 15분이 순식간에 지나간다. 시계를 부술 수 있지만, 순수 시간이 나직하게 재깍거리는 것은 막을 수 없다. 아직 남아 있는 시간, 분 단위일 수도 시간일 수도 있는 남은 시간에서 시간 그 자체가 고스란히 느껴진다. 1분 1초를 음미한다. 인간은 자신 안에 시간을 담는다. 의식이 없는 사람은 시간을 알지 못한다는 프로이트의 말은 제한적인 진실일 따름이다. 사건들은 연대기 순으로 정리되는 게 아니라, 서로 뒤섞여 역류한다. 시간이 가는 것은 언제나 현재적이다. 어쨌거나 시간은 의식 안에서, 비유적으로 말하자면 그 어떤 잠재의식보다도 깊이 놓여 있는 내부 공간에서 끊임없이 재깍거리고 있다. '나'라는 자아가 자신을 그 안에 던져 넣고 기획해가는 세계이자 공간이라는 말이 맞는다면, 자아는 곧 시간이라는 말도 그에 못지않게 맞다. 시간은 공간으로서의 주체와 서로 떼어낼 수 없이 맞물려 있다. 이 공간 안으로 나는 자아와 세계가 되기 위해 걸어 들어간다. 시간을 감지하는 것은 몸이다. 시간은 몸의 시간이다. 언제나 상대적인 동시에 절대적으로 돌이킬 수 없는 것이다. 상대적이라는 말은 이런 뜻이다. 심장박동은 지칠 줄 모르고 반복한다. 호흡에 호흡이 이어지며, 잠과 깨어남이 서로 맞물린다. 항상 그렇게 되풀이된다. 그래서 사람들은 영원히 이렇게 지속할 것으로 생각한다. 매년 여름이면 어떤 사람은 같은 휴양지를 찾아간다. 7월이 작년 7월과 같으며, 9월도 마찬가지다. 혹시나 하는 마음에 예약해둔 호텔 방도 똑같다. 다시 돌이킬 수 없는 시간은 상대적으로는 돌이킬 수 있는 것처럼, 되돌릴 수 있는 것처럼 여겨진다. 1966년에 나는 1972년과 같은 북해 연안의 휴양지를 찾았다. 연월일은 아무 의미가 없는 것처럼 보인다. 1978년에 같은 고속도로를 타고 같은 장소로 가고 있는 나는 1966년과 달라진 게 없다는 생각을 한다. 내가 같은 일을 반복하고 있다는 것을 몸은 더욱 잘 안다. 몸은 기분 나쁠 정도로 믿을 수밖에 없는 기록 장치와 같다. 연도와 월 그리고 날짜뿐 아니라 심장박동 하나하나까지 남김없이 기록한다. 그 어떤 것도 앞선 것과 같을 수 없다. 심장은 매번 펌프질과 함께 닳아진다. 핏줄, 신장, 눈도 갈수록 낡아진다. 갑작스럽게 예상하지 못한 쓰러짐을 겪는 순간, 인간은 자신이 시간의 피조물임을 안다. 엔트로피 따위를 안다는 게 아무 소용이 없음을 깨닫는다. 우리가 일상에서 알고 있던 상대적인 시간, 그러니까 내일 나는 다시 같은 일을 하며, 같은 길을 걷고, 친숙하고 익숙한 얼굴들을 보며, 1년 내내 똑같은 일상을 되풀이하리라 믿었던 시간은 갑자기 돌이킬 수 없는 것이 된다. 죽어가는 사람은 이 시간을 절대적으로 돌이킬 수 없는 것으로 경험한다. 그러니까 시간은 저 내면 깊숙이 있는 감각이 직관하는 형식이다! 그러나 이제 그 깊은 내면의 것이 위로 떠올랐다. 내 자아의 높이로 차고 올라왔다. 이제 남은 것은 한 시간 반뿐이다. 짧은 영원. 절대적인 없음. 이제 몸과 정신이 동시에 이야기한다. 그 뒤섞인 목소리들이 공간 안에서 들린다. 몸은 90분 뒤면 자신이 더는 존재하지 않으리라는 것을 안다. 90분이면 보통 영화 한 편의 길이다. 몸은 아스팔트에 부딪쳐 산산조각이 나리라. 피를 흘리며, 호흡중추는 돌연 마비되리라. 또는 불안하고 고통스러운 잠에 빠져들게도 되리라. 그리고 이 잠은 그를 영원히 변화시키리라. 육신은 존재를 빼앗기는 순간 격렬하게 반항하겠지. 정신은 생각이 한계에 부딪치자마자, 다시 한번 일상 용어를 쓰는 것을 봐주기 바라면서 말해본다면, 버럭 소리를 지르며 명령을 내린다. 그리고 시간으로부터 빠져나와 그의 안에 층층이 쌓인 시간들이 사라지는 것에 맹렬하게 저항한다. 정신은 많은 것을 기억한다. 모든 게 시간이라는 성격을 갖는다. 몸의 것일 뿐 아니라 정신의 것이기도 한 공간이 잠겨 폐쇄된 탓이다. 정신에 종말을 선고한 것은 자유죽음이다. 빠져나올 수 있는 희망은 아예 없다. 자존의 이름으로, '에셰크'에 주는 답으로 정신은 자기 자신을 지워버리도록 명령을 내렸다. 이제 그 어떤 기만적인 되풀이가 일어나지 않음을 아는 몸과 정신은 절대 시간이라는 것을 수용한다. 이 절대 시간은 두 가지 차원에서 압축된다. 시간과 결부된 기억, 지나간 시간의 기억은 더욱 현재적이 되면서, 그 풍부함을 압착시킨다. 아주 작고, 무거운 핵으로 뭉치도록! 이것은 바로 '나'라는 핵이다. 참으로 많은 일이 일어났다. 지극히 진부하기 짝이 없는 인생에서조차 무수한 일들이 있었다. 등산을 마치고 나서 타오르는 갈증을 씻으려는 듯 맥주를 한 모금 마신다. 축축한 날이면 자동차 시동이 잘 걸리지 않았다. 어떤 차였더라? 그랬지, 빨간색의 1967년식 소형 모델 앵글리아(Anglia)[19]였어. 1967년으로 돌아가고 싶은 간절한 소망을 느낀다. 꿈에서 흔히 그러하듯, 소소한 사건들은 이게 뭐지 하는 중압감으로 짓누르며 시간 안에서 실제 일어나는 것처럼 펼쳐진다. 그리고 시간의 압축이라는 과정이 시작된 지금, 정신과 몸을 짓누르는 부담은 매초 더욱더 견딜 수 없이 커진다. "살았던 시간(Le temps vécu)." 살았던 시간은 아주 작은 핵으로 응축되었음에도 여전히 존재한다. 하지만 이제 곧 사라지리라. 그 돌이킬 수 없는 불가역성이 현실로 나타나면서 구체화하기 때문이다. 죽음이 자살자를 덮친 게 아니다. 오히려 자살자가 죽음을 자신의 가슴으로 잡아당겼다. 그래서 혹시 나타날지 모를 도움의 손길이 들어설 모든 문을 닫아버렸다. 돌이킬 수 없는 위험이 있는 곳에서 구조의 손길은 오그라들고 만다. 횔덜린. 언제 읽었더

---

19 포드(Ford) 영국지부에서 1939년부터 1967년까지 생산한 소형차 모델 이름이다.

라? 오래전. 정확한 날짜는 중요하지 않다. *예전*이었다는 느낌만으로 충분하다. 외젠 민코프스키(Eugène Minkowski)[20]가 말하는 "살았던 시간(Le temps vécu)." 언제 읽었더라? 최근에. 1967년쯤. 그리고 이 최근이라는 말은 그 어떤 시간 표시보다 더 분명하다. 살았던 시간, 이제 조금만 있으면 그렇게 되겠지. 잘 알고 있다. 아직 한 시간 남았나? 이제 영원이란 없다. 모든 것을 취소할 수도 있다. 이미 준비해둔, 화장을 해달라는, 유언장을 없앨 수도 있다. 호텔 앞에 세워둔 차에 시동을 걸고 다시 세계라는 공간으로 나아가 자신을 내던지는 거다. 새로운 '에셰크'를 당하리라. 거듭해서 다시금 또 다른 '에셰크'를 맛보리라. 아니다. 여기서 개인적인 엔트로피를 아주 높게 끌어올려 광기 속으로 달려들 가속을 하는 거다. 아직 45분 남았다. 시간은 두 개의 차원에서 두 가지 음색을 내며 재깍거린다. 이제 시간은 완전히 절대적인 동시에 그 절대성에서 찢기어 나와 비(非)시간이 된다.

하이데거(Martin Heidegger)[21]에게 있어 시간은 근심을 뜻한

20   러시아 태생으로 프랑스에서 활동한 정신분석학자(1885~1972). 현상학과 정신병리학의 통합적 이해를 추구하였으며, 《살았던 시간(Le temps vécu)》은 그가 1933년에 발표한 책이다.

21   실존주의를 대표하는 독일의 철학자(1889~1976). 현상학에서 출발해 현존재의 실존적 분석을 조직적이고도 포괄적으로 펼쳤다. 대표작으로 《존재와 시간》이 있다.

다. 정확히 말하자면 시간의 '닫힘'은 현존재가 담고 있는 근심을 비워준다. 시간이 다했다는 것은 근심을 털어버리는 것을 의미하기 때문이다. 손을 내려놓는 사람은 '더는 근심이 없다.' 시간을 갖지 않는데 무슨 근심이 있으랴. 그런데 거꾸로 그는 바로 '시간을 갖지 않기 때문'에, 자신의 의지로 끝장내려고 한계를 정했기 때문에, 그 어느 때보다도 많은 시간을 갖는다. 초침이 계속 재깍거리며 가는 동안, 그의 시간은 더욱 묵직해지고 농밀해진다. 자신의 결정으로 시간이 줄어들수록, 손을 내려놓는 사람은 더욱더 많은 시간을 갖는다. '나'라는 자아가 더욱더 또렷해진다. 그러나 이 자아는 늘 그랬듯 풀 수 없는 수수께끼다. 겁에 질린 어린 토끼가 당황해서 맹목적으로 이리저리 뛰듯, 자아를 자신에게 더욱 밀착시킨 자살자는 묵직해진 자아를 가지고 뭘 시작해야 좋을지 몰라 난감해한다. 시간이 자아 안에 차곡차곡 쌓인다. 채워진 시간으로 무거운 몸은 초침의 재깍거림이 두려운 나머지 무조건 존재할 수 있게 해달라고 아우성친다. 그러나 정신은, 자신도 지속하고 싶지만 스스로 자신에게 존재를 금지시킨 정신은 육신의 요구를 차갑게 거절한다. 아마도 근심을 갖지 않는다는 것은 환상에 지나지 않는 모양이다. 아직 20분 남았다. 세상은 여전히 있지만, 곧 더는 있지 않게 되리라. 막연한 두려움이 덮친다. 우지끈하는 파열음이 들린다. 거대한 물살이 머리를 덮친다. 정신의 명령에도 입은 살려달라는 고함을 외친다. 수면제가 약효를 발휘하기 시작했다. 근심거리들을 깨끗하게 정돈해놓은 책상에서 비틀거리며 일어서서 침대로 간다. 쓰러질지 모른다. 쓰러지며 수화기를 전화기에서 떼어내는 것은 아닐까. 전화기 줄에 묶이는 게 이리도 간단한 일이던가. 호텔의 야근 직원이 무슨 일인가 살피러 올라오겠지. 사이렌이 울리고 구급차가 달려오겠지. *미리 준비를 잘해서 그런 모든 일을 막아야만 한다.* 이론물리학의 최신 연구는 객관적인 시간·공간 연속체라는 것을 넘어선, 심지어 열역학까지도 무시한, 시간 개념 정의를 내놓았다. 이 시간 개념에 따르면 시간은 일단 시작할 뿐이다. 시간이라는 것은 결코 완전하게 매듭지어지지 않는다. 뭐라고 불평을 말하기에는 너무나 낯선 개념이 아닐 수 없다. 손을 내려놓는 사람도 마찬가지다. 살인이라는 방법으로, '자기 자신을 살해한다'는 뜻의 '자살'이라는 내키지 않는 단어가 여기서는 아주 적당하다는 것을 인정하고 말한다면, 스스로 손을 내려놓는 사람은 시간의 주인인 동시에 노예다. 자신이 유일하게 알고 싶어 하는 자아라는 응축된 시간에 끌려간다는 점에서는 노예이며, 완전히 자신의 손으로 만들어낸 상태에 있다는 점에서는 주인이다. 여자가 나하고 무슨 상관인가? 아이가 나하고 무슨 관계인가? 물리학과 객관적 인식이라는 게 다 무엇인가? 나와 함께 가라앉을 세상의 운명은 나와 아무런 관계가 없다. 시간은 몰려들어 와 나의 자아 안에서 압착된다. 그런데 나라는 자아는 없다. 시간으로서의 세계는 공간이라는 세계를 내가 묻혀 있는 무덤 밖으로 몰아내겠지. 손을 내려놓는 사람은 죽은 시간 말고 다른 것을 잡을 기회가 더 이상 없다. 나의 역사라는 폐허 말고 다른 곳에 이를 수 없다. 온갖 추억의 파편들이 너저분하게 쌓여 있는 폐허는 그게 누구의 역사인지 알아볼 수 없게 만든다. 자신의 역사가 나라는 주관을 지키기 위한 저항을 포기하고 말았기 때문이다. 이제 나라는 주관은 더는 근심하지 않는다. 그냥 모든 것을 내버려 둔다. 이제 몇 분 남았을까?

주사위는 아직 던져지지 않았다. 아마도 10분 정도 남았을까. 아직도 시간은 영원이라는 기만으로 확장되고 있다. 생명과 그 논리의 달콤한 유혹은 자유죽음을 결심한 자를 마지막 순간까지 때리고 어른다. 죽은 몸을 어루만지는 변태 성욕의 부드러운 애무는 죽을 결심을 포기하게 만드는 구원으로 쉽게 바뀔 수 있다. 그래서 구토의 대상이자 죽음에 이끌리는 성향을 빚게 만들었던 세상은 다시금 다정다감한 애인으로 변모할 수 있다. 아직은 시간의 돌이킬 수 없는 불가역성이 상대적이 될 수 있다. 오늘은 어제와 그제와 같은 오늘이다. 내일은 모레와 같으리라. 심장은 여전히 뛰리라. 이런 박동은 다른 박동과 깜빡 속을 정도로 똑같다. 지금 깨어남은 수많은 지나간 깨어남 그리고 영원한 미래의 깨어남과 같으리라. 마치 멍청하게 앞만 뚫어져라 응시하는 우리의 눈앞에서 놀라운 솜씨로 불가능한 것을 현실로 보이게 만드는 요술쟁이의 마술이랄까. "하지만, 한순간에서 다른 순간으로 넘어가는 사이, 도끼날은 이미 떨어졌네(Mais déjà le couperet va tomber, d'un instant à l'autre)." 그러나 망나니는 춤을 추지 않는다. 이제는 우리가 존엄이라고 부르는 것만 문제일 따름이다. 자살하기로 뜻을 품은 사람이 자살을 결행했다. 자기 자신의 처분을 저 낯설기만 한 일상이나 심리학자 혹은 가족의 지혜에 맡기지 않기로 했다. 다시는 비웃음의 대상이 되지 않으려 했다. 심리학자나 가족은 아마도 안도의 한숨을 쉬리라. 슬그머니 떠오르는 미소를 억누르기 어려우리라. 어떤 식의 자살이든 간에 늘 일어나는 일이다. 이제 망망한 바다 위로 등부표를 띄우는 것은 자존이자 존엄이다. 실패한다는 것은 도저히 용서할 수 없는, 결코 씻기지 않는 치욕이리라. 또 '에셰크'에 시달리게 되리라. 또 다른 '에셰크'가 꼬리에 꼬리를 물고 나타나리라. 초침은 지치지도 않고 진리의 순간을 향해 나아간다. 행동이 실천에 옮겨졌다. 자기 자신 안에 담긴 핵심을 아마도 마지막 순간에 찾아낼 '나' 말고는 누구도 그 결과를 가늠할 수 없다. 객관이라는 세계를 해부하려고 시도하리라. 그러나 능숙한 손과 두뇌가 부산을 떨거나 한껏 여유를 부리면서 가닥가닥 끊어내는 것은 죽은 조직일 뿐이다.

4장

나 자신에게 속하자

Sich selbst gehören

자살자는 수많은 사람 가운데 공허함 속으로 메시지를 보내면서 세계를 이해하는 유일한 사람이다. 우리가 일상생활에서든 학문에서든 현실이라고 부르는 모든 것에 단호하게 경쟁하는 적수가 자살자다. 그는 자신이 자기 자신에게 속한다는 것을 안다.

자유죽음이라는 생각을, 단지 몇 시간만이라도, 심지어 장난삼아서라도 시작하는 사람은 그의 마지막 운명을 두고 집요하게 물고 늘어지는 사회의 근심을 똑바로 바라볼 필요가 있다. 사실 사회는 그 구성원의 이런저런 살아감에 별 관심이 없다. 전쟁을 벌이며 소집 영장을 보내온다. 탄환이 빗발치는 피바다의 한복판에서 일신의 안녕을 지키는 데 소홀함이 없어야 한다고 지시한다. 사회는 그동안 교육을 통해 부여했던 일자리를 빼앗았다. 실직자가 된 구성원은 보잘것없는 연금으로 근근이 살아가야 한다. 간신히 입에 풀칠할 정도의 연금으로. 병에 걸린다. 그러나 구호 병원의 침상은 턱없이 부족하다. 유감이지만 환자의 병세를 호전시켜줄 치료는 기대하기 힘들다. 환자가 가장 고마워할, 혼자 쓸 수 있는 병실은 꿈도 못 꿀 지경이다. 결국 개인으로서의 구성원은 죽음에 이끌리는 성향에 굴복하고 만다. 터져 나오는 토역질을 일부러 막으려 하지 않는다. 존엄성과 인간다움이 허락하는 대로 주변을 깨끗이 정리하고 싶을 따름이다. 어차피 언젠가는 사라지고 말 것을 조금 앞당긴다고 안 될 게 뭐냐고 다짐한다. 사회는 그 가장 소중한 구성원을 헌신짝 취급하며 의사에게만 책임을 떠넘길 뿐이다. 기괴한 의료 기구들로 환자를 감아놓은 의사는 환자의 병세보다는 자신의 출세에 급급할 따름이다. 오로지 자신의 직업 경력에 그럴듯한 훈장 하나 남기기 위해서. 짐승을 잡으려고 혈안이 된 사냥꾼과 다를 게 무엇일까. 사회든 의사든 구성원에게 죽음을 막아준 것만으로도 감사할 줄 알아야 한다고 이죽거린다. 이들에게 당사자의 자존심이나 인간다움 따위는 안중에도 없다. 그저 최고의 기록에만 목매는 운동선수 같다고나 할까.

이런 식으로는 안 된다. 내 말은, 한편으로는 사회가 냉혹한 무관심으로 일관하면서, 다른 쪽에서는 자발적으로 인생의 고리를 끊고 나가겠다고 해서 필요 이상의 과열된 관심과 근심으로 소동을 떠는 이중성으로는, 인간을 올바로 이해할 수 없다는 것이다. 개인이 사회의 소유물인가? 개인으로서의 나는 이러저러한 때에 사회가 내세우는 요구를 거절할 뜻을 암시적으로나마 보여주지 않았던가. 개인적인 결단으로 이미 죽을 각오가 되어 있는 사람에게 사회의 당위성만 요구한다는 것이 될 법이나 한 소리인가? 그래서 다시 한번 묻지 않을 수 없다. 이 물음의 답은 꼭 찾아야 한다. *인간은 누구에게 속하는 존재인가?*

아마도 가장 먼저 손을 들고 나설 사람은 독실한 신앙을 가진 기독교도리라. 그는 정확한 답을 안다고 주장한다. 인간은 주님에게 속한 존재다. 주님 덕분에 생명을 허락받았으며, 언제 다시 생명을 거두어들일 것인지 하는 문제도 주님만이 아신다. 이것이 그 주장의 골자다. 혹 어떤 사람이 스스로 내린 결정으로 자신은 주님에게 귀속하기 때문에 주님께 순종해야만 한다고 말한다면, 거기에 반론할 생각은 조금도 없다[귀속(Gehören)과 순종(Gehorchen)이라는 말들은 어원적으로 아주 밀접한 관계를 갖는다!]. 유대인의 혈통을 타고났으며 기독교 신앙을 가졌던 철학자 파울 루트비히 란즈베르크(Paul Ludwig Landsberg)[1]는 나치스의 박해를 피해 프랑스로 망명했으나 거기서도 독일 점령군과 그 프랑스 끄나풀의 추적을 받자 독약을 항상 몸에 지니고 다녔다. 자유죽음을 택함으로써 강제된 죽음을 피하고자 했다. 후설과 셸러(Max Scheler)[2]의 제자로 란즈베르크의 유고를 편집한 철학자 아르놀트 메츠거(Arnold Metzger)는 이렇게 증언했다. "분명한 것은 그가 1942년 여름에 독약을 폐기 처분했다는 사실이다. 체포되었을 당시 그는 자신의 생명을 자기 마음대로 하지 않기로 결심하고 있었다. 그는 자신이 생각하고 믿는 그대로 살

---

1   독일의 철학자(1901~1944). 오라니엔부르크(Oranienburg)에 있는 작센하우젠(Sachsenhausen) 강제수용소에서 사망했다.

2   셸러는 독일의 철학자로(1874~1928), 현상학의 창시자인 후설의 수제자로 알려져 있다.

았다." 그는 신의 피조물이자 노예로 순종하며 강제된 죽음으로 걸어 들어갔다. 그와 똑같이 신의 자식들인 저 나치스의 망나니들이 오라니엔부르크에서 란즈베르크에게 무슨 만행을 저지르며 그를 죽음으로 몰아넣었는지 나는 전혀 알고 싶지 않다. 남자에게 나는 최고의 존경을 바치고자 한다. 비록 강제수용소의 교도관을 적어도 한 명쯤 때려눕혔다는 이야기를 들었더라면 더 좋았겠지만. 그럼에도 신에게 충직한 이 남자에게 바치는 드높은 존경심은 변함없는 힘을 자랑한다. 다만, 내가 보기에 이 존경심은 철학자가 자기 자신의 운명을 의연하게 맞이하는 데서 그치지 않고, 하나님 말씀의 전파자로 행세하면서 주님의 이름으로 다른 사람들에게도 자신과 똑같이 행동하라고 요구하는 데서 끝나버린다. 철학자는 〈자살의 도덕적인 문제(The Moral Problem of Suicide)〉라는 제목의 상당히 심오한 깊이를 자랑하는 논문에서 다음과 같이 썼다.

"우리는 물론 죽고 싶을 때 죽게 해달라고 하나님에게 기도를 올릴 권리를 가진다. 하지만 여기에는 언제나 단서가 붙는다. '주여, 제 뜻대로 마옵시고, 당신의 뜻을 이루소서.' 우리는 이 말을 잊어서는 안 된다. 하나님은 노예를 부리는 주인처럼 우리 위에 군림하시는 게 아니다. 하나님은 곧 우리의 아버지시다. 끝을 알 수 없는 무한한 사랑과 지혜로 우리를 돌보시는 주 예수 그리스도시다. 주님께서 우리를 고통받게 버려두시

는 것은 우리의 죄를 씻어 하늘의 은총에 부끄럽지 않은 사람
으로 단련하려는 뜻에서다."

나에게 허락된 모든 힘을 다해 격렬하게 항의하지 않을 수
없다. 위에서 인용한 그 말을 한 이 불행한 남자가 자신의 결단
으로 죽음을 택할 가능성이 열려 있었음에도 권력의 주구(走狗)
가 강제하는 죽음을 당했다면, 그것은 물론 그의 선택이다. 이
런 죽음을 두고 순교자의 죽음이라고? 그렇게 볼 수 있으리라.
하지만 차라리 나는 자유죽음이라는 인간적인 존엄을 무시하
고 그저 자신을 제물로 바친 헛된 죽음에 지나지 않는다고 생각
한다. 우리더러 군홧발이나 불구덩이에 희생당하라고 하면서,
"끝을 알 수 없는 무한한 사랑과 지혜"라며 그리스도의 신을 들
먹이는 그의 말이야말로 내가 보기에는 진짜 신성 모독이다. 나
는 나 자신에게 속하는 것이어야만 한다. 이렇게 자기 자신에게
속한 자로서 신에게 자신을 제물로 드려야만 한다. 개인적인 결
정, 다른 사람은 받아들이기 힘든 그만의 선택을 모두가 지켜야
할 신의 가르침으로 추켜세우는 것은 월권인 동시에 신을 모욕
하는 일이다. 자신이 믿는 신에게 귀속함을 인정함으로써 자기
자신에 속하고자 하는 사람에게 삶이냐 죽음이냐 하는 선택은
그의 자유에 맡겨진 것일 따름이다. 물론 이처럼 인간의 주체성
을 강조하는 것 역시 결국에는 허망한 환상일 수 있다. 하지만,
누구도 다른 사람에게 자기 자신을 가지고 어떻게 살고 어떤 때

죽으며 무엇을 실현해야만 한다고 앞장서서 규정할 권리는 갖고 있지 않다. 이렇게 해라, 저렇게 해라 따위의 명령은 주제넘은 월권일 뿐이다. 그래서 지적하지 않을 수 없다. 자유죽음과 관련해 종교가 인간에게 요구하는 것은 사회의 요구와 똑같은 특성을 가졌다는 점이다. 사회든 종교든 인간에게 자신의 소유를 어떻게 다뤄야 할지 결정할 자유를 허락하지 않는다. 사회와 종교는 인간에게 결정의 자유를 포기하도록 요구한다. 칸트도 이 점에 있어서만큼은 실수를 저질렀다. 그는 의무라는 것을 범주적으로 생각해본 끝에 조그만 시골 교회 목사나 위대한 신학자들처럼 자유죽음을 비난했다. 말인즉 자유의지로 결정하지 말고, 신이 부여한 의무 또는 인간이 지켜야 할 의무에 순종하라고 칸트는 타일렀다. 의무? 종교가 인간에게 간섭하며 요구하는 의무라는 것은 사회라는 테두리를 벗어나지 못한다. 예전에 교회는 자살한 사람한테는 교회 뜰에 기독교식 묘지를 마련해주는 것을 거부했다. 교회의 이런 태도는 원시 부족의 그것과 똑같다. 원시 부족은 자살자의 시체를 무슨 불결한 것인 양 악령이라도 쫓아내듯 서둘러 부족 바깥으로 내몰지 않았던가. 하지만 자살을 관용하고 묵인하는 사회가 없었던 것은 아니다. 심지어 상황에 따라서는 자살을 일종의 의무로 규정하기도 했다. 그 좋은 예가 일본의 무사 계급이다. 이들은 자살을 사회적 현상으로 이해했다. 이를테면 특정 계파의 존속을 위해 개인의 희생을 요구하는 셈이다. 어떤 조직의 존립에 심각한 문제가 있는 경우, 개인은 할복자살을 꾀함으로써 조직을 구하기도 했다. 그러나 이런 자살을 두고 자유죽음이라고 할 수는 없다. 내가 보는 한, 몇몇 극소수의 예외, 이를테면 철학 학파라든지 철학자 개개인(에피쿠로스학파, 세네카, 디드로[3] 등)을 제외하면, 자유죽음을 그 본연의 모습 그대로 인정한 경우를 찾기가 어렵다. 자신의 자유의지로 택하는 죽음은 어디까지나 지극히 개인적인 문제일 따름이다. 물론 여기에 사회와 관련이 전혀 없다고 할 수는 없으나, 결국 *인간은 오로지 자기 자신만이 책임질 수 있는 존재다. 이를 두고 사회가 할 말은 없다.*

내가 보기에 우리는 아직 자살을 저주하는 비인간적인 정신 발달 단계를 넘어서지 못하고 있다. 여전히 종교의 율법과 금령이 구속력을 갖던 시절처럼, 자유죽음을 범죄로 간주하고 있을 따름이다. 또는 어떤 사회의 규범이 뻔뻔하기 이를 데 없을 정도로 솔직한 경우, 아예 노골적으로 이렇게 말하기도 한다. 우리가 필요로 하는 것은 물질로서의 인간, 노동력으로서의 인간일 뿐이야. 그래서 자살의 뜻을 품은 사람을 무슨 노예 취급하듯 하면서 혹시라도 계획을 실행에 옮긴다면 엄벌에 처하

---

3 디드로(Denis Diderot)는 무신론과 유물론의 입장에서 철학을 비판한 철학자이자 작가다(1713~1784). 이른바 '백과전서파'에 속하는 인물로 계몽주의의 물꼬를 텄다.

겠노라 으름장을 놓곤 한다. 오늘날 공공질서의 수호자로 임명받은 사회학, 정신분석학, 심리학 등의 행태를 보라. 자유죽음을 무슨 몹쓸 병처럼 취급하지 않는가. 자살을 다루는 사회의 모든 이론은 한결같은 목소리를 낸다. 이들은 잠재적인 '자살자'가 그 뜻을 자유죽음으로 실행에 옮기는 것을 막으려 혈안이 된다. 이들은 말한다. 생명은 유일한 자산이라고! 어떻게든 지켜야만 하는 것이라고! 그런데 내세워지는 이유는 아리송하기만 하다. 신이 허락해준 생명이기에 지켜야만 하는 것일까? 인생이라는 사회적 현상에 무슨 대단한 형이상학적인 가치라도 부여했기 때문인가? 그러나 이런 물음에 돌아오는 답은 아무것도 없다. 그 형이상학적인 가치라는 것도 알고 보면 생물학에 지나지 않는다. 매일같이 그리고 어디서나 늘 새롭게 생성(늘 태어난다)되며, 또 취소(죽어 없어진다)되는 게 생명일 따름이다.

이 구절을 쓰는 동안 약 서른 명에 가까운 의사들이 숨만 남은 송장이 되어버린 스페인의 독재자 프란시스코 프랑코(Francisco Franco)⁴에게 매달려 진땀을 흘린다는 소식을 들었다. 벌써 몇 주 전부터 이미 생명체라고 볼 수 없는 의식불명의 병자를 며칠 혹은 다만 몇 시간이라도 그 생명을 연장해주려고 의

---

4 스페인 출신의 군인으로 군부 쿠데타로 집권해 잔혹한 철권통치와 장기간 독재 권력을 행사한 인물이다(1892~1975). 이 책이 출간되기 1년 전에 사망했다.

학 수단이 총동원되었다. 나는 이 잔혹하고 피에 굶주린 남자를 무척 혐오해왔고, 지금도 강한 반감을 가지고 있다. 그러나 이 소식을 듣는 순간, 기술에 도취한 나머지 인간으로서 최소한의 품위마저 저버린 의사들의 행위를 참을 수가 없었다. "멈춰!" 하고 소리라도 지르고 싶다. 어쩌면 그렇게 비인간적일 수 있는가? 아무리 의식을 잃은 환자라고 하지만, 사람의 몸을 어찌 최첨단 기술로 고깃덩어리 취급하듯 하는 게 말이 되는가. 무릇 사람을 고깃덩어리 취급은 하지 말아야 하는 법이거늘. 자살 예방에 힘쓴다고 하면서 '자살학' 연구에 몰두하는 유명한 이론가와 현장 전문가는 프랑코의 병상에서 주사기와 온갖 장비로 무장하고 설치는 송장 기술자들이 자신들과 전혀 무관하다고 주장할지 모른다. 그러나 우리가 자유죽음이라는 문제를 놓고 한창 논의를 벌이는 가운데 이런 일이 벌어지다니, 이게 우연일까? 자살 관련 연구자와 현장 전문가 역시 인간적으로 문제에 접근한다는 점을 부정하는 것은 아니다. 다만, 내가 지적하고 싶은 것은 사회 쪽에서 자살을 바라보는 폭압적인 적대감이다. 성공한 것이든, 구조라는 방해를 받아 실패한 것이든, 자살을 기존의 가치 체계 밖으로 한사코 몰아내려는 근원적인 반감을 어찌 이해해야 좋은가? 자살을 기도한 사람을 심폐소생술까지 써서 굳이 살려놓고 비난과 책망의 화살은 왜 날려대는가? 자살은 *죄악*이라는 케케묵은 생각이 여전히 그 효력을 발휘하는 게 틀림없다. 심지어 빈의 자살학자 에르빈 링겔(Erwin Ringel)[5]

과 같은 이들은 자살이나 자살 시도를 두고 "성장 과정의 결손"
이라는 표현까지 서슴지 않았다. 이런 개념을 쓰는 것으로 미루
어 이들은 자살이 잘못된 행동임이 틀림없다는 전제를 미리 깔
아놓고 문제에 접근하고 있는 게 분명하다. 그럼 자살자와 똑같
은 심리적 전제 조건을 가진 '잘못 성장한 사람'의 대다수는 왜
자유죽음을 결행하지 않을까? 이들이 별다른 심리적 상해를 입
지 않는 원인은 어떻게 설명할 것인가? 아무래도 자살학자들은
이런 문제들을 그리 진지하게 생각하지 않는 모양이다. 또 다
른 심리학자들, 이를테면 에르빈 슈텡겔(Erwin Stengel)[6]은 자유
죽음이 일종의 호소에 가깝다는 해석을 내놓았다. 자유죽음은
절망에 빠진 자살자 내지는 자살할 뜻을 품고 있는 사람이 마
지막으로 외치는 구조 요청이라는 것이다. 막막하고 거친 세상
을 향해 애타게 지르는 비명이랄까. "도와줘, 더는 어떻게 할 수
가 없어!" 이런 문제의식은 많은 것을 그 안에 담고 있다. 나중
에 이 관점을 집중적으로 다뤄볼 생각이다. 다만, 그동안 한 가
지 확인한 점은, 슈텡겔 역시 자유죽음을 결심한 사람을 그 내
면의 세계에서 바라보지 않았다는 사실이다. 물론 자유죽음에
는 분명 호소의 성격이 담겨 있다. 하지만 나는 차라리 호소보

---

5   오스트리아 출신의 의사이자 개인심리학을 대표하는 인물(1921~1994)로,
    1960년에 국제자살예방협회(IASP)를 설립했다.

6   오스트리아 출신의 신경과 의사·정신분석학자(1902~1973). '자살 시도'의
    사회적 의미에 대해 선구적인 연구를 수행했다.

다는 *메시지*라는 표현을 쓰고 싶다. 메시지는 호소를 넘어서는, 호소와는 전혀 다른 성격의 것이다. 다시 말해서 메시지는, 단지 비유적인 표현이든 또는 공허한 개념의 장난으로 말해진 것이든, 일체의 선택을 하게 만드는 상황이 종결되었음을 뜻한다. 파랗게 질리게 만들 정도로 과도한 것일지라도 어떤 행위가 돌이킬 수 없이 결행되었음을 말하는 게 메시지다. 자유죽음의 경우, 그것은 인생이 끝났음을 알리는 선언이다.

물론 우리가 만날 수 있는 모든 심리학 이론이 잘못된 것은 아니다. 하지만 언제나 *기본적인 사실을 놓치고 스쳐 지나갈 뿐이다.* 근본적으로 인간은 *자기 자신에게 속하는 존재다.* 사회적으로 복잡하게 얽혀 있는 그물망을 뒤집어씌우지 않고 생각해야 하는 존재가 인간이다. 생물학적인 숙명이라는 것과 따로 떼어 볼 때, 인간은 본질을 드러낸다. 살아야만 한다는 편견으로부터 자유로워야 하는 존재가 인간이다. '고전적'인 정신분석 이론은 정통성에 얽매이지 않는 관찰자의 눈으로 자살하려는 사람의 문제를 진지하게 다루는 것이라기보다는 그 전제에서부터 자살을 배제하고 오로지 전체만을 구하려 진땀을 흘리는 작업으로밖에 보이지 않는다. 이런 논의가 이뤄지는 틀은 익히 알려져 있다. 대상에게 투사된 리비도는 이 대상이, 그게 사람이든 어떤 이념이든, 상실되는 즉시 회수가 가능하다. 그러나 다른 대상을 찾는 대신, 이 리비도는 자아로 되돌아가 장차 그 자아의 일부를 이룬다. 이를테면 자기 연민이랄까. 상실된 대상이 무사할 수 있는 것은 이런 연민 덕분이다. 하지만 동시에 대상은 자아의 증오를 고스란히 받아야 한다. 환멸을 곱씹는 사랑 혹은 상실의 아픔에 괴로워하는 사랑은 이제 증오로 변신해 대상을 겨눈다. 그러나 이 대상은 바로 내 안에 들어와 있는 대상이다. 결국 증오는 나를 향한 증오다. 그래서 나는 파괴되어야 마땅하다. 대충 이런 식이 고전적인 정신분석의 논리다. 내가 이런 논의를 두고 정말 임상적 경험에 토대를 둔 것인지 판단하지는 않겠다. 그 임상 경험이라는 것 자체가 언제나 의심스럽기 때문이다. 임상 경험이라는 것은 순수한 경험이 아니라, 그 바탕에 이미 이론 모델을 깔고 있는 것에 지나지 않는다. 정신분석학에 조금이라도 익숙한 사람의 눈은 늘 같은 기본 생각이 여러 가지로 변형되어 나타날 뿐이라는 사실을 분명하게 알아볼 수 있으리라. 자살이라는 현상을 바라보는 현상학의 안목에서 보자면 자살자들은 일종의 "무시당한 집단(quantité négligeable)"이다. 정신분석이 말하는 타인을 겨눈 증오로서의 자기 파괴는 억지로 끌어다 붙인, 말이 안 되는 논리다. 자유죽음에 있어 가장 먼저 살펴야 할 본질은, 타인과의 관계가 아니라, 자기 자신의 결단으로 선택한다는 점이다. 정신분석 이론이 자꾸 자기 공격성이라는 쪽으로 논의를 몰아가는 이유는 이 본질을 간과했기 때문이다. 이를테면 정신분석학자 칼 메닝거(Karl Menninger)는 나중에 자기 공격성을 죽음본능과 파괴본능이라고 부르면서 그의 책 《자기 자신과 대항하는 인간(Man against himself)》에서 수많은 사례를 끌어다 대며 본격적으로 다루었다. 나는 앞장에서 이미 죽음본능이라는 개념을 다루면서 그보다 훨씬 덜 도전적인 '죽음에 이끌리는 성향'이라는 말을 쓰자고 제안한 바 있다. 지금 이 자리에서 추가할 점은 다음과 같은 것일 뿐이다. 이론에 얽매이지 않고 직관으로 분명하게 확인할 수 있는 점은, '타인을 향한 공격'과 '손을 스스로 내려놓는 행위'가 전혀 별개의 행동 방식이라는 사실이다. '자살'이라는 전적으로 잘못된 표현으로 나타내진 행동이 살인 충동을 대체하고 보상하기 위한 행위라는 지적은 말도 되지 않는다. 또한 산 사람을 죽이는 일은 *자신의 인생*을 강화하려는 가장 극단적인 선택이다. 엘리아스 카네티(Elias Canetti)[7]는 심리학과는 전혀 별개로, 타인을 살해하는 행위를 인류학에 기반을 둔 개념 "승리를 구가하는 생존자(Triumphierend Überlebender)"로 적절하게 해석했다. 나는 그의 해석에 문제가 있다고 보지 않는다. 죽음을 향해 손을 내려놓는다는 것, 혹은 그저 자기 파괴를 하는 행위는 자아라는 현상의 영역에서 보면 살인과는 전혀 다른 의미를 가진다. 이제는 내가 공격적으로 논의할 차례다. 나는 내 사지를 세계를 향

---

[7]　유대인 혈통을 타고 불가리아에서 태어났으며 주로 오스트리아, 독일, 스위스 등지에서 생활하다가 나중에 영국에 정착한 작가(1905~1994)다. 작품 활동은 독일어로 했고, 1981년에 노벨 문학상을 받았다.

해 내뻗거나, 세상을 거부하기 위해 내두를 수 있다(본래 라틴어 'in'은 '~을 무릅쓰고', '그럼에도'라는 의미도 가진다는 점을 염두에 두면 '세계를 향해 내뻗거나'라는 나의 표현이 더 잘 이해되리라).

나는 나 *자신*을 공격한다. 일상생활에서 낯선 것, 나를 방해하는 것을 제거하려 할 때만 일어나는 운동을 수행한다. 이는 자살과 비교할 수 없는 성격을 가진 사건이다. 나는 양치질을 한다. 귀를 청소한다. 코를 푼다. 이렇게 해서 내 몸을 다시 깔끔하게 만든다. 이는 본래 나를 공격하는 일이 아니다. 살아남기 위해 나에게서 멀리해야 하는 것, 적대적인 외부 세계를 겨누는 공격이다. 내가 나를 공격한다는 자기 공격은 논리적으로 볼 때 모순된 개념이다. 더 정확히 말하자면 죽음이라는 안티 논리의 테두리 안에서만 그 정당성을 획득하는 개념이다. 살아남으려고 내 안에 있는 나 아닌 것을 공격한다. 물론 이런 개념은 긍정적인 공격성이다. 행동 연구가의 확인에 따르면 이런 *긍정적인* 공격성은 살아남고야 말겠다는 의지를 두드러지게 만든다. 물론 죽음이라는 안티 논리에서 이런 적극적이고 긍정적인 공격성은 필연적으로 상실된다. 아무래도 우리의 가슴이라는 미로를 믿을 수 있게 안내해주는 것은 우리가 평소에 쓰는 일상 언어다. '공격적인 사업가', 눈부신 성공을 일궈낸, 삶의 본능에 충실한 사업가는 타고난 성향, 즉 죽음에 이끌리는 성향을 따라가는 인간과는 정반대 유형이다. 성공적인 사업가는 심지어 죽음에 이끌리는 성향에 강력히 저항한다. 헤르만 헤세의 몇 안 되는 아름다운 시들 가운데 한 편이 노래하는 "사랑하는 형제, 죽음이여!"를 서둘러 가슴에서 떼어내는 그런 사람이 긍정적인 공격성을 갖는 사람이다.

그러나 심리학의 자살 이론을 거스르면서까지 들이대는 이 자기 공격은 우리의 논의에서 무얼 뜻하는가? 살아남기 위해 공격적이 되어야 한다는 말을 나는 쓰지 않으면 한다. 분명한 것은 나는 다른 언어, 즉 자살자의 언어로 말하고 싶다는 점이다. 심리학이나 뒤르켐과 같은 사회심리학적 접근으로는 자살자의 속내를 알아낼 수 없다. 스스로 자유죽음을 택하는 게 개인이 아니라, 사회라고 주장하는 사람은 정신 상태가 몽롱한 게 틀림없다. 저항할 무기를 갖추지 못해 무방비로 사회의 요구를 따라야만 하는 개인을 자살로 내모는 것이 사회라는 지적은 문제의 본질을 잘못 파악한 것에 지나지 않는다. 지금 나는 심리학이든 사회학이든 모든 자살 연구가 사회라는 이름으로만 이야기하고 있다는 것을 분명하게 지적하고자 한다. 기존 사회질서를 아주 날카롭게 비판하는 연구들도 마찬가지다. 중요한 것은 자살자가 서 있는 바로 그곳에서 그를 발견해야 하는 게 아닐까? 그를 외면하고 사회의 관점에서만 이야기하는 것은 출발부터 잘못된 접근 방식이다. 개인의 고유한 내면, 좀체 밖으로 드러나지 않는 그 내면에서 우리는 자살자와 만나야 하는 게 아닐까. 독자를 피곤하게 만들 위험을 무릅쓰고서라도 다시 한번 이야기하자면, 모든 사람은 누구나 결정적인 선택을 내려야 할 인생의 순간에 홀로 처절히 외로움을 곱씹는다. 이런 결정은 내가 나와 일 대 일로 마주 본다는 각오로만 내려져야 한다. 그 어떤 단체의 이상, 내가 보기에는 망상일 뿐이지만, 어쨌거나 그 어떤 사회적 이상에 헌신하기 위해 자기 자신을 포기하는 경우라 할지라도, 행동할 것이냐 말 것이냐 하는 선택의 문제는 어디까지나 실존적인 자기 결단의 문제다. 다시 말해서 자신을 포기하려는 결정조차 그 개인 자신에게만 속하는 것일 따름이다. 다시금 내 의도와는 달리 윤리학의 영역으로 치고 들어간 것일까? 분명 그렇다. 하지만 피할 수 없는 수순이다. 나와 사회가 충돌하는 상황에서는 너무나 쉽게 개인에게로 책임이 집중되는 탓에 자칫 반사회적인 인물로 낙인찍힐 수 있기 때문이다. 개인들의 합산으로서의 사회는 개인을 그저 사회의 한 부분으로 바라보며 각 구성원 개인의 삶을 넘어서는 힘을 가진다. 하지만 사회의 이런 권리는 어디까지나 개인을 보호하고 개인에게 보탬이 되는 것이라야 한다. 반면, 그 누구도 사회의 총체적인 요구에서 완전히 벗어날 수는 없다. 도덕을 중시하는 사람이 자신의 자유죽음으로 다른 생명을 위험에 빠뜨린다는 것은 있을 수 없는 일이다. 예컨대 극도로 흥분한 상태에서 자동차를 몰아 다른 차량과 충돌하면서 상대편에게 신체적 혹은 물질적 손해를 입힐 수야 없는 노릇 아닌가. 여기서 윤리 원칙으로서의 생명 논리는 끝까지, "내가 죽은 뒤에 무슨 일이 일어나건 상관없다(après moi le déluge)" 하는 죽음의 논리를 부정하며 관철되어야 마땅하다. 지금까지 내가 읽어본 자살 관련 기록만 놓고 말한다면, 대부분의 경우 자살 행위로 남에게까지 피해를 준 사례는 거의 찾아볼 수 없다. 이를테면 자유죽음을 결심한 비행기 조종사나 기관차 운전사가 그를 믿고 탑승한 승객들을 함께 죽음으로 끌어들였다는 이야기는 어디서도 보지 못했다. 반대로 살인을 저지르고 나서 살인자가 스스로 목숨을 끊은 사건은 비교적 쉽게 찾아볼 수 있다. 이른바 '치정 살인(crime passionnel)'이라는 게 그것이다. 관계에 충실하지 않고 외도를 일삼는 애인을 질투에 불타 살해한 나머지 자기 자신도 세상을 등지는 것이 치정 살인이다. 이런 행위의 경우, 아무리 자유죽음이라고 해도 그 살인 행위를 정당화해줄 변명은 있을 수 없다. 내가 지적하고 싶은 점은 다만, 이런 사건에서는 두 가지를 명확하게 구분해야 한다는 사실이다. 즉, 자살과 살인은 엄연히 다른 사건이다(살인을 저지른 사람들은 대개 그 행위 이후 스스로 손을 내려놓지 않는다). 살인자는 살인자이며, 범죄는 범죄일 따름이다. 남의 목숨을 빼앗는 범죄를 저지르고 나서 스스로 죽음을 선택한다고 해도 그의 범행이 지워지는 것은 아니다. 그러나 그렇다고 해서 그가 이중 살해범이 되는 것도 아니다. 살인이라는 범죄 행위를 도덕적으로 용서해서는 안 된다. 이제 곧 우리 앞에 서 있는 자살자는 스스로 자신의 행위를 처리하는 사람이다. 그를 두고 자살을 택했다고 해서 법적인 심판이나 도덕적인 용서를 왈가왈부할 수는 없다. 개인의 생사 여부 결정권은 타인이 훼손할 수 없는 것이다. 윤리라는 문제가 자살자의 상황에 끼어드는 사례들의 범위는 더욱 크게 확장된다. 너무 큰 나머지 우리가 여기서 그 개별 사례의 뉘앙스를 일일이 분석하기에는 버거울 정도다. 본보기 삼아 살펴볼 수 있는 경우는 가족의 생계를 책임져야 하는 가장이다. 적어도 사회는 가장이 자살을 저질러서는 안 된다고 강조한다. 그가 목숨을 끊으면 가족은 어떻게 먹고살라는 말이냐며 항변한다. 가장은 가족을 부양해야 할 책임이 있다고 말한다. 저 먹성 좋은 식구들에게 사료를 빌어 먹이는 일에 한 치도 소홀함이 있어서는 안 된다고 강변한다. 가족은 가장의 머리 위에 드리워진 죽음의 그림자를 조금도 인정하려 들지 않는다. 오로지 게걸스럽게 사랑과 배려와 관심과 책임만 요구할 따름이다. 무조건 이에 동의하고 양보해야만 할까? 다른 사람을 위해 사는 게 정말 꼭 지켜야만 하는 의무인가? 이런 경우 도덕이라는 것은 뭐가 그 기본 원칙인지 아주 신중하게 접근해야만 한다. 죽음을 시도하거나 죽고자 하는 남자가 일할 능력이 없는 병든 배우자와 두 명의 미성년 아동을 데리고 있다고 가정해보자. 당사자의 심리 상태를 고려하지 않고 도덕적으로만 보자면 죽음에 이끌리는 성향에 인간은 저항해야 마땅하다. 그렇지만 관련 학문들이 보고하는 사례들 가운데 그런 경우를 찾아보기는 어렵다. 반대로 당사자가 목숨을 끊고 사라지고 난 다음에야 그의 존재가 우리에게 절실하게 다가오는 경우는 거의 태반이다. 이는 *한 인간을 평소에 우리가 얼마나 소홀히 여기는지* 여실히 보여주는 사실이 아닐까.

베를린 '예술 아카데미(Akademie der Künste)' 회원으로서 나는 1년에 두 번 이 단체의 사망한 회원들을 기리는 추도사를 들을 기회가 있다. 그때마다 우리는 사망한 회원의 명복을 비는 '묵념'을 올린다. 실제로 사람들은 60초 동안 꼼짝하지 않고 서 있다가 이 어색하고 기이한 시간이 지나면 안도의 한숨과 함께 다시 자리에 앉는다. 추도 연설이 이어진다. 대개 사람들은 그저 입에 발린 추도사일지라도 주의 깊게 듣는다. 그러나 손톱만 물어뜯으며, 심지어 연설하는 사람의 얼굴을 종이에 낙서하듯 그리는 사람도 적지 않다. 페테르 손디의 자유죽음, 잉에보르크 바흐만의 갑작스러운 죽음 이후에도 그런 추도 연설은 있었다. 이로써 죽음은 깨끗하게 처리되어 잊힌다. 살아남은 사람들은 이번에는 누가 상을 받을 것인지, 새 회원의 선발은 어떻게 할 것인지 하는 따위의 사안에 더욱 큰 관심을 가진다. 뭐 그래서 어쩌라고 하며 사람들은 반론할지 모른다. 가까운 친구들, 심지어 가족의 죽음을 대하는 태도도 마찬가지가 아닌가. 전혀 다를 바가 없다. 사람들은 그저 놀라우리만큼 빠른 속도로 죽은 이를 잊어버릴 뿐이다. 남편을 잃은 부인은 이내 다시 웃는다. 또 웃지 말아야 할 이유도 없다. 과부는 다른 여인들과 노닥이며 자신을 위로한다. 아이들에게 아빠는 곧 전설이 된다. 종교 수업 시간에 몸을 비비 꼬던 그 지루함으로 전설을 기억한다. "잘못은 늘 자리를 비운 사람에게 있다. 죽은 사람은 이중으로 잘못을 저지른 것이다. 죽음이란 죽음 그 이상의 것이다(Les absents ont toujours tort: Les morts ont doublement tort et sont plus morts que mort)." 죽음은 죽음 그 이상의 것이다. 죽음을 지워버리는 장례식은 살아 있는 사람들이 죽음이라는 오물을 치워버리는 일대 청소 작업이다. 자살자는 위에서 언급한 몇 가지 극단적인 사례를 제외한다면, 자기 자신에게 순종할 수 있다는 것, 선택은 자기 자신에게 속한다는 것을 아는 사람이다. 그는 주님이 주는 게 아닌, 자기 자신이 선택한 죽음을 맞이했다. 그는 자신의 자유죽음과 함께 오롯이 홀로일 뿐이다. '자연적인 퇴장'에서와 마찬가지로 혼자 서 있을 따름이다. 이 점을 그는 잘 알고 있다.

다만, 이런 깨달음과 더불어 자살이 가지는 아주 특별한 측면이 애매모호해진다. 이 측면을 다루려면 다시 자살학의 이론으로 돌아갈 수밖에 없다. 에르빈 슈텡겔이 그의 책《자살과 자살 기도(Selbstmord und Selbstmordversuch)》에서 말했듯, 자유죽음은 도와달라는 외침일까? 더는 어떻게 할 수가 없다고, 제발 나를 도와달라는 그런 호소일까? 나는 앞서 차라리 *메시지*라고 말하는 게 낫다고 주장했다. 이제 이 메시지라는 개념으로 까다롭기만 한 문제를 풀어보려 시도해 보겠다. 물론 내가 보기에는 이 같은 '호소'만 있는 게 아니다. 더 나아가 견딜 수 없는 어둠 속에서 터져 나오는 비명으로서의 수많은 자살이나 자살 시도도 있다. 심지어 남을 위협하기 위해 벌이는 자살 소동, 복수하려고 소란을 피우는 자살, 처음부터 실패하기로 작정하고 부끄러운 줄도 모르고 한바탕 난리 법석을 피우는 행위 등도 얼마든지 있다. 남편 혹은 다른 사람이 지켜보는 앞에서 히스테리에 가까운 비명을 지르며 창문으로 달려가 뛰어내리겠다고 위협하는 여인을 우리는 얼마든지 그려볼 수 있다. 참으로 딱한 일이지만, 이런 것을 두고 비웃을 수는 없다. 인간이 처한 비탄은 그게 어떤 것이든 비웃어서는 안 되기 때문이다. 자기 자신을 지워버리려는 사람은 그 뜻을 실행에 옮기기 전에 편지를 쓴다. 네가 나를 괴롭혔어, 더 참을 수가 없어, 일이 이렇게 되어버린 모든 책임은 너에게 있어. 또는 이렇게도 쓰리라. 이제는 가야만 하겠어, 무엇을 하든 번번이 퇴짜를 놓는 세상으로부터, 나를 쫓아내는 세상으로부터 등을 돌리고 말 거야. 모두 익히 알려진 상황이다. 특수한 경우는 그에 적절한 방식으로 심리학이 해석하리라. 자유죽음을 일종의 호소로 해석하는 것은 나의 일이 아니다. 모든 자유죽음 계획은 그게 끝장을 본 것이든, 마지막 순간 낚아챔을 당해 실패한 것이든, 도와달라는 외침이 아니다. 그것은 일종의 *메시지*다. 이런 메시지는 누군가를 상대로 쓰는 게 아니다. 누구를 향해 외치는 비명도 아니다. 아무런 표시가 없이, 묵묵히 건네지는 메시지는 생명 논리와 존재 논리에 거절의 뜻을 분명히 하고 경계를 넘어서는 그 순간에서조차, 의식을 마지막으로 불사르는 그 순간에서조차, 우리가 타인과 관계하고 있다는 것을 뜻할 뿐이다. 타인은, 우리가 알고 있듯, '지옥'이다. 타인의 자유는 나의 자유와 엇갈린다. 타인이 품은 뜻은 나의 뜻을 가로막는다. 타인의 주관은 나의 주관을 파괴한다. 나를 바라보며 반드시 이러저러하게만 살라고 심판하는 타인의 시선은 일종의 살인이다. 타인과의 만남을 통해 나는, 사르트르가 "근원적인 추락, 근본적인 몰락(la chute originelle)"이라고 부른 것을 겪는다. 맞는 말이기는 하지만, 온전한 진실은 아니다. 나를 노려보며, 내 뜻을 거스르며, '나'라는 자아를 고착화시키는 타인은 살인자인 동시에 *사마리아인*[8]이다. 그는 어머니의 따스한 가슴과 간호사의 따뜻한 손길을 가졌다. 아니, 타인은 그 이상의 존재다. 네가 없다면 나는 결코 나일 수 없지 않은가. 무엇을 하든, 뭘 내버려 두든, 증오와 격정으로 몸부림을 치든 아니면 우정을 쌓아가든, 심지어 서로 냉담하든 간에 우리는 타인과 관계하며 살아간다. 우리는 신이 없이도 얼마든지 잘 지낼 수 있다. 그러나 타인이 없으면 우리는 아무것도 아니다. 물론 타인을 '사회'라고 부를 수도 있다. 그러나 의례적인 용어의 문제일 따름이다. 타인은 우리의 운명이다. 우리의 자아

---

8   성경의 '선한 사마리아인'을 염두에 둔 표현. 남을 도우려는 마음을 가진 참된 이웃이라는 뜻이다.

와 똑같이 좋기도 하고 나쁘기도 하다. 그래서 타인은, 다시 확인하지만 나와 같은 타인은, 끝장까지 우리와 동행해주는 동반자다. 앨버레즈는 그의 책 《잔혹한 신》에서 영국에 살던, 말 그대로 '친영파(親英派)'인 어떤 미국 사람과 관련해 소름 돋는 이야기를 들려준다. 흠잡을 데 없는 깔끔한 도시풍의 신사 양복을 입고, 중절모와 함께 정성스레 접은 우산을 갖춘 이 남자는 충분한 양의 수면제를 먹고 해변의 어떤 암벽 틈새에 누워 자신의 조국 미국 쪽을 바라보며 숨을 거뒀다. 그가 남긴 메시지는 분명하다. 심리학이 자살 동기를 두고 뭐라고 해석하든 그의 메시지는 명쾌하다. 나는 영국을 사랑하며, 나의 조국 미국을 사랑한다. 여기서 두 나라는 타인을 상징한다. 메시지를 받을 수신인은 곧 타인이다. 물론 수취인이 분명하지 않을지라도 메시지는 발송되었다. 그래서 아마도 타인은, 얼굴을 갖지 않으며, 어떤 나라도 아니며, 친구도 애인도 아닌 타인은 동시에 그 모든 것을 끌어안는 초월적인 대상이 된다. 메시지를 수령할 총체가 된다. 타인의 존재는 자살자의 죽음과 함께 끝난다. 이 타인이 메시지를 받아야 할 수신인이다. 메시지의 도달 여부는 여기서 일반적으로 답할 수 없는 문제다. 메시지가 직접 전달된다면, 외도나 일삼는 부정한 애인에게 복수하듯 전달된다면, 메시지가 수령될 가능성은 적기만 하다. 말로 표현된 남자의 메시지, "네가 무슨 짓을 저지른 것인지 봐라!" 하는 메시지는 별로 양심의 가책을 불러일으키지 않으리라. 오히려 안도의 한숨을 내쉬지 않을까. 어제의 애인은 오늘의 애인이 더는 아니라는 게 분명해지기 때문이다. 그러므로 어제의 애인은 메시지를 받을 자격이 없다. 쓰이지 않은 편지는 도착하지 못한다. 외침은 들어주는 사람이 없다. 이 번호는 없는 번호입니다. 이 번호는 없는 번호이오니 다시 한번 확인하시고 걸어주시기 바랍니다. 그러나 메시지는 구체적인 수신인을 명시하지 않은 추상적인 것이기 때문에, 타인에게 자살자가 그저 벗어던지고자 하는 존재의 모습으로 전달될 뿐이다. 그래서 녹음 안내는 더욱 힘을 주어 내용을 약간 바꿔 되풀이된다. 번호를 누르지 않아 연결할 수 없습니다. 연결할 수 없습니다. 연결할 수 없습니다.

이런 모든 것은 자신을 끝장내버린 사람에게 아무 관련이 없다. 다만, 쓸쓸하고 곤궁한 기분으로 자살자는 타인으로부터 눈길을 거둘 뿐이다. 이제는 하루라는 시간 안으로 걸어 들어가 아등바등하며 살아야 할 이유가 없어졌기 때문이다. 그는 이미 '아듀' 하고 작별 인사를 건넸다. 이제 다시 만나는 일은 없으리라는 것을 안다. 그럼에도 어깨너머로 돌아다보며 타인에게 한마디 건넨다. 아무 의미가 없는 말을! 그 말이 귀에 들어가리라는 보장이 없을 뿐 아니라, 무엇보다도 저만큼 떨어져 가고 있는 타인은 그게 무슨 말인지 알아듣지 못하기 때문이다. 이로써 이미 오래전에 폐기되었다고 믿었던 철학의 주관적 관념론이 새롭고도 다른 조명을 받는다. 세계는 곧 나의 생각이다. 타인이라는 존재도 내가 생각한 것에 지나지 않는다. 내가 지워짐으로써 생각도 지워진다. 세계와 타인이 사라진다. 자살자는 곡예사처럼 아슬아슬하게 생각의 균형을 맞추려다가 추락한 사람이다. 그러니까 그는 균형 동작을 완성하지 못했다. 자신의 행동으로 타인에게 말을 건다. 타인은 자살자와 함께 사라지면서도 계속 세상에 머물러 있으리라. 자살자는 '머릿속의 세계'가 사라짐과 동시에 계속 존재할 것이라 굳게 믿는 것처럼 호소한다. 자살자는 자신의 무덤 앞에서 사람들과 함께 눈물을 흘리면서, 그럼에도 이제 곧 더는 눈물을 흘리지 않을 것임을 아는 톰 소여, 마크 트웨인의 주인공 소년 톰 소여다. 이런 모순 때문에 죽음은 실제로 사르트르가 이야기하는 "비틀어버림"이다. 왜곡된 것이며 전도된 것이다. 그렇지만 사라짐과 동시에 계속 존재한다는 것은 그 모순에도 유일한 진리다. 마치 신앙인의 신처럼 모든 모순을 끌어안음으로써 더는 모순이 아닌 것으로 끌어올리는 진리다. 자살자는 스스로 목숨을 끊었다. 타인에게 메시지를 전하려 말을 걸면서 타인도 자신의 죽음 속으로 끌어들인다. 이렇게 해서 자신의 소유물이었던 세상을 몰락하게 만든다. 모순은 자살자의 의식 속에서 죽음을 향해 달려간다. 자살자는 자기 자신에게 속하는 것인 동시에 자기 자신에 속함으로 세계에 속한다. 즉, 세계는 그에게 속하는 것인 동시에 그는 세계에 속한다. 이 책의 맨 앞에서 인용했던 비트겐슈타인의 말보다 더 심오한 게 또 있을까. "행복한 사람의 세상은 불행한 사람의 그

것과 다르리라. 죽는다고 해도 세상이 바뀌는 것은 아니다. 그저 멈출 뿐이다." 여기서 철학자는 실증적 사고를 포기하고 실존적인 의미에서 생각하는 동시에 생각하지 않는 사람이 되어, 그의 후배들이 '무의미'하다고 표현할 말을 거침없이 하고 있다. 죽음으로 세계가 멈추게 되면 자살자가 자기 자신에게 속한다는 것이 입증되는 셈이다. 세상으로 보낸 그의 메시지는 결국 죽음의 비(非)세계, 있지 않은 세계 속으로 허망하게 사라질 따름이다. 자신이 죽으면 없어질 세상이 그래도 남아 있으리라는 일말의 희망을 저버리지 못해 보냈던 메시지는 그저 허공에 흩어지고 만다. 에르빈 슈텡겔이 말했던 것처럼 자유죽음이 "호소의 기능"을 가지고 있다면, 우리는 아직도 심리학이라는 세계의 공간에 머무르는 셈이다. 호소라는 것을 인정하면서도 자살자의 내면에 있는 모순, 그를 초월하는 모순, 아마도 안과 밖을 넘나들며 인간의 근본 조건으로서의 선험적 모순을 있는 그대로 받아들인다면, 우리는 심리학의 영역을 벗어나야 한다(심리학은 살아 있는 자의 학문이다. 실증은 아닐지라도 객관성을 요구하는 학문이다). 심리학을 버린 우리는 이제 서로 양립할 수 없는 모순이 실재한다는 존재론의 어둑한 사변을 따라갈 수밖에 없다. 함께 사라질 줄 알았으나 계속 존재하며, 존재하는 줄 알았더니 사라졌다. 이를 우리는 과연 어떻게 풀 수 있을까? 하지만, 이제 한 걸음도 더 나아가지 말자! 벌써 형이상학이라는 가건물이 무너지려고 하고 있지 않은가. 형이상학이 발산하는 차

196

가운 빛은 잘못된 것임이 틀림없다. 벌써 우리의 정신은 주관적 관념론의 개념이 가진 공허함을 밝혀내고 말았다. 내가 없으면 세상도 없으리라는 것은 고도의 기만이자 하나 마나 한 진부한 소리였다. 우리는 주관적 관념론의 공허한 개념을 거부해야만 한다. 물론 비트겐슈타인이 말한 것처럼 죽음과 함께 세계는 멈춘다. 그러나 실제로는 세계가 계속 존재하리라는 것을 의심하는 사람은 아무도 없다. 세계는 계속 존재하면서 존재하지 않기를 거듭할 뿐이다. 엔트로피가 인간 이성이 이해할 수 있는 종말을 세계에 안겨주기 전까지는. 사람들은 우리의 유해를 해부하고 화장하며 매장하리라. 전철과 비행기는 계속 그 소임을 다하리라. 인간은 계속 짝을 지으며 쾌락에 겨운 교성을 지르거나 별 재미없이 심드렁하게 부부관계를 치르면서 차마 서로에게 요구할 수 없는 일들을 끊임없이 새롭게 저지르리라. 자살자, 더 정확하게는 '자연적인 방식'으로 죽는 것처럼 꾸미고 위로와 격려를 구하며, 죽음을 자기 자신에게서 자꾸 미루는 사람은 두 가지를 정확하게 안다. 세상은 몰락해 없어지리라는 것, 그래도 세상은 계속 존재하리라는 것, 이 두 가지 사실을 말이다. 자살자는 천재를 보는 것처럼 드문 현상이다. 비록 불쌍한 개를 보듯 아무도 눈물을 흘려주지 않을 수 있다. 이런 의미에서 자살자는 수많은 사람 가운데 공허함 속으로 메시지를 보내면서 *세계를 이해하는* 유일한 사람이다. 우리가 일상생활에서든 학문에서든 현실이라고 부르는 모든 것에 단호하게 경쟁하는 적수가 자살자다. 그는 자신이 자기 자신에게 속한다는 것을 안다.

그 같은 경쟁을 감행하는 사람은 과도한 말장난과 고삐 풀린 생각 좇기에 끌려다닐 위험에 노출된다. 이에 반해 이론들은 얼마나 이성적인가. 이론들은 우리 앞에 사실 자료들을 죽 펼쳐 보이며, 자살을 감행했다가 다시 깨어난 사람들이 하는 말을 분류하고 우리에게 알려준다. 그러나 이런 학설들은 자살이 무엇인지 거의 알지 못한다. 마치 자동차 부품들은 하나하나 알고 있지만 운동이라는 물리학 법칙은 전혀 모르는 자동차 수리공 같은 게 학설이자 이론이다. 그 가운데 특히 우리에게 그런 어처구니없음을 분명하게 보여주는 이론에는 다음과 같은 게 있다. 이 이론은 자살이 무엇이냐고 묻고, '나르시시스트의 위기'라고 규정한다. 이 이론을 대변하는 어떤 사람은 다음과 같은 말을 했다.

"비판의 초점을 궁극적인 객관화라는 문제에 고착하는 데서 벗어나 학문적 인식의 다른 절차, 이를테면 가설 수립이라는 과정에 맞춘다면, 자살이라는 현상에 맞아떨어지는 접근 방법이 개발될 수 있을 것이다."

단계적으로 접근 방법을 개발하겠단다. 그래서 뭐가 생겨

났는가? 누구나 프로이트처럼 글을 쓰기를 기대하는 것은 아니지만, 저처럼 서툰 말은 도대체 무슨 생각을 하는 것인지 전혀 전달해주지 못한다. 다만, 여기서 자살이라는 놀라운 사건을 두고 이런 오해와 착각이 있을 수 있나 싶어 쓴웃음만 나올 따름이다. 외과 전문의가 절단이라는 비인간적인 사건에 직면해 냉정하게 구는 것보다 더 어이없는 작태다. 물론 절단이 불가피하다고 말할 수 있다. 또 절단을 다룬 이론적 보고서를 쓰기 위해서 냉정할 필요도 있으리라. 그러나 환자와 의사 사이에서 냉정함이라는 것은 무얼 뜻하는가? 자살도 물론 냉정하게 연구해야 할 측면은 분명 있다. 하지만 서툰 말로 아무렇게나 지껄여 스스로 가치를 떨어뜨려서야 되겠는가. 일단, 학자들이 혀를 놀리는 대로 들어주기로 하자. 그런 다음 그 연구의 성과가 무엇인지 물어보자. 결국 우리의 논의에 실질적으로 관련 있는 것이 분명히 보일 터이니. 언제나처럼 먼저 제출된 것을 읽어보고 나서 이야기를 해보자.

자유죽음이 나르시시스트의 위기라고 주장했다. 개념을 올바로 정립하는 문제는 일단 제쳐두었다고 고백까지 했다. 용어를 이런 식으로 다룬다는 것부터 마땅찮지만, 그거야 내 취향의 문제일 수 있으니까 그냥 이렇게 언급만 해두고 넘어가겠다. 무엇을 말하자는 것인지 그 생각이 불분명하다면, 또는 그 불분명함을 솔직하게 인정하지 않는다면, 자아와 그 자아가 자기 자신과 맺는 관계를 두고 나르시시즘이라고 불러서는 안 된다. 성적 쾌락 때문에 신체적인 고통을 주는 게 아닌 경우, '사디즘'이라는 표현을 쓰는 것은 잘못이며, 상대방에게 정신적·육체적 학대를 가한다는 생각만으로 절정에 오르는 경우를 노리는 게 아니라면, 마조히즘이라는 말도 써서는 안 된다. 마찬가지로 자아와 관련된 모든 문제를 나르시시즘이라고 싸잡아 부르는 것은 말도 되지 않는 이야기다. 용어 문제는 이쯤 해두고 그 말의 핵심에 집중해보자. 어떤 학설은 자살이 프로이트의 저 논란 많은 개념인 죽음본능과 전혀 관계가 없다고 주장한다. 대상을 소유하고 그 대상을 나의 내면에 끌어들여, 나라는 주관이 증오하는 나의 일부로 만들어버리는 탓에 자기 증오라는 게 생겨나고, 이게 결국 '자살'을 낳는다는 프로이트식의 죽음본능은 그다지 설득력을 갖지 못한다는 지적이다. 오히려 타인들의 태도에 실망한 나머지, 타인들이 보는 나인 거울 속의 나 자신을 더는 사랑할 수 없게 된 게 자살의 결정적인 원인일 것이라는 뜻에서 나르시시즘을 운운하고 있을 따름이다. 결국 불쌍하고 한심한 나는 '현실과 전혀 다른 나'를 빚어냈다. 현실은 나에게 그 형편없는 몰골을 거울에 비추듯 보여준다. '나르시시즘에 빠진 대상의 소유'는 '좌절'을 낳는다. 그래서 나는 스스로 목숨을 끊는다. 한심한 얼간이. 억지로 끌어다 붙인 논의이기는 하지만, 여기에는 해당 연구자들이 생각하는 것 이상의 깊은 의미가 숨겨져 있다. 우리는 단지 '나르시시즘'이랄지, '대상의 소유' 혹은 '좌절' 등과 같은 좋지 않은 표현들을 솎아내야 한다. 이렇게 하고 나면 우리는 이미 앞서 다룬 바 있는 놀라운 현상, 즉 '타인'과 맞부닥뜨리게 된다. '타인'은 곧 나의 거울이다. 아니, 물론 그 이상이다. 경쟁자이자 '지옥'으로서 타인은 나의 길을 가로막는다. 여기서 사회라는 이론은 전혀 도움이 되지 않는다. 타인은 나를, 자신이 원하는 그대로의 나를 원한다. 타인과 나는 개인 대 개인으로 만난다. 나는 결코 타인이 원하는 대로 따르지 않는다. 타인이 아무리 친절하게 굴어도, 따뜻한 마음으로 나를 살갑게 대해도, 나는 결코 그가 원하는 그대로 *따르지 않는다*. 나는 '사회적으로 고립되지 않았음'에도 홀로 있다. 고독한 것은 아니다. 어쨌거나 뿌리부터 고독한 것은 아니다. 누구나 황량하고 고독한 마당에 나의 고독이 특별한 것은 아니다. 사람은 군중의 한가운데서도 깊은 고독을 맛볼 수 있다. 드높은 명성을 뽐내며, 나를 추켜세우는 사람들에게 둘러싸여 있어도 완전히 홀로 있다는 느낌은 얼마든지 생겨난다. 그렇다고 깊은 고독을 떨치고 일어나 자유죽음을 결행하기로 결심한 사람을 두고 '나르시시스트의 위기'라는 진단을 내릴 수 있을까? 오히려 자살자는 길을 뚫으려는 오랜 개척의 노력 끝에 우리가 홀로일 수밖에 없다는 것을 깨달은 게 아닐까? 아무리 많은 길동무를 알고 있을지라도 결국은 혼자일 수밖에 없다는 깨달음에 괴로워한 게 아닐까? 그런 사람을 두고 나르시시스트라고 손가락질하는 게 온당한 일일까? 누구도 다른 누구의 영원한 길동무일 수는 없다. 끝내 풀리지 않고 남는 의문은 타인의 사랑이 나에게 무슨 도움이 될까 하는 것이다. 나는 무엇을 위해 타인의 사랑을 필요로 할까? '자살'이라는 주제를 가지고 정신분석학자들이 열었던 대규모 학술대회(1910)에서 참가자 한 명이 손을 들고 이렇게 물었다. "더는 사랑을 희망할 수 없는 사람만이 자살을 택하는 게 아닐까요?" 오로지 그런 사람만? 정말? 임상 사례나 통계 자료를 보아도 그런 주장은 공허한 것에 지나지 않는다. 인간이 오로지 타인의 사랑을 잃었다고 해서(그게 진짜 사랑이든 상상의 사랑이든) 자신을 지워버린다는 것은 우리가 잘 알지 못하는 이야기다. 마찬가지로 자신의 등에 지워진 사랑의 부담을 참을 수 없어서 스스로 목숨을 끊는 사람이 있다는 것도 우리가 정확히 알지 못하는 이야기다. 적절하지 않은 때에 별로 잘 맞지 않는 상대와 만나 나눈 불운한 사랑이 자유죽음으로 끝난 사례도 분명 있으리라. 다만, 그게 얼마나 되는지 알려진 사례가 많지 않아 무어라 말하기 어렵다. 다만, 우리가 여기서 정당한 확신을 가지고 이야기할 수 있는 것은 *개인의 실존적 고독*만큼은 분명 있다는 점이다. 이런 고독은 언제나 우리에게 직접 주어진다. 그리고 마찬가지로 나를 맡길 수 있는 타인과 내가 이끌고 싶은 타인을 원하는 욕구라는 상반된 감정 역시 우리에게 주어져 있다. 그러나 이 타인이 굳이 구체적인 개인의 형상을 가져야만 하는 것은 아니다. 이 타인을 두고 나는 '선험적 대상'이라는 표현을 쓰고 싶다. 내 존재의 기반이 되어 그로써 내 존재를 가능하게 만들어주는 그런 대상 말이다. 여기서 타인은 '세계'를 상징하는 것일 수도 있다. 물론 그렇게 한다고 해서 그 생동감이 전혀 줄어들지 않는다면. 이렇게 본다면 심리학이 이야기하는 동기 이론의 차원에서 실제로 사회적 고립을 겪는 사람들이 '사회와 잘 융합한 사람들'에 비해 훨씬 더 빈번하게 죽음을 택한다는 것은 충분히 할 수 있는 이야기다. 어쨌거나 통계 자료는 이를 사실로 입증해준다. 물론 이 통계 자료라는 것을 놓고 수많은 자살학자 역시 고개를 갸우뚱하고 있기는 하다. 실명을 거론하자면 미국의 J. D. 더글러스(Jack D. Douglas)[9]는 모든 통계학 방법, 심지어 뒤르켐의 저 기념비적인 작품까지 포함해 남김없이 쓰레기 더미 위에 던져버리겠노라고 호언장담했었다. 우리가 일반적으로 수용된 자료와 수치를 인정한다고 하더라도, 그래서 홀로 사는 사람이 사회 체계 어딘가에 끼어 있는 사람보다 죽음에 이끌리는 성향을 더 짙게 보여준다는 것을 인정하더라도, 이게 적대적인 세계로 뛰어들어 살아야만 하는 주관이 가진 고독이라는 근본 조건과 관련해 말해주는 것은 전혀 없다. 늘 타인에게 기대어 뭔가 일을 꾸며보지만, 그럴 때마다 끝없이 타인에게 파괴당하는 개인의 고독을 어찌 온전히

---

9 미국의 사회학자(1937~). 실존주의 사회학을 연구했으며, 에밀 뒤르켐의 《자살론》을 비롯해 자살에 관한 사회학적 문헌에 비평을 제시한 책 《자살의 사회적 의미(Social Meanings of Suicide)》를 1967년에 출간했다.

나타낼 수 있을까.

어떤 남자가 퇴근하고 집에 가기 위해 어스름한 골목길을 지나며 이렇게 말했다. "다 쓸데없는 일이야. 이토록 수고를 들인들 무슨 소용이 있을까. 내가 꿈꿔온 것은 모두 환상이었어. 아무리 실현하려 노력해도 초라해지기만 할 뿐이야. 이 허튼 일에 끝장을 맺고 말자." 다만, 집에서 누군가 기다리는 게 걸릴 뿐이다. 주린 배를 움켜쥐고 빵을 달라고 울먹이는 아이들의 얼굴이 밟힐 따름이다. 감기에 걸려 코를 훌쩍이며 내일 날씨를 걱정하는 식구를 생각하는 발걸음은 이내 빨라진다. 이처럼 자살을 하려고 마음먹은 사람일지라도 일상에 휩쓸리기 마련이다. 혼탁한 물속에서 빠지지 않으려 버둥거리며 헤엄을 친다. 그는 자신의 고독조차 온전히 체험하지 못한다. 그저 나날이 곤궁해지고 갈수록 처량해질 뿐이다. 같은 시간 같은 생각을 하며 발길을 재촉하고 있는 옆 사람보다 더 처참함을 느낀다. 서로 다를 게 조금도 없음에도 말이다. 그저 지치고 피곤해 모든 것을 내려놓고 싶다. 이게 다 무슨 소용이냐며 한숨을 쉰다. 내일도 모레도 언제나 달라질 것은 전혀 없다고 절망한다. 끝장을 내기로 한다. 다음 날 아침 이웃은 그의 시체를 발견한다. 그는 자기 자신에게 속한 사람이었으며, 자기 자신에게 충실했다. 명시적으로 말을 했든 아니든, 인생을 일종의 *가치*로 미리 전제하고 들어가는 심리학의 사실에 맞서 그는 오직 자신에게 알맞은 결단을 내렸다. 물론 이로써 심리학의 사실을 부정하는 것은 아니다. 다만, 이제 심리학의 사실을 새롭게 조명한 것이다. 그의 행위는 사회라는 전체, 그 일반만을 주목하는 심리학에 메시지를 보낸 것이나 다름없다. 그저 일상에 휩쓸려 사는 비(非)행위에 자신의 뜻을 분명히 전했을 따름이다. 홀로 그리고 아마도 자유롭게 사는 사람일지라도 타인 없이는 지탱할 수 없기 때문이다. 그런데 여기에 대고 그의 행위가 '나르시시스트의 위기'라고? 그게 무슨 말인가? 대체 무슨 뜻으로 그런 말을 하는가? 세상이 그에게 알랑거리며 마음에 드는 모습을 되비쳐주지 않는다는 게 그의 문제는 아니지 않은가? 오히려 거꾸로 그는 거울에 비친 자신의 모습을 보고 싶지 않은 것일 뿐이다. 친절하든 아니든 그런 것은 상관이 없다. 그는 오직 거울에 비친 자신의 일그러진 모습을 보려 하지 않는다. 내가 볼 때 이런 사정은 보편적으로 들어맞는다. 물론 이를 '증명'할 수단은 가지고 있지 않다. 인정한다(그리고 말이 나온 김에 하는 이야기지만, '인간을 다루는 학문'은 그 주장을 결코 엄밀한 의미에서 입증할 수 없다).

   이런 생각을 좀 더 끌고 나아가 보자면, 어떤 사람이 '자기 자신을 사랑한다는 것'(남을 사랑한다는 것과 똑같은 의미에서)은 자기 자신을 미워하는 것만큼이나 쉽지 않은 일이다. '나'라는 자아의 기본 구조가 이를 허락하지 않기 때문이다. 자아, 곧 우리의 나는 극히 제한된 정도로만 자기 자신으로부터 빠져나올 수 있다. 설혹 나온다고 하더라도 지극히 피상적인 정도를 벗어나지 못한다. 다시 말해서 자기 자신을 바라보고, 사랑하며, 증오한다는 것은 언제나 중간 매개, 즉 다른 사람의 눈길을 필요로 한다. 누군가 다른 사람이 "당신을 이렇게 보고 있소!" 하고 말해주거나 기호로 전달해줄 때만 우리의 자아는 자신을 사랑하거나 증오한다. 게다가 남의 눈길을 통해 생겨난 이런 감정은 늘 유동적이며, 언제든 취소의 명령만 떨어지면 속으로 들어가 꼭꼭 숨는다. 선험적 대상으로서 자기 자신을 발견하는 경우는 지극히 드물다. 가슴 깊숙한 곳을 울리는 아주 심오한 체험을 통해서만 인간은 자신의 선험적 자아를 만날 수 있을 따름이다. 또 그 순간이 지나고 나면 이내 다시 잃어버리고 만다. 앞서나는 이런 정황을 설명한 바 있다. 사람이 사랑하거나 증오하는 것은 성큼성큼 다가가 자신의 것으로 만들고 싶어 하는 세상의 일부일 따름이다. 사랑의 기쁨으로 의기양양한 순간이 있는가 하면, 굴욕에 몸을 떨어야만 하는 상황도 있다. 특히 이런 굴욕의 감정은 아주 끈질기게 달라붙어 부담을 준다. 아무리 몰아내려 하고 막아보려고 안간힘을 써도 소용이 없는 경우가 많다. 아무리 하잘것없는 존재일지라도 한껏 자랑스러운 최고의 순간은 맞이하는 법이다. 성스러운 제단 앞에서 견진성사를 받은 날, 혹은 아침에 바라보는 장밋빛 미래를 약속해주는 것만 같아 기쁨이 샘솟게 만드는 새벽녘 풍경, 또는 오랫동안 갈망해온 섹스를 하고 난 다음에 느끼는 충만감 등이 그런 순간이리라. 어떤 때는 바람을 타고 들려오는 한 줄기 음악이, 몇 줄의 시가 그런 느낌을 불러일으키기도 한다. 이런 순간들은 추억 속에 저장되어 계속 살아 있다. 앞으로 다시는 이런 순간이 없으리라. 그 누구도 이런 순간을, 자신의 세계로서의 순간을 계속 세계로 이끌고 갈 수 없기 때문이다. 참으로 죽음만큼이나 서글픈 일이 아닐 수 없다. 특히 구토가 기승을 부리고 죽음에 이끌리는 성향이 우리를 사로잡을 때, 슬픔은 더욱 커진다. 내가 3장에서 이야기했던 나의 몸, 그 몸을 다루는 상냥한 손길은 시야에 들어온 자유죽음을 넘어 고통스럽기 짝이 없는 시간(屍姦)에 이르기까지 나의 "세계 내 존재"가 가지는 몸뚱이를 마지막으로 분석한다. 오른손이 왼손을, 왼손이 오른손을 서로 사랑하는 연인처럼 어루만질 때, 세계는 그 애무 안에서 편안하다. 이게 내면의 세상일까, 바깥의 세상일까? 안과 밖의 경계가 사라지려고 하는 지금, 물음은 대상을 잃는다. *경험한* 세상이라 불러 마땅하리라. "살아온 세상, 살아온 시간, 살아온 공간(monde vécu, temps vécu, espace vécu)." 살아온 것. 겪은 것, 살아온 것에 기댄다는 것은, 우리가 분명한 개념으로 이야기하려는 한, 나르시시즘과 전혀 무관하다. 아니, 우리가 살아온 것은 나르시시즘과 '테르티움 콤파라치오니스(tertium comparationis)'[10]를 갖지 않는다. 저 심리학자에 따르면 우리는 누구나 나르시시스트다. 하지만 겪은 것, 살아온 것을 안타까운 손길로 보듬는 우리 가운데 나르시시스트는 없다. 누구도 나르시시스트가 아니다. 누구나 자신이 살아온 것이기 때문에! 아주 간단하게 말하자면, 나르시시즘을 이야기하는 것은 겉옷보다는 속옷이 우리에게 가깝다는 말과 똑같다. 이 얼마나 볼품없는 진리인가. 그렇다면 속옷보다 더 가까운 것은 피부다. 심지어 우리 속에 층층이 쌓여 있는 세계는 피부보다 훨씬 더 가깝다. 그 세계는 온전히 우리 것이다. 비참한 것이든 장엄한 것이든, 그것은 우리의 세계다. 우리는 그 세계에 속한다. 이 말은 달리 풀자면, 우리는 우리 자신에게 속한다는 뜻이다.

그러니까 불손한 요구를 우리에게 들이대는 사회는 우리의 세계가 아니라는 것, 단지 우리의 세계를 이루는 물질 가운데 하나에 지나지 않는다는 것을 분명히 할 필요가 있다. 어떤 종류의 것이든 단체는 나에게 있어 여러 사람이 수행한 일들의 집합이다. 물론 이 여러 사람에는 나도 속한다. 그러나 사회 안에서 내가 수행한 일들은 나에게서 떨어져 나가 내가 아닌 다른 것이 된다. 이는 다른 사람의 경우도 마찬가지다. 물론 나는 사회라는 물질 가운데 그 어떤 것을 받아들여 내 인격의 일부로 만들 수 있다. 다른 것은 사회가 아무리 격렬하게 나에게 강

---

10   수사학에 등장하는 라틴어 표현으로 '비교의 제3자'라는 뜻이다. 그러니까 두 개의 개념을 비교하기 위해 연결고리를 가지는 제3의 개념을 끌어들이는 것을 말한다.

제할지라도 거부할 수 있다. 오로지 내가 받아들인 것만 중요할 뿐, 나머지는 더럽기 짝이 없는 배설물이다. 나머지 다른 것을 물리침으로써 나는 현실을 포기한 것일까? 누구에게나 구속력을 갖는 현실이라는 것을 저버렸을까? 여기서 나는 오로지 절대 현실에 완전히 사로잡히지 않을 것이라고 단언할 뿐이다. 물론 어느 정도 현실에 따라야 한다는 것은 자명한 이야기다. 그렇다고 할지라도 완전히 현실에 얽매이는 일은 결코 없으리라. 나는 미치지 않은, 제정신을 가진 사람이기 때문이다. 현실을 특정 사회질서를 강제하는 도구로 보고 거부하는 반(反)정신분석 이론과 내 입장을 혼동하지 않았으면 한다. 내 주장은 그런 것과는 철저하게 다르다. '현실=자본주의의 억압'이라는 등식은 잘못된 것이다. 오히려 진실은, 사회는 사회 그 자체로서 우리에게 따라줄 것을 요구할 권리를 가지며, 우리는 개인으로서 어떤 경우에도 사회의 요구를 거부할 권리를 갖는다는 것이리라. 이런 모순을 해결할 방법은 오로지 하나다. 곧 모순은 우리의 존재를 지워버려야만 비로소 사라진다. '현실', 즉 무수히 많은 생각의 균형을 잡아 각 개인의 공감을 얻어낸 것으로 말해진 현실은 거부할 수가 없다. 테미스토클레스(Themistocles)[11]는

---

11   고대 그리스 아테네의 장군이자 정치가(B.C.524~B.C.459). 해군력을 증강하고 살라미스해전에서 페르시아 함대를 크게 무찔렀으며, 반(反)스파르타 정책을 펼쳤다.

아테네의 장군이다. 이렇게 말해졌으면, 이게 현실이다. 누군가 "테미스토클레스는 내 다리미다" 하고 주장한다면, 사람들은 그를 보고 농담하지 말라고 할 것이다. 그래도 거듭 고집을 피우면 미친 사람이라는 소리를 듣는다. 주관에게 '테미스토클레스'라는 단어가 뜻하는 것, 어떤 이에게는 별과 같은 것일 수 있고 또 어떤 이에게는 청천벽력의 굉음일 수 있으며, 실제로 뜨거운 다리미로 받아들여질 수도 있는 주관의 '테미스토클레스'는 타인과 소통할 수 없는 주관만의 고유한 것이다. 이런 주관들로 국가를 이룰 수는 없다. 아테네의 장군이라는 위로부터 주어진 일반적인 생각에 따르는 '보통' 사람들로만 사회는 이루어진다. 물론 '생각한다'는 것이 무엇을 뜻하는지는 전혀 고려하지 않고 말한다면. 다시금 '사회'라는 이름으로 꾸며진 '타인들'의 주장이 나의 의견을 묵살하고 관철된다. 테미스토클레스라는 단어와 은밀한 관계를 갖는 사람은 '정신 나간 사람' 취급을 받는다. 여기서는 아테네의 장군을 이야기하고 있다는 전제만이 효력을 갖기 때문이다. 자살자는 정신 나간 사람 취급을 받는다. 그러나 자살자는 명백히 정신 나간 사람이 아니다. 현실과의 협약을 결정적으로 폐기하지 않았기 때문이다. 그는 계약이 단지 종이 꾸러미에 지나지 않는다는 확신에 차 있으면서도, 계약을 지킨다. 그가 계약을 해지하는 방식은 행동이다. 그렇지만 의무를 의식하고 '최후의 순간(Instant Suprême)'까지 계약에 대해 충실함을 지킨다. 최후의 순간 이후에는 더 이상 책임질 필요가 없다는 것을 잘 알고 있다. 발송한 메시지, 대개는 도와 달라는 외침이지만, 때로는 그렇지 않기도 한 메시지로 자살자 는 두 가지를 알려준다. 우선, 계약을 어긴 것은 아니라고 주장 한다(타인과 협의를 통해 네트워크를 형성하지 않고서는 사회적 존재 가 있을 수 없다는 것을 익히 알고 있다는 무조건적인 선언이다). 둘째, 자기 자신에게만 속하는 자아의 승리를 알리는 외침이다. 주관 들의 공감으로 형성된 현실이 엄중하다는 것을 인정은 하지만, 그래도 사회의 질서로부터 빠져나갈 탈출구가 있다는 것을 깨 닫는 순간, 온전히 자신의 소유인 자아의 뜻에 충실하게 따르 겠노라. 자살자의 메시지를 일상 언어로 옮겨볼 시도를 해보자. 그의 행위는 이런 외침이다. 사회라는 네트워크의 한 부분인 너 타자는 나에게 무엇이든 요구할 권리를 가지고 있다. 그 점은 인정하마. 그러나 똑바로 봐두렴. 나는 너희의 권력으로부터 얼 마든지 탈출할 수 있다. 그것도 너희에게 조금도 해를 끼치지 않고서.

그는 또 이렇게도 말하리라. 잘 살아! 그래도 참 멋지고 아 름다운 게 많은 인생이었어. 아마 울먹일지도 모른다(눈물을 흘 릴 수도 안 흘릴 수도 있다. 이나저나 똑같다). 내가 가야만 한다니 이 얼마나 안타까운 일이냐. 그는 자신의 운명을, 운명이 아닌 자 신의 선택을 두고 불평한다. 그렇지만 그는 영웅은 아니다. 인 식론을 알 턱이 없다. 세상을 향해 느끼는 그의 욕지기가 얼마나 깊은 것인지, 죽음에 이끌리는 자신의 성향을 이겨내기가 얼마나 어려운 것인지, 현실에 등을 보이고 돌아서는 순간 승리의 노래를 부르는 자아의 기쁨이 얼마나 큰 것인지 그는 모른다. 다만 고독을 끌어안으면서 상대적이었던 고독을 절대적인 것으로 만들며 자신이 참으로 대단하다고 자위하리라. 결단은 오래전부터 무르익어 왔다. 끈질긴 설득력으로 몰아붙였다. 이제 얼마나 높게 상승할까? 아니, 얼마나 깊이 추락할까? 그가 아는 것은 많지 않다. 자살자는 *인간*일 뿐이다. 이제 곧 흙에 속하리라. 아니, 흙이 그에게 속하리라. 어쨌거나 흙은 아름답다. 타인, 나의 신이었던 타인은, 이제 이별하는 사람의 관점에서 보니, 뭐 그리 끔찍하지 않다. 현실에 복종하면서 자살자는 현실에서 벗어나는 데 필요한 모든 준비를 마쳤다. 전체로서의 현실은 감당하기 어려웠다. 그렇지만 현실은 그에게 높이 쌓인 '에셰크'만 가져다준 것은 아니었다. 짧기는 했지만 행복한 순간도 있었다. 전체적으로 볼 때 그렇게 나쁘지만은 않았다. 글로 쓸 수는 없다고 하더라도 한마디 해주는 것은 나쁘지 않을 것 같다. 그래도 현실에 빚진 것은 있으니 말이다. "이 열매, 잎사귀들, 꽃들, 가지들, 이 모든 것은 내 몸이었네(Voilà des fruits, des feuilles, des fleurs et des branches, et puis voici mon corps)." 현실, 나는 안다, 네가 내 몸을 어떻게 다루었는지! 모든 게 계산한 그대로였다. 그래서 마침내 결심을 내렸다. 내가 너에게 속하기로, 그래서 마침내 모든 게 나에게 속하기로! 너는 내가 되리라. 나에게 지옥이었던 타인은 또한 축복이기도 했다. 불평하지 않으리라. 오래 불평하지 않으리라. 하지만 너를 두고 불평하며, 네 안에 있는 나를 불평하리라. 이제는 말할게. 잘 자라. 나의 메시지는 고집스럽게, 이성을 배반하며, 자유죽음을 '자살'이라고 부르는 모든 이론가에게 공격이자 복수이며 죽어서 벌이는 협박이리라. 알고 있다. 나는 내 메시지가 무의미하다는 것을 안다. 그러나 메시지 없이는 내가 지금 한 것을 하지 못했으리라. 손을 뻗은 것은 화해하자는 뜻이다. 잘 살아라. 마침내 나는 나 자신에게 속한다. 내 결심의 과실을 내가 직접 누리지는 못하리라. *떨어져 나가*는 아픔 속에서도 나는 만족한다. 행복한 사람의 세상은 불행한 사람의 그것과 다르리라, 죽는다고 해도 세상이 바뀌는 것은 아니다, 그저 멈출 뿐이다 하는 생각을 할 때면, 특히 아픔은 크기만 하다. 이게 주소지에 도착하지 못한 메시지의 의미다. 왜 도착하지 못했느냐고? 그런 주소지는 없으니까. 세상은 구체적인 것만큼 추상적이다. 세상은 '세계'라는 추상적인 것으로 경험되는 게 아니다. 세상을 차지하려고 성큼성큼 걸어 나가는 가운데 그림으로, 감각적인 인상으로, 감각의 표출 등으로 구체적으로 겪는 게 세상이다. 편지의 주소지를 어디로 적을 것인가? 이미 오래전에 세상을 떠난 동창생에게? 잘츠카머구트 (Salzkammergut)에 있는 카트린산(Mount Katrin)에게? 여자친구 지나에게? 가장 불분명한 주소는 가까운 이웃에게 보내는 것이리라. 그들과는 너무 잘 알고 있기 때문이다. 슬퍼해야 하는 일은 이미 치러졌다. 얼마 되지 않는 유물은 남은 사람들에게 공식적으로 넘겨졌다. 소리를 지른다. 산에서 울리는 메아리는 누구에게도 도달하지 못한다. 신과 세 악귀의 이름으로 전문가들은 침착하게 가설을 세우기 위한 자료를 찾을 것이며, 접근 방식을 개발하리라. 익히 알고 있는 이야기다. 그런다 한들 이제 나를 더는 괴롭히지 못한다. 현실이 구체적인 전언이나 풍문으로 전해져 온다면, 나는 실제로 나르시시스트의 위기를 맞을지 모른다. 그런다 한들 어쩔 것인가.

자살자는 고집 센 토론자가 아니다. 그는 언제나 '예' 하는 말을 하며, '아멘' 할 따름이다. 자기 자신에게, 자신의 지극한 존엄함에게, 종족 보존을 위해 필요한 풍문으로 자살자를 심판하는 세상에게! 평온한 바다와도 같은 감정으로? 시시각각 좁혀져 오는 사면의 벽들에 머리를 사정없이 부딪치면서? 이럴 수도, 저럴 수도 있다. 비유라고 하는 것은 겉보기에만 서로 배척할 뿐이다. 다만, 있지도 않은 저 하늘나라에 가지는 않을 게 분명하다.

5장

자유에 이르는 길

Der Weg ins Freie

깨달음, 이것만으로는 인생에 아무 소용이 없다. 자살의 뜻을 품고 문턱을 향해 나아가는 사람은 인생의 불손한 요구에 맞설 당당함을 보여줘야만 한다. 그러지 않고서 자유에 이르는 길은 찾을 수 없다.

감방은 아마도 길이가 4미터에 폭이 2미터 정도였다. 발걸음을 떼기가 무섭게 넘어설 수 없는 경계와 부딪친다. 얼마나 오래 참아낼 수 있을까? 스무 명을 수감하는 '큰 감방'도 각 개인에게 비좁기는 마찬가지여서 팔다리를 자유롭게 놀릴 수 없을 지경이었다. 그럴수록 자유 욕구가 생겨난다. 철조망으로 둘러싸여 있는 작업장 입구를 바라본다. 어떤 목소리가 내 귀를 파고들어온다. 마치 오래전에 역사가 되어버린 시간에 들었던 목소리 같다. 나와 함께 검역소 막사에 구겨 집어넣어진 동료가 말한다. 내일이면 우리는 자유롭게 될 거라고. 사실 그의 말은 어두컴컴한 막사에서 빠져나와 수용소의 다음 날로 넘어간다는 뜻으로 한 것이다.

어떤 사람이 가슴을 짓누르는 압박감을 호소한다. 아마도 그가 앓고 있는 뇌하수체 기능부전증 탓으로 보인다. 의사에게 이렇게 말한다. 나를 해방시켜줄 무슨 방법이 없습니까, 닥터?

다시금 몇 년 전에 했던 생각이 떠오른다. 모든 자유 욕구의 근본은 몸이 원하는, 없어서는 안 될 *자유롭게 숨 쉴 희망*이라는 것을! 병자는 산에 오를 자유가 없다. 산의 정상에 서서 타인들을 굽어보며 우월감을 만끽할 수가 없다. 수감자는 가판대에서 신문을 살 자유가 없다. 가난한 사람은 로마나 샌프란시스코로 여행을 갈 자유가 없다. 자유의 요구, 아마도 실제로 몸이 산소를 요구하는 것과 같다고 할 자유의 요구는 끝없이 가지를 뻗어가며 커진다. 왜 나에게는 요트를 타고 바다를 항해할 자유가 허락되지 않을까? 이웃의 라디오 소음이 들리지 않는 널찍한 집이 왜 나에게는 없을까? 어째서 게으름을 피워도 좋을 자유는 없는가? 내가 너무나 잘 알고 있는 내 몸의 짐을 벗어던질 자유는 왜 가지고 있지 않은가? 내가 갈망하는 모든 자유는 그에 상응하는 부자유로 엄격하게 제약을 받는다. 교차로에 서서 신호등의 빨간색이 멈추어 서라고 명령할 때마다 나는 내 자유가 제약받는다고 느낀다. 그러나 내 도시의 모든 신호등을 없애버린다면, 정체된 차량의 행렬이 끝없이 이어지리라. 타인들의 자동차 행렬은 내가 자유롭게 다니는 것을 막으리라. 부자유함이 사라지고 난 뒤에 느끼는 자유는 언제나 매우 짧다. 자유를 느꼈나 싶으면 곧 우리는 다시금 빠져나와야만 하는 강제 상황에 갇히고 만다. 나의 자유가 필연적으로 제한될 수밖에 없다는 깨달음은 나에게 별 소용이 없다. 나는 나의 자유를 추구하고자 하는 노력이 절대 자유에 이르지 못하고 체념으로만 끝날 수밖에 없음을 잘 안다. 한쪽 팔로 바닥에서 70킬로그램이 나가는 물건을 들어 올리려면 나는 자유롭지 못하다. 나의 몸 상태가 그것을 허락해주지 않는다. 이게 필연성이다. 어쩔 수 없다는 필연성을 깨달아도 포기하는 것은 쉽지 않다. 자유는 실존적인 게 아니다. 어떤 구체적인 것으로 내 앞에 실재하지 않는다. 자유의 요구는 아마도 그때그때 나를 자유롭게 하려는 해방의 행동으로 나에게 강제된 것을 깨뜨릴 때 생겨나는 만족감이리라. 그리고 이런 만족감은 결코 오래 지속되지 않는다. 내가 이끌어낸 자유가 어떤 사람의 정치적 자유는 환영이나 망상에 지나지 않는다고 과감하게 단언할 정도로 오용되어서는 안 된다. 자유가 제한되는 곳에서는 어디서나 자유를 요구하는 절박한 목소리가 커지기 때문에 자유는 환영이 아니다. '헤비어스 코퍼스(Habeas corpus)'[1], 발언의 자유, 선거의 자유. 이런 자유는 내가 누리고 있을 때는 별로 중요하게 여겨지지 않는다. 이런 자유들이 보장되지 않는 곳에서는 그만큼 갈망이 커진다. 칠레의 노동자가 자유 선거권을 갖고 싶어 하는 것은 압제자를 제압하기 위해서다. 체코슬로바키아의 작가는 자신이 쓴 것을 출간할 자유를 허락받지 못해 부자유 속에서 숨이 턱턱 막힌다. 칠레

---

[1] '너는 몸이 있다'는 뜻의 라틴어. 피구속자에게 '신체의 자유'를 보장하는 영미권의 제도로 영국에서는 1679년에 '인신보호법(Habeas Corpus Act)'으로 규정되었다.

의 노동자가 선거를 하고, 체코슬로바키아의 작가가 출간을 할 수 있게 되면, 새로운 부자유가 그들의 앞길을 가로막는다. 이렇듯 자유의 쟁취는 언제나 또 다른 문제를 낳는다. 자유는 영원히 점령할 수 있는 불변의 공간 같은 게 아니다. 자유는 언제나 새롭게 시작하며, 늘 새로운 해방을 요구하는 영원한 과정이다. 존재를 위로해주는 해방은 오래가지 않는다. 하지만 해방의 운동이 일어나지 않는 곳에서 존재는 견딜 수 없는 고통을 받는다. 자유는 실존적인 게 아니라, 끊임없이 이어지는 해방 운동이리라. 해방 운동은 누구나 자신의 인생에 기본적으로 깔고 있는 프로젝트이며, 평생 수행해야 하는 것이다. 소년은 학교의 강제로부터 해방될 것을 요구한다. 청년은 성적(性的) 제재를 적어놓은 간판을 뿌리째 뽑으려 든다. 성인 남자는 자신이 고른 여인에게 갈 수 있는 자유를 요구하며 결혼법의 구속을 벗어던지려고 든다. 노인은 자신의 무기력함과 무능함에서 해방될 수 있게 해달라고 나직한 목소리로 외친다. 결국 누구나 반드시 타협을 보지 않을 수 없다. 어떤 사람이 하는 해방의 요구는 다른 사람이 수행하는 해방의 과정과 충돌할 수밖에 없기 때문이다. 타협은 언제나 빈약하거나 쉬이 썩는다. 합의는 항상 반쪽이다. 계약은 단서를 달고서만 체결된다. 깨뜨리기 일쑤다. 새로, 다시 계약서에 서명하기 위해서. 새 계약은 언제나 '레저르바티오 멘탈리스(Reservatio mentalis)'[2] 아래 이루어진다. 해방을 위한 모든 행동은 인간이 기본적으로 가진 성향의 산물이므로 과거는 물론이고 미래까지 바꾸어 놓는다. 새로운 프로젝트가 구상된다. 이 새 프로젝트는 그때까지 유효했던 프로젝트뿐 아니라, 그와 관련된 과거를 갈아엎는다. 건축가였던 어떤 남자가 인생의 특별한 순간을 맞아 작가가 되기로 결심했다. 그는 곧 건축가였던 자신의 직업으로부터 해방되어야 하며, 건축가로서 꿈꾸던 미래 계획뿐 아니라 과거 건축학을 전공했던 것마저 청산해야 한다. 자유와 해방은, 우리가 즐겨 말하는 것처럼, 특정한 삶의 형태를 '부정'할 때 이루어진다. 즉, 건설적이면서 파괴적이다. 인간의 자유와 해방은 그 어떤 조건 아래서도 긍정보다 높은 차원의 부정이다. 물론 해방은 그 실현을 목표로 하는 프로젝트를 긍정한다. 틀림없는 이야기다. 그러나 무엇보다도 해방은 우리에게 앞서 주어진 강제된 조건을 부정한다. 이렇게 해서 한 토막의 나무는 그것을 깎는 손길 아래서 더는 같은 나무가 아니다. 그저 나무로만 있던 게 부정된다. 해방은 파괴이기에 자유죽음에서 그 가장 강력한 지원을 얻는다. 틀린 말이라고? 부정으로서의 해방은 현존재의 테두리 내에서 어떤 프로젝트를 겨누고 이루어지는 부정과 해방일 뿐이며, 그래서 언제나 새로운 가능성만 추구하는 것이라고? 그리고 죽음은, 사르트르가 말했듯, 내가 가진 가능성의 일부가 아니라고? 오래전에 내

---

2   '심중유보(心中留保)'를 뜻하는 라틴어. 진술이나 선서에서 중대한 관련 사항을 숨기는 일을 말한다.

가 "자유죽음이라는 바보 같은 이야기"에서 자유죽음을 해방의 가장 강력한 사례라는 말을 삼갔던 것이 옳은 선택이었을까? 차근차근 살펴보기로 하자.

지금 우리는 아직 정신적 태도가 갈리는 갈림길에 이르지 못했다. 현재 수준에서 자유를 다룬 논의를 더 끌고 나갈 필요가 있다. 흔히 '무엇에로의 자유'와 '무엇으로부터의 자유'를 구분해야 한다고 말한다. 한쪽에서는 강제가 우리에게 금지한 어떤 것을 행하기 위한 해방이, 다른 한쪽에는 우리를 괴롭히거나 방해하는 것으로부터 벗어나는 해방이 서로 대비된다. 사실 이 두 가지는 하나다. 내가 가슴의 중압감으로부터 자유롭기 원한다고 말한다면, 이 말은 중압감이 없는 상태에서 비몽사몽간에 세월이나 허송하는 상태를 바란다는 뜻은 아니지 않은가. 나는 내 흉곽을 짓누르는 부담을 떨쳐버리고 다른 사람들과 똑같이 성큼성큼 걷고 싶을 따름이다. 중압감으로부터 벗어나 희망하는 그대로의 삶으로 나아가고자 하는 것이 자유의 열망이다. 자유로운 의사 표현을 금지하는 것으로부터 풀려나려는 해방은 자유롭게 말을 하려는 열망에서 비롯된다. 가난의 압박으로부터 벗어나 어디론가 여행을 떠나고 싶은 것 역시 자유 열망의 반영이다(아니면, 맛난 음식을 먹으러 가거나).

분명하게 의식하고 있는 것이든, 그저 막연히 꿈꾸는 것이든, 무엇보다 중요한 것은 우리가 실현하고자 하는 프로젝트다. 그러므로 '무엇으로부터의 *자유*'는 곧 '무엇에로의 *자유*'를 뜻한다. 나는 앞서 임종을 얼마 남겨놓지 않은 병든 노인 이야기를 했다. 그는 나에게 이제 마지막인 것 같다며 눈물을 보이다가 조금 병세가 나아지는 것처럼 느껴지자 평소 즐겨 먹던 양배추 요리를 해달라고 했다. 이는 곧 다음과 같은 것을 의미한다. 그는 그냥 쓰라린 복통을 달래기 위해서만 양배추 요리를 원한 게 아니다. 복통으로부터 벗어나 양배추 요리를 즐기고자 그런 요구를 한 것이다. 우리는 무언가를 하고 무엇인가가 되기 위해서 끊임없이 우리 자신을 해방시켜야만 한다. 현재 나의 모습, 내가 하는 일을 바꾸고 변화시켜야만 새로운 무엇으로 나아갈 수 있다. 이런 의미에서 해방은 부정이요, 파괴다. '실존함(ex-sistere)'은 존재의 굴레를 벗어던지는 부정이다.[3] 살아가는 한, 우리는 이 부정을 끊임없이 거듭해야만 한다. 나 좀 일어나고 싶소, 닥터! 중환자가 말한다. 오늘 좀 일찍 퇴근해도 좋을까요? 직원이 묻는다. 뭔가 새로운 것을 쓰고 싶다. 작가가 생각한다. 모두 지금까지의 상황에서 벗어나 새로운 것을 도모하는 표현들이다. 다시 말해서, 지금 내가 하는 일로부터 자유로워져서 내가 계획한 것으로 나아가고자 하는 것이다. '~으로부터'에

---

3   'ex'라는 접두사는 독일어의 'aus', 영어의 'out of'에 해당하는 뜻을 가진다. 그러니까 실존함(ex-sistere)이란 'sistere(현재의 모습)'에서 빠져나오는 것이다.

서 '~으로 나아감', 이게 자유와 해방의 근본 구조다. 그럼 무엇으로부터 벗어나 아무것도 없음, 철저한 무(無)로 나아가는 것도 자유라고 이야기할 수 있을까? 지금까지 우리가 보아온 대로라면 '아니'라고 말해야 한다. 그러나 분명 '맞다'라고 말할 수 있다. 자살이 아니라, *자유죽음이 있기 때문이다.* 드물기는 하지만, 자유죽음은 언제나 실존적 사고의 한계를 설정한다. 내가 언제까지 존재해야 하는지 경계선을 긋는다. 그리고 '에셰크'라는 격랑을 헤치고 새롭게 도달할 다음 항구가 어디인지 고민을 계속한다. 아니, 지금은 비유를 철회하자. 항구란 없다. 있는 것은 자유죽음이다. 나 자신을 거두어들인다. 등을 짓누르는 짐인 존재로부터 빠져나와 나 자신을 구원한다. 그저 두려움일 뿐인 '실존함(ex-sistere)'으로부터 해방된다. 이로써 자유죽음의 의미와 무의미를 따지는 물음은 새롭게 던져져야 한다는 것이 분명해졌다. 대답을 줄 수 없는 물음이 될 위험을 감수하고라도 우리는 정확한 물음을 던져야만 한다. 대답을 얻어낼 희망이 없어도 좋다. 이런 관점은 물론 비트겐슈타인의 주장과 정면으로 충돌한다. "대답이 있을 수 없는 질문은 던지지도 말라." 비트겐슈타인은 이렇게 말하지 않았던가. 오, 이런 치밀한 논리를 갖는 말도 있구나! 그러나 이 말은 이치를 따져 얻어낸 확인이 아니다. 이는 일종의 명령이다. 전혀 따를 필요가 없는 명령이다. "질문을 던진다는 일의 경이로움이여!" 에른스트 블로흐가 한 이 말은 전혀 만족을 찾을 수 없는, 흡족한 답을 구할 수 없는 곳에서조차 우리를 강력히 사로잡는다.

　그렇다. 무엇으로부터 벗어날 자유를 약속해주는 자유죽음은, 논리학이 요구하는 대로 무엇으로 나아갈 자유는 주지 못할지라도, 인간성과 존엄성의 단순한 긍정 그 이상의 것으로 자연의 맹목적인 지배에 맞선다. 이것이 우리가 보는 자유죽음이다. '확실히' 하는 말은 쓰지 않겠다. 될 수 있는 한 흐릿하게 이야기함으로써 장차 그 긴 여운을 맛보며 늘 생각하는 쪽이 더 나으니까. 자유죽음은 우리가 도달할 수 있는 가장 극단적이며 최후에 누릴 *특권으로서의 자유(Libertät)*다. "삶의 이야기는, 그 삶이 어떤 것이든 간에, 실패의 이야기다(L'histoire d'une vie, quelle qu'elle soit, est l'histoire d'un échec)." 사르트르가 한 말이다. 이 '에셰크', 이 치욕스러운 좌절과 실패는 사르트르에게 있어서 모든 실존이 맞이할 수밖에 없는 냉혹한 존재다. '실존함(ex-sistere)'의 자유를 좇는 사냥, 냉혹한 존재로부터 벗어나려고 안간힘을 쓰지만 언제나 다시금 존재에게 뒷덜미를 사로잡히고 마는 이 자유 사냥은 그 끝장을 죽음에서 발견한다. "죽음은 삶을 뒤바꾸는 운명이다(C'est la mort qui change une vie en destin)." 앙드레 말로(André Malraux)[4]가 한 말이다. 운명은 죽음으로, 우리의 부정으로 끝나기에 불행하다. 사냥을 포기한다. 아무런 포획물 없이 빈손으로 사냥꾼은 말해질 수 없는 것을 향해 나아간다. 정신없이 뛰어다니는 몰이사냥을 자신의 결단으로 끝내버리는 선택이 자유가 아닐 수 있을까? 존재 앞에서 터져 나오는 욕지기가 '실존함(ex-sistere)' 앞에서 느끼는 그것과 똑같은 것이라는 사실을 깨닫는다면 자유죽음은 이중의 의미에서 나의 *궁극적인 자유*여야 하지 않을까? 논리라는 게 언제나 삶의 논리에 굴복해야만 한다면, 저 실증주의 철학이 거짓 문장으로 싸잡아 없애려 한 문장은 보존되어야 마땅하다. 위안을 줄 수 없는 것에 위로를 베풀자. 하이네(Heinrich Heine)[5]는 이런 말을 했다. "잠이 좋다. 더 나은 것은 죽음이다. 절대 태어나지 않았더라면 가장 좋았으리라." 실증주의 논리는 이런 말을 두고 "공허한 문장"이라며 손사래를 치면서 내쫓으려고만 했다. 그러나 오늘날까지도 버젓이 살아 묵직한 울림을 주는 말이 아닌가. 심지어 이런 말들은 실증주의의 수명을 넘어서까지 살아남으리라. 가장 좋은 것은 체험될 때만 가장 좋은 것일 수 있다. 분명한 이야기다. '태어나지 않은 자', 논리적으로는 말조차 되지 않는 '태어나지 않은 자'는 나쁜 것도, 좋은 것도, 최고의 것도 겪을 수 없다. 그렇지만 많은 사람이 하이네와 같은 생각을 품고 있다는 것, 가슴 깊숙이 그런 내밀한 소망을 품는다는 것이 훨씬 더 중요하

4　프랑스의 소설가이자 정치가(1901~1976). 대표작으로는 《정복자들》《왕도로 가는 길》《인간의 조건》이 있으며, 아메리가 인용한 문장은 1937년에 발표한 《희망》에 등장한다.

5　독일의 시인(1797~1856). 낭만주의와 고전주의 전통을 잇는 서정 시인이면서 동시에 반(反)전통적인 혁명 저널리스트였다.

지 않을까. 무슨 종교적인 망상의 형태든 형이상학이 지어낸 개념으로든, 사람들은 나면서부터 그런 생각을 품고 있기 마련이다. 그리고 이 생각은 잊어버릴 수 없는 것이다. 그래서 도움이니 호소니 하는 가설들을 세워가며 이 근본적인 모순을 풀기 위해 안간힘을 쓰는 게 아닐까. 인간이라는 집에는 여러 가지 생각이 쉽게 어울려 산다. 다만, 더는 존재하고 싶지 않다는 욕구, 스스로 죽음을 택하겠다는 결심은 일반적으로 말하는 뜻의 생각은 아니다. 그래서 어렵다. 자유죽음을 염두에 두고 있는 사람은 그가 모순을 해결할 수 없다는 것을 아주 정확히 안다. 오히려 모순은 끝까지 살아 파열을 일으킨다. 툭 끊어지는 단절, 모든 연속의 끝인 단절. 현상으로 확인하는 사실들은 논리 따위에 조금도 개의치 않는다. 인생, 여기서 '존재'로도 '실존함(ex-sistere)'으로도 이해된 인생은 무거운 짐이다. 인생에 들어서는 그날부터 묵직하게 찍어 누르는 압력이다. 우리를 떠받들어주고 있는 몸은 무겁다. 우리도 몸을 지탱해줘야 하니까. 나는 뚱뚱한 사람이 어떻게 자신을 감당하는지 전혀 알 수가 없다. 노동은 짐이다. 태평하게 빈둥거리는 것은 더욱 짐이다. 가구들을 갖춘 집은 무겁다. 거리의 소음, 사람들이 떠드는 소리는 견뎌내고 참아내야만 할 부담이다. 일상의 언어는 얼마나 영리한가. 발기한 페니스는 묵직하지만, 축 처져 있는 것은 더 무겁다. 아주 부드러운 젖가슴조차 무겁게 달고 다녀야만 한다. 사면의 벽은 언제나 우리를 향해 좁혀져 온다. 우리를 으깰 것처럼 압착하면서 묵직한 고통을 안기리라. 이런 것을 두고 뭐라고 하더라? 가슴이 무겁다. "내 마음이 무겁다(j'ai le cœur lourd)." 아직도 심리학의 동기가 필요한가? 물론이다. 하지만 심리학이 말하는 동기란 언제나 마스크일 따름이다. 그 뒤를 들여다봐야 존재가 가진 근본 사실들이 드러난다. 오토 바이닝거는 욕지기나는 여인들과 더욱 형편없는 유대인들로 둘러싸인 돌아버릴 것만 같은 세상에서 살 수가 없다는 중압감을, 감당할 수 없는 압력을 느꼈다. 구스틀 소위는 황제의 제복을 벗어 던지고 보잘것없는 사복을 입어야 한다는 생각을 견딜 수 없었다. 대중가수의 사랑을 얻어내는 게 원천 봉쇄된 하녀에게 삶은 너무나 버거운 짐이었다.

내가 지금 펼쳐 보이는 것이 오로지 이미 자신을 자살자로 꾸민 사람에게만 들어맞는 이야기일까? 정말 그런지 철저하게 파헤쳐볼 일이다. 나는 내 입으로 직접 살아 있는 인생 자체가 짐이라고 말하지 않았던가? 스키를 타며 맞는 바람은 뼛속을 파고들 정도로 차다. 그래도 성공적으로 겨울바람을 제압한다. 허공으로 박차서 뛰어오른다. 마치 날개라도 단 것처럼. 사물을, 애인의 몸을, 집어삼킬 고깃덩어리를, 죽여버릴 적을 잡으려 손을 뻗어본다. 애인, 고깃덩어리, 적수. 대답이 없는 질문을 거의 무서울 정도로 던져댄다. 자살자가 더 잘 알지 않을까? 그의 앎은 모든 사람에게 들어맞는 게 아닐까? 바람과 애인의 몸과 고깃덩어리와 적은 움켜쥐려는 행위를 하는 순간, 물건이 된다. 나도 그들과 마찬가지로 물건이 된다. 이렇게 해서 남은 것은 짐이다. 송장이다. 달콤한 추억이 있는 곳에서조차 삶을 향한 구토가 터져 나온다. 짐을 벗어던진다. 자유롭게. 해방되기 위하여. 그러나 우리가 보듯, 존재와 실존함(ex-sistere)의 무게로부터 해방된 다음에 뒤따르는 자유는 체험될 수 없다. 결국 자유죽음이라는 행위는 무의미하다. 자살이라는 행위 자체가 문제인 것은 아니다. 하지만 그가 추구한 목표를 볼 때, 자살은 무의미하다. 스스로 선택한 죽음 이후 나는 자유로워진 것도, 그렇다고 부자유한 것도 아니다. 내가 있지 않은 마당에 자유와 부자유가 다 무엇인가?('있다'는 말은 너무 많은 것을 의미한다) 이루 말할 수 없이 어려운 장애물을 넘었다고 해봤자, 살아남으려는 저 엄청난 본능의 요구를 짓눌렀다고 해봤자, 그게 다 무슨 소용이란 말인가? 그래, 대체 무엇을 위한 선택인가? 아무것도 아니다. 그저 없다. 완벽하게 없다. 내가 죽음에 이끌리는 성향이라고 부르는 것에 충실한 것밖에는. 그렇지만 자신을 버린다는 것도 내가 살아 있는 동안에만 구원의 의미를 가질 뿐이다. 마침내 우리는 여기서 우리 논의의 갈림길에 다다랐다. 자유죽음은 순전하고 지극한 부정이다. 여기에 어떤 긍정적인 것이라고는 전혀 없다. 그래서 이 부정 앞에서는 변증법도 아무 소용이 없다. 아무리 발달한 논리도 이 부정 앞에서는 할 말을 잃는다. 자유죽음은 실제로 '무의미'하다.

한 호흡 쉬기 위해 인생의 논리를 움켜쥔다. 그 모순을 피하려 시도한다. 그렇다고 해서 인생의 논리에 완전히 복종하겠다는 말은 아니다. 여기서, 스스로 논리라 칭하며 비유로 회피하는 일이 없는 곳에서, 나는 다음과 같이 사색의 실마리를 이어보려고 시도하겠다. 지성의 논리로 볼 때 자유죽음이 무의미하다고 할지라도, 자유죽음을 택한 *결단*마저 무의미한 것은 아니다. 다시 말해서 죽음을 겨누기는 하지만, 아직 죽음이라는 반(反)논리에 굴복하지는 않은 결단은 자유롭게 내려진 것일 뿐 아니라, 실제 자유를 가져다준다. 내가 '수험생 상황'이라고 불렀던 것으로 되돌아 가보자. 산더미처럼 쌓인 교재들 앞에서 도저히 넘을 수 없을 것 같아 지레 포기한 학생은 시험을 생각하는 참을 수 없는 압박감으로부터 자유롭다. 호라티우스(Quintus Horatius Flaccus)[6]의 이 구절을 번역해보시오. 이 공식을 풀어보시오. 지문으로 주어진 횔덜린의 시를 해석해보시오. 저, 죄송하지만 제가 존경해마지 않는 시험관님, 저는 문제를 풀 생각이 전혀 없습니다! 호라티우스와 횔덜린과 모든 공식을 깨끗이 무시하고 휘파람이나 불렵니다. 저한테 원하시는 게 뭔가요? 시험에 떨어진다고요? 그래서요? 아마도 나는 하인리히 린트너처럼 새벽의 숲속에서 내 머리를 총으로 쏘리라. 혹시 포

---

6   고대 로마 공화정 말기의 뛰어난 시인(B.C.65~B.C.8). 카르페 디엠(Carpe diem)이 바로 이 호라티우스의 라틴어 시에서 유래했다.

주로서 화려한 경력을 쌓을지도 모른다. 몇 년이 지나면 아마도 시험관 당신은 후줄근한 양복을 입은 처량한 몰골로 내 앞에 서 있을 거요. 늙은 배우가 새로운 연출로 무대에 올려지는 〈맥베스〉에서 컴백을 제안받았으나 현대 연극 코드를 따라갈 수가 없다고 느낀 나머지 이렇게 말한다. "고맙네. 컴백하지 않겠네. 차라리 지금 내가 있는 곳에 머무르겠네. 자네가 제작하는 연극은 엿이나 먹게(Danke. I won't come back. I rather stay where I am. And shit on your production)." 근무처의 수장이 될 마지막 기회가 물거품이 된 것을 본 관리는 이렇게 생각하리라. '좋아. 까짓 이제 그만두지 뭐. 그래도 어디엔가 나를 필요로 하는 데가 있겠지. 이놈의 위계질서라는 거 웃기는 거야. 내일이면 저들은 나를 쳐다보지도 않겠지.' 자유죽음을 택한 결단도 크게 다르지 않다. 물론 이런 결단이 먹고살 방도를 약속해주지는 않을 것이 분명하다. 인간이 자신에게 목숨을 던져버리겠어 하고 말하는 순간, 그는 자유로워진다. 비록 기괴한 방식이기는 하지만. 자유의 체험은 이루 말할 수 없이 강렬하다. 이제 거치적거릴 게 없다. 짐? 불과 몇 미터만 더 지고 가면 된다. 던져버리는 순간, 기분 좋게 취한 황홀함을 느낀다. 물론 술을 마신 것 따위와는 비교도 할 수 없이 높은 만족감이다. 이게 도피일까? 이게 도피이자 회피가 아닐까 하는 물음은 여전히 남는다. 도피라고 하는 동작은 무엇에서 벗어나 다른 무엇으로 달려가는 것이다. 저기, 내 뒤에는 갇혔던 감방이 있고, 내 앞에는 한밤중의 숲이라는 자유 공간이 열려 있다. 다리 밑이면 어떤가. 그러나 자살자는 그 어디엔가 잠자리를 마련할 생각은 하지 않는다. 언어 습관대로 백 번도 넘게 이렇게 말하리라. 답답한 곳을 뛰쳐나와 탁 트인 곳으로 나왔다. 지겨운 싸움을 피해 평화를 찾았다. 그는 안다, 아무것도 변하지 않으리라는 것을! 다만, 모든 게 멈출 뿐이다. 해방 행위로서 결단의 전제 조건은 어디까지나 *진지한* 결단이어야 한다는 것이다. 모든 게 틀어진다면, 언제라도 스스로 목숨을 끊겠어. 많은 사람이 이렇게 이야기하는 데는 진지함이 부족하기 때문이다. 모든 게 틀어지더라도, 그들은 틀어진 채 그대로 살아간다. 조금 더 가난해졌고, 더욱 우울해졌으며, 많이 늙었고, 병들었다. 고독하다. 자부심 넘치던 결단의 순간은 이제 먼 추억으로만 남았을 뿐이다. 한때 드높은 꿈을 가지고 바라보던 풍경, 그 산뜻한 평원에는 발도 들여놓지 못했다. 진정성을 가진 자살자는 그렇게 경박하게 굴지 않는다. 죽음은, 아마도 고통스럽기 짝이 없을 죽음은, 자유롭게 그 앞에 다가갈 기회를 보장해주지 않고 질질 끌 수 있다. 그럼 자살자는 생각한다. 왜 아직 죽지 못한 거지? 아마도 비틀거리며 계속 걷느라 적당한 순간을 놓쳤을 수 있다. 이제 자살자에게 남은 일은 자신의 실패를 두고 부끄러워하는 것뿐이다. 화끈거리는 부끄러움. 그가 내렸던 결단의 순간은 취소할 수 없이 남아 있다. 한때 신처럼 살았지. 부족할 게 없었어. 저기 밖에 있는 사람들은 그들이 원하는 대로 생각할 자유를 가지고 있다. 그래도 그는 사람들로 하여금 듣게 한다. 노예로 사느니 죽음을 택하겠다. 차라리 이 세상에서 사라지리라. 굴욕의 모멸감을 맛보느니 인간다운 존엄과 자유의 특권을 누리며 죽겠노라. 그런데 그는 아직 살아 있다. 허풍선이. 죽음을 얻지 못하고 생명을 잃어버린 자. 그래도 우리 가운데 어떤 사람은 흠씬 두들겨 맞으면서도 자신을 끝까지 밀어붙였다. 이제 그렇게 위험하지 않은 곳으로 갔을 거다. 우리 가운데 어떤 사람은 그래도 불우한 성장 과정을 거쳐서 왜곡된 성격을 가진 게 아니며, 마냥 한심한 바보도 아니었다.

모든 것을 인정한다. 무엇보다도 존재 앞에서 느끼는 구토와 죽음에 이끌리는 성향은 참으로 비참하고 *우울한* 모습으로 나타나기는 하지만, 아주 적은 수의 사람만 그런 것을 느낀다는 사실을 받아들이겠다. 다른 사람들은 아무리 쓴소리를 해도 존재와 실존함(ex-sistere)에 끈덕지게 달라붙어 *끄떡도* 하지 않는다. 이런 집착이 생물적인 본능 탓인지, 아니면 무슨 환상이나 몽상에서 비롯된 것인지는 분명하지 않다. 이들은 결코 신처럼 사는 일이 없으리라. 그저 주어진 그대로에 만족할 뿐, 뭘 더 바라는 것도 아니다. 이들은 긍정과 부정의 균형을 맞추었다. 그저 주어진 삶을 긍정했으며, 터져 나오는 구토를 애써 부정했다. 이들의 균형은 사실 평형을 이룬 게 아니다. 생물로서의 본능과 사회의 요구에 따르며 자신에게 지워진 무게를 별거 아니라고 한사코 우기는 셈이다. 이들은 굴욕과 '에셰크'를 손바닥 뒤집듯 이겨낸다. 많은 경우 그것은 그저 시간이 흘러가는 대로 따라가는 것에 지나지 않는다. 불쌍한 녀석. 그는 혼잣말처럼 이렇게 중얼거린다. 이제 다 지나간 일이야. 그저 꾹 참고 흘려 보낸 것만으로도 나는 용감하다는 칭찬을 들어야 하는 게 아닐까? 결국 이 불쌍한 녀석은 비참하고 굴욕적인 존재를 그저 받아들인 것이다. 시간이 흘러가는 대로, 그 흐름에 모든 것을 맡기는 게 그에게는 도움이 된다. 그리고 끝장을 맞는다. 끝장, 해머가 내려치는 충격과 함께 머리는 마비된다. 그래도 아직 생각을 할 수 있는 한, 불쌍한 녀석은 자신에게 주어진 의무를 다했노라고 투덜대리라. 여기서 그를 두고 시시비비를 따질 수는 없다. 또 어찌 그럴 수 있는가? 그저 삶의 의무에 충실한 그는, 이런 성격 탓에 생물의 본능과 사회의 의무에 충실한 인간일 따름이기 때문이다. 엄청난 다수가 따르기에 지극히 평범한 그의 일, 즉 의무를 다하는 일을 죽음이 그에게서 앗아가 버린다. 죽음을 마주하고서야 비로소 의무의 허망함을 깨달은 그는 공포에 떨며 이를 간다. 그러나 이런 태도를 두고 짐짓 용감함이라 포장한다. 자살자는 죽음 앞에서 만용을 부리지 않는다. 한껏 작아진다. 마치 강력한 적군의 손에 사로잡힌 낙오병처럼. 사르트르의 《영혼 속의 죽음(La mort dans l'âme)》이라는 소설에 등장하는 오래전에 퇴로가 끊긴 프랑스 병사들을 떠올려보라. 불과 몇 명밖에 되지 않는 병사들, 그 가운데 특히 마티외 들라뤼

(Mathieu Delarue)는 교회 탑에 올라가 진격해오는 적군을 향해서 가진 탄약이 한 알도 남지 않을 때까지 총을 쏘아댔다. 영웅? 웃기는 소리! 그저 길을 잃고 막바지에 몰린 패잔병일 뿐이다. 그래도 이들에게는 인간다운 존엄과 자유가 포로수용소나 그 뒤에 올 갖은 굴욕에 비해 훨씬 소중했다. 무기를 버리고 투항한 병사들이 더 현명했을까? 그들 가운데에는 오늘날까지도 살아 있는 사람이 많으니까. 그렇다고 교회 탑에 올라가 총을 쏜 병사들이 틀렸다고 말할 수는 없지 않을까? 투항한 쪽이나 총을 쏜 쪽이나, 각자 자신의 선택을 했을 뿐이다. 여기서는 누구도 다른 누구를 심판할 수 없다. 사회가 이미 교회 탑 저격수들에게 불리한 심판을 내렸다는 것은 익히 알려진 사실이다. 처절하게 목숨을 잃은 저격수들을 기리는 말을 함으로써 그 사실의 엄중함을 훼손하지는 않겠다. 이들도 자살자로 분류한다면, 우리는 스스로 죽음을 선택하는 게 정말 *자유로운 것*이냐 하는 물음을 한 번 더 그리고 다른 시각에서 다뤄야만 하리라.

이제 어떤 것(이를테면 존재라는 짐)으로부터 벗어나는 자유가 동시에 다른 어떤 것으로 나아가게 만들지 않는다면, 그래도 자유라고 불러야 하는가 하는 논리적인 문제는 더는 우리의 주제가 아니다. 아주 간단명료하게 말하자면, 우리는 지금 *자유의지*라는 개념 뒤에 찍히는 물음표 앞에 서 있다. 사실 이 물음표와 관련해 우리는 이미 거의 모든 것을 이야기했다. 그래서

나 같은 사람이 감히 저 번뜩이는 두뇌들이 철학 함이라는 안개 속에서 돌부리에 걸려 넘어지며 된통 다친 그런 영역에 나선다는 게 겁 모르는 아이들의 무모한 모험처럼 보일 뿐이다. 이야기를 잘 매듭짓기 위해 강조해두고 싶은 것은 지금 여기서 내가 말하고자 하는 것이 전혀 새롭지도, 그다지 과감하지도 않은 것이기는 하지만, 그래도 조금 더 앞으로 나아가는 데는 틀림없이 도움을 줄 거라는 점이다. 내가 올바르게 보았다면, 우리는 지금 결정론이냐 비결정론이냐 하는 것과는 전혀 다른 차원의 영역에 들어와 있다. 그래서 말이지만 현대 물리학의 도움을 받아 자유의지를 설명하는 것은 그 시작부터 잘못된 오해다. 물론 현대 물리학은 기계적 결정론이라는 것을 이미 폐기 처분한 지 오래지만, 그래도 현대 물리학은 지금 우리의 문제를 다루는 데 전혀 보탬이 되지 않는다. 지금 우리의 문제는 소립자가 어떤 '행태'를 보이느냐 하는 게 아니라, 인간이 내리는 결단이 정말 자유의지에 따른 것이냐 하는 물음이기 때문이다(말이 나온 김에 지적하자면, 소립자는 무슨 행태라는 것을 전혀 모른다. '행태'라는 말을 이런 식으로 응용하는 것은 터무니없을 정도로 무의미한 짓이다!). 인간의 결단은, 인간이 결단을 내리는 과정은, 자유라는 말을 '원인을 가지지 않음'이라고 번역하는 한, 전혀 자유롭지 않다. 자살자가 자신의 실존을 지워버리기로 결정을 내렸다면, 똑같은 상황에서 계속 살아가기로 결심한 대다수의 사람과 마찬가지로 거의 무한한 것처럼 보이는 무수한 원인을 가지고 있다. 유전적 요인, 환경의 영향, 일일이 헤아리기 어려운 특수 상황들, 정신이 성장해온 정황 등 온갖 '우연'과 '필연'이 서로 맞물리며 당사자를 결단할 수밖에 없는 꼭짓점으로 몰아붙인다. 우연과 필연은 인과적으로든, 통계적으로든 아니면 역학을 통해서도 얼마든지 접근이 가능하다. 이처럼 끝없이 이어질 것처럼 보이는 무한한 원인의 연쇄 고리는 서로 엇갈리며 족쇄를 이뤄 마침내 당사자에게 치명적인 상처를 입힌다. 이렇게 해서 원인의 연쇄 고리가 자아를 형성하며, 나로 하여금 이게 나의 자아로구나 하고 느끼게 하는 것이다. 마약 중독자는 스스로 유감이지만 중독에 걸려 나는 자유롭지 못하다 하고 실토할 수 있다. 그래도 마약을 손에 넣으려는 결심은 의지에 따른 행위로 보아야 한다. 그는 처음부터 마약 중독자로 타고난 게 아니다. 얼마든지 마약에 손대지 않을 수 있다. 그러나 이런 반결정론적인 요소를 인정하면, 마약을 즐기는 데 방해가 될 따름이다. 그래서 아쉽게도 중독에 걸렸다는 사실을 자신이 인정하면서도, 또 마약에 손이 가는 것이다. *때문에* 그의 행위는 의지적이다. 자유의지에 따른 것이다. 아무도 마약을 하라고 강요하지 않았다. 삶이라는 공간에서 인간은 자신의 자아와 더불어 그리고 자신의 자아로서 자유롭다. 이 말을 풀어보면 다음과 같은 뜻이다. 인간은 자신이 자유롭다고 느끼며, 마치 자신이 자유로운 것처럼 행동한다. 아니, 자유로운 것처럼 행동해야만 한다. 살아가는 매 순간 결심을 해야 하는 우리의 실존이 그렇게 가르친다. 마치 우리가 자유로운 것만 같은 착각을 불러일으킨다. 그러나 모든 가르침은 공허하게 끝난다. 가르침 자체가 아무 내용을 갖지 않는 공허한 것이기 때문이다. 인과의 연쇄 고리가 어디론가 우리를 끌고 가기를 기다리기만 한다면, 우리는 한순간도 실존할 수 없다. 그만큼 우리는 구속을 받는다. 연쇄 고리에 꽁꽁 묶여 있다. 그런데도 우리는 자기 자신이 자유롭다고 생각한다. 우리가 살아가는 실존을 자연과학이 말하는 엄밀한 의미에서 '인과적으로 결정된 것'이라고 본다는 건 아무 의미가 없는 말이다. 아니, 저 실체를 알 수 없으며, 경험 가능한 것의 영역 밖에 있는 선험적 자유의지라는 것보다 훨씬 더 무의미하며 파괴적이다. 자연과학이 말하는 인과율은 인생의 숨통을 조인다. 따라서 이런 문제를 다룰 때는 서로 그 영역이 겹치지 않도록 경계를 분명히 하면서 '이성의 합의'를 도출하는 게 중요하다. 선험적 자유의지는 우리가 볼 때, 말뿐인 것, 태생부터 말로만 이루어진 것에 지나지 않는다. 눈으로 볼 수도, 만질 수도, 냄새를 맡을 수도 없는 선험적 자유의지라는 게 무엇인가? 마찬가지로 인과의 연쇄 고리 그 마디마디를 총체적으로 볼 때 우리의 자아, 즉 코기토(Cogito)[7]를 형성한다는 것도 맞는 이야기

---

7 '생각하는 나', 즉 자아를 일컫는 말이다. 데카르트의 명제 '코기토 에르고 숨 (Cogito ergo sum)' 즉 '나는 생각한다. 고로 나는 존재한다'는 말에서 비롯된 개념이다.

다. 이 코기토는 생각만 하는 게 아니라, 행동하며, 생각하고 행동하는 가운데 자신이 자유롭다고 체험한다. 살아서 경험할 수 있는 자유의지가 매 순간 확장되거나 제한되는 등급을 갖는다는 점은 인정해야만 한다(10분 뒤에 다시 전화할게. 내일 난 보르도로 갈 거야. 다음 달에는 내 새 책을 끝내야만 해). 사르트르는 포로를 예로 든다. 포로는 자유롭지 않다. 그러나 그는 탈옥을 할 것인지 말 것인지 선택할 자유는 가진다. "인간을 가지고 무엇을 만들든 그것은 중요한 문제가 아니다. 정작 중요한 것은 인간이 자신을 가지고 무엇을 만드느냐 하는 것이다. 무엇을 위해 살 것인가? 이 물음에 맞게 인간은 자신을 만들어 나가야 한다." 벗어날 수 없으며 지울 수 없는 진리와 원리를 중시하는 생각에서 보면 지나치게 치고 나간 것이 우리의 논의에 뒤섞여 있다. 뒤섞여 있는 것을 가지런히 풀어내기란 간단한 일이 아니다. 다리를 다쳐 절뚝이는 포로는 건강한 사람에 비해 탈옥을 감행하겠다는 결정을 내리기 어려우리라. 아니, 아예 불가능할 수도 있다. 10분 뒤에 전화할게. 사장이 전화통을 붙들고 있지 않다면. 내가 그의 통화를 중간에 끊을 수야 없으니까. 내일 나는 보르도로 간다. '마지막 순간에 무슨 일이 벌어지지 않는다면.' 신중한 성격의 사람은 이렇게 말하리라. 다음 달에는 책을 끝낼 수 있을 거야. 또 그래야만 하고! 늙은 작가는 이렇게 말하며 생각하리라. '그 전에 내가 죽지 않는다면……. 원고가 내 책상 위에 그대로 놓여 있다면.' 술에 취한 사람은 평소처럼 자유롭게 운전할 수 없다. 반응속도가 너무 느리기 때문이다. 벌써 길을 헷갈린 탓에, 내 무능함 때문에 금지된 영역으로 들어오고 말았다. 심리학이라는 광활한 땅에. 그래서 멈추어 선다. 나는 자유롭다는 말만 되풀이한다. 그러나 나의 자아는 이미 자기 자신이기를 훼손당했다. 나는 자유롭지만 실상은 자유롭지 않다. 사장에게, 돌발 상황에, 술 탓에 내 자유는 잠식당했다. 자유에는 등급이 있다고 하지 않았던가. 내가 내일도 오늘과 똑같이 자유로울까? 그저께보다 어제는 덜 자유로웠다. 그래도 지금 우리가 몰두하고 있는 문제는 풀어야 한다. 자유죽음은 정말로 자유에 따른 선택일까? 자유로운 선택이라면 자유죽음은 어느 정도 등급을 가질까? 좁은 의미, 곧 전문 과학으로서의 심리학은 여기서 건드리지 말자. 심리학으로는 우리의 문제를 풀 수 없다. 사회학도 마찬가지다.

그저 수박 겉핥듯 자살학 문헌들을 죽 훑어보더라도, 아주 당연한 것처럼 우리를 설득하는 주장이 있다. 말인즉, 압도적인 다수가 극복하지 못한 '자살 이전의 상황'은 아주 극소수에 지나지 않는다는 것이다. 그래? 그렇다면 더욱 정확하게 말해볼 필요가 있다. 그러니까 그 극소수의 상황을 맞닥뜨린 사람들 다수는 삶으로 빠져나올 출구를 찾지 못했다는 말이 아닌가! 벌써 심리학자와 정신과 전문의들이 벌떼처럼 달려든다. 그것 보라고, 어쩔 수 없이 죽고 말았으니 자유죽음에서 자유는 말도 안 되는 이야기라는 결정적 증거라고 거품을 문다. 자유죽음이라는 말 자체를 불편해하는 그들의 입장을 고스란히 드러낸다. 극한 상황에 처한 나머지 어쩔 수 없이 죽음을 택했다는 것에서 자살자와 자살을 염두에 두고 있는 사람들의 의지가 자유롭지 못하다는 것이 여실히 확인된다고 그들은 주장한다. 당사자에게만 강제 상황인 극한 상황에서 '정신이 혼미한' 나머지 자살을 범한 것이라면, 자살자가 온전한 자아를 가졌다고 보기는 어렵다고 강변한다. 다시 말해 자살자는 자유의지로 죽음을 택한 게 아니라, 어쩔 수 없이 굴복한 것일 뿐이라는 결론이다. 우선, 이런 반론이 논리적인 오류로 도출된 것은 아닌지 물어야만 한다. 내가 보기에는 여기서 어떤 상황에서든 계속 사는 것만이 옳은 것이라는 전제가 곧바로 결론으로 둔갑하고 있다. 다음으로 나는 다수의 행동이 그 어떤 고민도 필요 없을 정도로 절대적인 가치를 갖는다고 인정하지 않는다. 따라서 전제 자체가 성립하지 않는다. 이내 결론도 무너진다. 어떤 상황에서 X는 스스로 목숨을 끊었는데, Y와 Z 그리고 알파벳을 총동원한, 있을 수 있는 모든 기호를 총망라한 다수는 계속 살았다고 가정해보자. 그럼 여기서 X는 의지라고는 없는, 무기력하고 초라한 외톨박이란 말인가? 오히려 그의 의지야말로 강하고 자유에 충실한 게 아닐까?

위의 물음을 두고 내가 판단을 내리지는 않겠다. 이것 보라고 들이미는 이른바 병력(病歷)에 영향을 받지도 않겠다. 흔히 병력을 보고 사람들은 자살자 X는 아무튼 다른 사람과 달랐던 게 분명하다고 말한다. 부모 밑에서 클 때부터 문제가 많았다고 한다. 교육이 어긋났다고 한다. 일찍부터 범죄자가 될 기질이 다분했으며, 노이로제 증상도 확인할 수 있었다고 주절거린다. 대체 그런 게 나하고 무슨 상관인가? 오히려 나라면 비슷한 성향과 성장 과정을 경험한 다른 사람은 인생을 살아가는 데 아무 문제가 없었다고 가볍게 응수하리라. 자살자의 결단은 어디까지나 외부 조건에 구속됨이 없이 자신의 자유로 내린 것이다. 자유. 그리고 홀로. 물론 자유와 홀로 있었다는 것만으로 자살을 완전히 설명할 수는 없다. 우리가 알고 있듯, 자살자는 스스로 목숨을 끊는 그 순간, 자신의 행위로 메시지를 보낸다. 그러나 결심한 계획을 실제로 행동에 옮기는 것만큼은 홀로 해야만 한다. 그에게 동반자는 없다. 흔히 이중 자살이라고 부르는 동반 자살은 드물다. 그렇지만 이 드문 경우에서조차 각자는 홀로다. 자살을 획책한 사람이든 그에 동조해 같이 뛰어내리는 사람이든 마지막 순간에는 혼자일 뿐이다. 그리고 각자 자신의 자유를 행사한다. 물론 각자의 자유는 총체적으로 본 자유 일람표에서 그에 알맞은 등급을 가진다. 일반적으로 본다면, 사르트르의 말이 맞다. "선택할 수 있다는 점에서 우리는 실제로 자유를 가졌다. 그러나 자유로워지고자 선택하지는 않는다." 자살자보다 더 지독하게 자유를 집중적으로 체험하는 사람은 없다. 자신의 자유로 죽음을 선택해 이 자유와 함께 모든 자유의 끝장으로 나아간다. 이제는 돌이킬 수 없다는 점에서 이 끝장은 더는 강제가 아니다. 자살자는 이 금기를 깨려는 프로젝트를 세웠다. 그가 실존으로 투기(投企)[8]한 것은 자유죽음이다.

마치 여기서 생각의 자유만을 다루는 것 같은 인상이 자연스레 고개를 든다. "폐하, 베풀어 주시옵소서!" 하는 대사는 사상의 자유를 베풀어달라는 간청이다.[9] 민중은 사상의 자유 따위는 안중에도 없다. 중요한 것은 사상의 자유만을 꿈꾸는 게 아니라, 행동의 자유를 쟁취하는 것이기 때문이다. 사상의 자유만을 끌어안고 있다가는 '내면'이라는 미로에 빠지고 만다. 기독교인의 저 싸구려 자유처럼. 하나님과 이야기한다는 기독교도는, 그러나 군주 앞에서는 지극한 경의의 표시로 침묵하며, 폐하가 이렇게 하명하기를 기다린다. 말하라, 천한 것아. 물론 생각의 자유만을 이야기하는 것 같은 인상이 결코 틀렸다고 할 수는 없다. 우리는 자유죽음의 결단을 내리는 순간, 완전한 자

---

8 기투(企投)라고도 한다. 하이데거나 사르트르의 실존주의 철학에서 현재를 초월해 미래로 자신을 내던지는 실존의 존재 방식이다. 투기하다는 독일어 'projektieren'을 번역한 것으로, 앞을 향해 내던진다는 뜻이며, 영어의 'project'와 상응한다.

9 프리드리히 실러의 희곡 《돈 카를로스(Don Carlos)》에 나오는 대사. 황제에게 사상의 자유를 허락해달라고 하는 장면에 나온다.

유를 경험하기는 한다. 그러나 이는 곧 균열과 단절의 상황이기도 하다. '뛰어내리기 직전'의 순간까지는 자유를 만끽하지만, 이제 눈앞에 툭 터져 있는 광활한 자유의 땅에 발을 들여놓지는 못한다. 자유를 맛보았으되, 자유의 땅을 체험하지는 못한다. 흔히 우리 잠깐 산책을 하며 자유를 맛볼까 하는 말의 참뜻을 자살자는 알 수가 없다. 하지만, 다른 측면에서 보면 사정은 달라진다. 우리는 앞서 자살자의 상황을 충분히 음미하면서, 자유죽음을 택한 결단은 자살자가 진지함을 갖추고 있을 때만 자유 혹은 해방이라는 가치를 얻음을 살핀 바 있다. 여기서도 마찬가지다. 자살하겠다는 진지한 결심은 단순한 생각의 자유를 넘어선다. 준비 작업을 시작한다(장기간에 걸친 준비일 수도 있고, 순식간에 끝내는 준비일 수도 있다. 그러나 시간의 문제는 사안의 핵심과 무관하다). 준비한다는 것은 생각의 차원으로 그치는 게 아니라, *실행*의 단계로 들어감을 의미한다. 진지한 생각은 행동이나 다름없다. 진지하게 행동을 준비하는 사람이 장난을 칠 리야 없지 않은가. 자유죽음을 결정하는 자유는 기독교인의 수상쩍은 자유가 아니다. 준비하는 과정에서 나는 하나님에게 매달리지 않는다. 무기나 올가미를 마련하거나, 내 눈길을 받아주지 않는 검푸른 물살을 노려본다. 또는 고층빌딩의 16층 발코니에서 아스팔트를 뚫어져라 내려다본다. 진지한 결심과 그에 따르는 결과는 치명적이다. 그리고 해방의 몸짓 역시 치명적이다. 격렬하게 억압을 깨고 나옴과 동시에 자유는 흔적도 없이 사라진다.

이렇듯 자유죽음은 숨통을 틔워주는 자유에 이르는 산책 길일 수는 있지만, 자유의 땅 그 자체는 아니다. 자유에 이르는 길은 꿈결처럼 아름답다. 비록 이별의 아픔을 상징하는 가시덩굴이 무성할지라도 홀로 걸었던 이 길은 아름다웠다. 그리고 자유죽음은 이 아름다움에 손끝 한번 대지 못했다. 자기 자신 말고 파괴된 것은 아무것도 없다.

이 장(章)의 제목을 아르투어 슈니츨러의 위대한 소설에서 따다가 내 것처럼 붙였을 때, 나는 제목과 갈등에 빠지게 되리라는 점을 익히 알았다. '자유에 이르는 길'[10]은 내가 그 길을 진지하게 걸어갈 때, 바로 그럴 때만 길이다. 그러나 진지하게 걸어가는 이 길은 나를 그 어디로도 이끌지 않는다. 반대로 쓰라린 결심을 하고 앞만 보고 걷는 게 아니라, 그저 몇 시간이고 산책하는 길, 이를테면 봄바람이 부는 황량한 가로수 길을 정처 없이 걸을 때의 길, 이 길은 길이 아니다. 거기에는 어디로 가고자 하는 결심이 없다. 해방은 그저 장난질일 뿐이다. 문득 길은 어디에도 이르지 않는다는 것이 분명해졌다. 내가 미처 생각하지 못한 것은 그 제목을 상징처럼 인용한 작품 자체다. 이 책

---

10 《자유에 이르는 길(Der Weg ins Freie)》은 슈니츨러의 1908년 작품이다. 남작 게오르크 폰 베르겐틴(Georg von Wergenthin)과 소시민의 딸 아나 로스너의 불행한 사랑을 그렸다.

은 슈니츨러의 모든 문학적 성과가 그렇듯 '가장 불행한 결말(a most unhappy end)'을 보여준다. 모든 등장인물은 자유에 이르는 길을 앞만 보고 줄기차게 걸어간다. 그러나 이들은 아나 로스너(Anna Rosner)처럼 죽는다. 또는 작가 하인리히 베르만(Heinrich Bermann)[11]처럼 노예 신분으로 전락한다. 슈니츨러를 두고 무식하고 거친 비평가들은 "조숙해서 감정의 유희나 일삼으며" 문학계에서 교태나 부리는 닷 푼짜리 한량으로 폄하하곤 하지만, 실제에 있어 슈니츨러는 생과 사의 무의미함을 일찌감치 깨달은 위대한 작가이자 죽음의 친구다. 토마스 만처럼 죽음의 내밀한 구석까지 속속들이 꿰고 있으며, 마르셀 프루스트(Marcel Proust)처럼 죽음을 무릅쓰는 사랑을 심오하게 다뤘다. 결과적으로 그는 자유죽음이 무엇인지 정확히 알고 있었던 게 틀림없다. 〈구스틀 소위〉에서 작품 전반에 유령처럼 떠도는 자유죽음의 분위기를 보라. 어디 그뿐인가. 소름이 돋게 만드는 단편 〈죽어감(Sterben)〉이나 역시 단편인 〈어둑한 새벽녘의 놀이(Spiel im Morgengrauen)〉 그리고 희곡인 《동화(Das Märchen)》 등에서도 자유죽음이라는 주제는 끊임없이 다뤄진다. 슈니츨러는 체념이나 게으른 망각 속에서 진지함이라는 규칙을 무시한 채 장난치듯 자살을 가지고 노는 사람에게 자유로 이르는 길은 언제나 황무지에 이를 수밖에 없음을 일깨워준다. 여기서 황무지란 죽음

---

11   《자유에 이르는 길》의 등장인물로, 남작 게오르크 폰 베르겐틴의 친구다.

이다. 혹은 더는 아무것도 믿지 않으며 그 무엇도 존중하지 않는 체념이리라.

　이야기가 잠깐 옆길로 샌 것을 용서하기 바란다. 그렇지만 이내 확인할 수 있듯, 우리의 주제에서 벗어난 것은 아니다. 내가 보기에 지금 중요한 것은 우리가 얼마나 부조리에 무방비로 노출되어 있나 확인하는 것이기 때문이다. 여기서 부조리라는 말은 알베르 카뮈(Albert Camus)[12]가 자의적이고도 임의적인 맥락에서 이끌어낸 그 부조리를 뜻하는 것이 아니다. '부조리(L'Absurde)'의 진상은 시시포스 신화가 그려주는 그것보다 훨씬 더 일상적이며, 더욱 섬뜩하다. 우리는 누구나 부조리를 체험하지만, 이 체험을 고스란히 받아들여 끝까지 철저하게 파헤치는 사람은 극소수다. 여기서 파헤친다고 하는 것은 부조리의 정체를 고민하면서 온몸으로 끌어안는다는 뜻이다. 생각과 행동이 별개가 아닌, '사유 행동'으로 부조리에 맞선다고나 할까. 생각하는 동시에 행동한다는 '사유 행동'이라는 표현이 너무 고통스럽게 들리지 않았으면 한다. "내버려 둬, 그럭저럭 넘어갈 거야(On s'arrange)." 프랑스 사람들이 일상생활에서 가장 흔

12　프랑스의 소설가이자 극작가(1913~1960). 시시포스의 신화를 차용해 부조리의 철학을 주장, 실존주의를 더욱 심화시켰다고 평가받는 작가로 전후 문학에 커다란 영향을 미쳤다. 1957년에 노벨 문학상을 받았다.

히 쓰는 이 말은 부조리의 상황을 간결하게 반영한다. 프루스트의 화자는 알베르틴(Albertine)[13]이 그를 떠나간 것을 알고 이루 말할 수 없는 고통을 느끼지만, 결국 현실을 받아들이고 되는대로 살아가기로 한다. 그냥 내버려 둔다. 그래서 알베르틴이 죽었다는 소식을 듣고도 그는 눈물 한 방울 흘리지 않는다. 끊임없이 자신을 갉아먹는 인생의 총체적인 부조리는 시대의 역사를 통해서도 우리에게 그 전모를 드러낸다. "어차피 지나갈 거야. 나중에 보면 다 그게 그거지." 카를 크라우스(Karl Kraus)[14]가 제3제국의 출현을 두고 쓴 시에서 한 말이다. 한편에서는 그 혜안에 찬탄을 연발했고, 다른 편에서는 그 체념의 고약함에 치를 떨었다. 히틀러. 그는 우리였다. 그는 할 수만 있다면 우리 한 명, 한 명을 은근한 불에 볶아 먹었으리라. 내 말은 히틀러보다 더 철저한 악인이 또 있을까 하는 반문이다. 그러나 그 히틀러는 우리다. 오늘날 히틀러는 무엇인가? 아마도 역사에서 가장 최근에 등장한 폭군 네로? 호감이 가는 인물은 아니지만, 아무튼 그를 두고 더 뭐라고 할 가치를 나는 느끼지 못한다. 늙은 세대에게는 틀림없는 악당이다. 그러나 그 정치적 범죄는 지겨울 정도로 추궁하지 않았느냐며 젊은 세대는 넌더리를 낸다. 피해

---

13 마르셀 프루스트의 소설 《잃어버린 시간을 찾아서》의 등장인물로, '나'라는 일인칭 화자의 애인 이름이다.

14 오스트리아의 작가(1874~1936). 모든 영역에 걸쳐 부패와 타락상이 일어나고 있다고 준엄하게 비판했으며, 언어의 순수성을 지키고자 노력했다.

당사자의 이야기도 들었는가? 그 가족에게도 직접? 솔직하자. 우리네 인생은 앞뒤가 맞지 않는 부조리일 뿐이라고. 시간이 지나고, 시간과 함께 소비되는 인생으로 히틀러의 끔찍했던 형상조차 많이 지워졌다. 더는 인간의 적들을 생각하지 않겠노라고 말하자, 사람들은 나에게 감정이 무뎌졌냐고 묻는다. 그 끔찍했던 기억을 되살리라고 요구한다. 역사. 무의미한 것에 의미를 부여하는 일. 물론 의미를 부여하느라 지쳐 나가떨어지지 않는 한에서. 하지만 그 무의미함을 깨닫고 나면, 다시는 하고 싶지 않은 의미 부여라는 수고. 테오도어 레싱(Theodor Lessing)[15]은 세간의 평판처럼 그렇게 불평불만을 일삼는 비뚤어진 성격의 소유자가 아니었다. 그리고 시대의 여론이 마치 테러라도 벌이듯 우리에게 강요하는 것처럼 헤겔이 위대한 인물은 아니지 않을까. 인간이 월계관을 쓰고 자신을 한껏 뽐내는 곳에서조차 '에셰크'가 도사리고 있다는 인생 부조리의 깨달음은 곧바로 난길을 따라 우리를 자유죽음을 다루는 생각으로 안내한다. 갈등이라는 특수 상황이 구태여 만들어질 필요도 없다. 그러나 이쪽과 저쪽에 양다리를 걸친 부조리라는 인생의 기본 구조에 특수한 갈등 상황이 곁들여지게 되면, 이제 우리는 경악하며 인생의 부조리를 분명히 깨닫는다. 그럼 이제껏 우리가 등에 지고 헤매

---

15 독일의 철학자이자 정치 평론가(1872~1933). 인생은 고통과 비참으로 얼룩진 것이라는 염세주의 철학을 펼쳤다.

고 다닌 짐을 견딜 수가 없어진다. 참을 수가 없다. 우리의 실존은 도저히 합격할 수 없는 시험으로 다가온다. 중압감을 이기지 못한 사람들은 자유에 이르는 길을 찾아 나선다. 비록 그 길이 널빤지를 얼기설기 엮어 만든 험로이며, 목표에 이르지 못하게 만드는 기만의 길일지라도. 시대에 맞게 비유하자면 가상의 길이라고나 할까. 다른 도로처럼 얼마든지 쌩쌩 달릴 수 있지만, 관청이 관리하는 교통 표지판과 신호등이 전혀 없는 그런 거리. 워낙 자주 다니다 보니 길이 눈에 익어 겁 없이 여기저기 헤집고 다녀보지만 별 탈은 없다. 왼쪽과 오른쪽을 구분하는 것조차 귀찮아진다. 결국 돌연 길이 끊기고 황량한 숲이나 스산한 창고가 나타난다. 후진을 시도한다. 차를 돌리려 안간힘을 쓴다. 그런데 이상하게도 그냥 계속 직진하고 싶은 강렬한 충동을 누를 수가 없다. 길이 끊겨 더는 나아갈 수 없는 곳으로. 자갈과 나뭇가지를 넘어 그냥 돌진한다. 작은 승용차가 마치 탱크라도 되는 것처럼. 아니, 불도저로 벽을 밀어붙이듯이. 차를 돌려 부조리가 판치는 강제의 땅, 자유가 아닌 속박의 땅으로 돌아간다는 것은 생각조차 하기 싫다. 그랬다가는 산산이 부서져 폭삭 주저앉을 것 같다. 길이 없는 곳을 향해 내달린다는 게 속 보이는 짓 같아 부끄럽기는 하지만, 그나마 위로가 되기에 집착한다. 길옆으로 울창한 가로수들이 휙휙 스쳐 지나간다. 평소에는 심드렁하게만 봐왔던 나무가 왜 달리면서 볼 때는 저리도 의젓하고 우람할까. 기가 막힐 노릇이다. 예전에야 차를 타고 숲을 향해, 벽으로 돌진하겠다는 생각을 꿈엔들 했을까? 좁다란 길은 마치 운전자의 욕구, 벽으로 돌진하고 말겠다는 저 끔찍한 욕구는 전혀 알지 못하는 것처럼, 그래 달려봐 하고 요구한다. 요구한다고? 이 무슨 말도 안 되는 헛소리인가! 길은 아무것도 하지 않는다. 운전자는 그저 핏줄처럼 가느다란 도로를 따라갈 뿐이다. 도로는 운전자가 무얼 하든 상관하지 않는다. 도로는 그저 흐릿하게만 보일 뿐이다. 심장의 관상 혈관은 더욱 좁아진다. 좁아진 혈관은 이제 환자에게조차 아픔을 '야기'하지 않는다(그러니까 마치 아직 뭔가 있는 것처럼 한다. 가슴을 묵직하게 누른다). 아픔은 적대적인 세계의 일부로서만 야기될 뿐이다. 마치 소립자가 다른 소립자의 운동을 일으키는 것처럼. 사랑이 없이, 증오도 없이. 운전자는 차를 돌려 집으로 돌아간다. 비록 그곳의 모든 게 낯설고 적대적이기는 하지만. 읽고 싶지 않은 책이 그를 노려본다. 타자기가 몸집을 잔뜩 웅크리고 있다. 오랜 시간 동안 타자기를 두들기는 것은 살인적이다. 자유에 이르는 길을 찾아 나서고 싶은 욕구는 더욱 간절해진다. 지식이나 인식이 우리를 속이고 기만하는 것은 아니다. 과학적 인식이라고 하는 것은 언제나 잘 정리된 논리로 반론의 여지를 남겨놓지 않는 언어로 이야기한다. 아니면, 일부러 의식해서 애매하게 이야기하거나. 어쨌든 과학적 인식은 우리가 모색하는 자유의 땅이 텅 빈 곳, 아무것도 아닌 곳이라고 말한다. 자유의 땅은 탐스러운 과일로 가득한 에덴의 정원이 아니다. 시원한 그늘을 마련해주는 나무 밑 잔디

위에 누워 쉬는 게 아니다. 자유의 땅은 차가운 암벽으로만 이루어진 달의 풍경이다. 첫 우주인이 위성을 다녀온 이후 우리는 달이 얼마나 황량한 곳인지 잘 알고 있다. 아니, 이 달만큼도 못한 곳이 자유의 땅이리라. 자유의 땅은 자유와 거리가 멀다. 하지만, 길은 자유로 이르는 길이다. 우리는 고통에 마침표를 찍기 위해 그 길로 들어선다. 계속 길을 나아가다 보면 자유의 하늘로 날아오르는 비상의 순간을 맞기도 한다. 이별의 슬픔이 없는 것은 아니다. 너무 무거운 짐을 던져버리는 홀가분함도 언제나 맛본다. 남은 것은 다른 사람들의 몫일 따름이다. 장차 이들은 마음 내키는 대로 나를 다루리라. 나를 추억하든 망각하든, 그들 원하는 대로 하리라. 그런 것에 얽매이지도 말아야 한다. 사람들이 나를 기억해주기를 바라는 것에는 이미 부자유와 같은 게 도사리고 있기 때문이다. 나는 이런저런 사람이야 하고 주장하고 싶은 집착이 남아 있기 때문이다. 작가의 경우 사람들은 그를 문학사를 통해 잠깐 기억하리라. 적어도 싫증이 나기 전까지는. 이런 식으로 사람들은 테오도어 쾨르너(Theodor Körner)[16]를 위대한 작가로 떠받들었으며 이내 기억의 땅에서 추방했다. 이제 그의 희곡 《츠리니(Zriny)》를 읽는 사람은 아무도 없다. 갈수

---

16   독일의 시인이자 극작가(1791~1813). 21세의 나이에 요절한 뒤 그가 쓴 희곡
     들은 대개 거의 잊혀버렸지만, 나폴레옹의 압제에 맞서 자유 투쟁을 노래한
     그의 시들은 상당히 유명하다. 본문에서 언급한 《츠리니》는 1812년에 발표한
     작품이다.

록 희귀해지는 독문학자들을 빼고는. 다른 이름들은 더욱 빠르게 기억에서 지워진다. 테오도어 크라머(Theodor Kramer)[17], 에른스트 발딩거(Ernst Waldinger)[18] 등 문학사가 기록하고 있는 이름들은 대중의 철저한 무관심 속에 잊혀버리고 말았다. 친척인 목수와 장갑 제조업자가 살아남은 유일한 가족일 따름이다. 이들은 말한다. 그 친구 참 좋은 인간이었어. 채소를 매우 즐겨 먹었지. 이도 얼마 가지 않는다. 입을 꾹 다물고 더는 아무 말을 하지 않는다. 채식주의자조차 남아 있지 않다. 비석에 적혀 있던 소중한 이름은 지워진다. 너무 많은 비를 맞은 탓이다. 최선의 경우라야 예술과 인문학의 역사에 미라로 남는 것일 따름이다. 네페르티티(Nefertiti)[19]의 흉상은 아름답다. 네페르티티가 누구였는지는 역사가의 시빗거리일 뿐이다. 발렌슈타인(Albrecht von Wallenstein)[20]은 오랜 잠을 자게 될 거라고 말했다. 아마 골로 만

---

17 유대인 혈통의 오스트리아 출신의 시인(1897~1958). 1939년에 나치스의 박해를 피해서 영국으로 이주했다.

18 유대인 혈통의 오스트리아 시인이자 에세이스트(1896~1970). 1938년에 미국 뉴욕으로 이주했다.

19 이집트 제18왕조 파라오 아크나톤의 왕비이자 투탕카멘의 계모다(B.C.1370경~B.C.1330경). 1914년 아마르나에서 발견된 석회석 채색 흉상은 당대 최고의 걸작으로 주인의 화려한 미모를 잘 표현하고 있다.

20 30년 전쟁에서 개신교 진영에 맞서 결성된 가톨릭 연합군의 총사령관(1583~1634). 명장으로 혁혁한 무공을 자랑했으나, 너무 야심이 컸던 탓에 암살을 당해 비극적으로 생애를 마쳤다.

도 마찬가지였으리라. 그 어떤 것도 총사령관의 세계를, 그의 것인 세계, 그만의 세계를 다시금 일으켜 세워주지 않았다. 이는 바꿔 말하면, 나는 자유에 이르는 길을 택함으로써 나 자신을 다른 사람들의 처분에 맡긴다는 것을 뜻한다. 나를 기억하든 말든, 그것은 *전적*으로 다른 사람의 선택에 달린 일이다. 나의 프로젝트가 실패로 끝나는 순간, 내 인생은 돌이킬 수 없이 남의 손으로 재단된다. 그리고 나의 프로젝트는 사실상 대부분 실패할 수밖에 없다. 죽음의 입장에서 보면 *언제나* 실패하고 마는 게 인생이다. 그래서 이제 더는 눈으로 볼 수도 없을 정도로, 흔적 없이 사라지고 만다. 횔덜린은 노르베르트 폰 헬링그라트(Norbert von Hellingrath)[21]에게 한마디 항변조차 할 수 없다. 심지어 피에르 베르토(Pierre Bertaux)[22] 앞에서는 꿀 먹은 벙어리가 될 뿐이다. "죽음은 우발적인 사건이다(La mort est un fait contingent)." 사르트르가 한 말이다. 그렇다, 죽음은 확실히 우발적인 사건이다. 그러나 자유죽음이라는 특수 경우에도 그럴까? 자유죽음으로 나는 나 자신을 다른 사람에게서 떼어낸다고 믿는다. 내 체험의 공간 안에서 자유죽음은 우발적이지 않다. 이른바 '자연죽음'이라는 것과는 정반대인 것이 자유죽음이다. 프로젝트로

---

21 독문학자로 횔덜린을 새롭게 발굴해낸 업적을 남겼다(1888~1916). 이후 횔덜린 해석을 주도한 인물이다.

22 프랑스의 독문학자(1907~1986). 횔덜린이 실제로 미친 게 아니라, 그렇게 꾸민 것이라는 주장으로 큰 반향을 불러일으켰다.

서의 자유죽음은 분명 자유에 따른 선택이다. 그러나 자유죽음으로 자유에 이르지 못한다는 측면에서 볼 때, 결과적으로 자유죽음은 새로운 우발적 사건일 뿐이다. 의도된 것이었으나 우발적으로 끝나고 만다는 점에서 자유죽음은 완전히 앞뒤가 바뀐 것이다. 그래도 인생은 살 만한 것이라고 자신에게 끊임없이 타이르던 거짓말에 비해 유일하게 진솔한 게 자유죽음이다. 다른 것처럼 주장했으나 결국은 다를 바가 없다는 점에서.

인생은 살 만한 것이라고 최면을 거는 거짓말. 우리 가운데 누가 자신은 거짓말에 속아 살지 않았다고, 오로지 자신이 원하는 그대로 살아냈다고 과감히 주장할 수 있을까? 그런 사람은 아무도 없다. 자신의 근원적인 진정성을 온전히 살아내는 사람은 없다. 자기 자신으로 있기 위해 끊임없이 구축해야만 하는 진정성은 부단히 깨어지고 사라지는 것이기 때문이다. 더욱더 열심히 진정성을 따라가려고 하면 할수록, 그만큼 휘리릭 안개 속으로 자취를 감추고 마는 게 진정성이다. 물론 저마다 자신의 인생을 재구성해보고, 흔적을 추적할 수는 있다. 1919년 나는 무슨 일을 겪었더라? 그래, 저 자랑스러운 제국이 무너지고 난 이듬해 나는 초등학교에 들어갔다.[23] 조국에 품었던 자부

---

23   제1차 세계대전에서의 패망으로 오스트리아헝가리제국이 1918년에 무너진
      것을 말한다.

심은 1930년대에 보니 허망한 것에 지나지 않았다. 그러나 다시 1940년의 관점에서 보니 옳은 것이었다. 오늘날 눈을 돌려 당시를 회고해보면 다시 그 자부심은 거짓말일 뿐이다. 변함이 없는 역사적인 사실을 두고 내가 나에게 거짓말을 하는 것일까? 지금 이 순간 나는 나를 속이고 있는가? 내가 나의 어제를 거짓으로 만들듯, 나의 오늘도 내일이면 거짓이 되고 마는 게 아닐까? 지나간 것이 잘못된 것은 그저 내가 오늘 그것을 거짓이라고 보기 때문에만 그런 게 아닐까? 인식론을 가지고 생각해보면 진리(여기서는 진정성이라는 것과 일치한다)라는 개념은 그 정당성을 갖지 못한다는 것을 쉽게 증명해낼 수 있다. 잘못이고 거짓인 줄 알면서도 세상을 살아내기 위해 어쩔 수 없이 품어야 하는 헛된 희망이라는 게 무엇인지는 지나온 나날을 돌이켜보는 사람이라면 누구나 잘 알리라. 이런 것을 알자고 무슨 거창한 이론으로 자기 분석을 해야만 하는 것은 아니다. 뭔가 끓어오르는 것만큼은 분명하다. 인간이 자유죽음을 결심하는 것이야말로 매듭을 짓는 기획이다. 최종 프로젝트다. '피니스 오페리스(Finis Operis)' 즉 최종 행위로 향하는 첫 운을 떼는 것이랄까. 자기 연민과 인생을 향한 구토, 기억의 축복과 인생이 거짓말로 지탱된다는 것을 아는 불행은 서로 꼬리에 꼬리를 물며 끊을 수 없는 연쇄 고리를 이룬다. 어떤 남자는 한밤중의 어두운 공원에 앉아 있는, 싸구려 비누 냄새를 풍기며 실소를 짓게 만드는 우스꽝스러운 이름을 가진 여인이 왜 자신에게 '팜므파탈'로 여겨지는

지 묻는다. 숙명적 여인이라고? 착각하지 마라, 그녀는 너에게 치명적일 뿐이다. 신이 선물한 보헤미안의 들창코를 가졌으며, 손수 지어 잘 맞지도 않는 옷을 입은 여자, 어느 모로 보나 싸구려 창녀인 게 분명한 여자를 보고 남자를 파멸로 이끄는 요부의 원형이라고 꾸며대는 것은 대체 어떻게 가능한 일일까? 무식한 촌놈들만 객석을 차지하고 있는 무대에서 맥베스를 열연하며, 그 청중의 유치한 환호성에 황홀해하는 배우의 심리는 어떻게 이해해야 좋을까? 여하튼 무수히 작은 거짓말들이 꼬리에 꼬리를 물며 엄청난 크기로 우쭐우쭐 몸을 부풀린다. 위에 열거한 사례들은 우리의 일상이 얼마나 하찮고 어리석은 것인지 여실히 보여준다. 누구나 자신은 다르다고, 뭔가 좀 더 나은 사람이라고 주장한다. 거짓말 속에서 인생을 살아가는 인간은 마침내 사르트르와 같은 깨달음을 얻는다. 자신의 초기 작품들을 두고 사르트르는 너무 의욕이 앞선 나머지 멋진 말만 꾸며내느라 "완전히 혼란스러웠다(complètement mystifié)" 하고 고백하고 있지 않은가. 《말(Les mots)》[24]에서 사르트르는 자신의 어린 시절을 미화했던 것을 솔직히 밝히고 이를 바로잡으려 시도했다. 그리고 이런 시도는 그 탁월한 문학성으로 다시금 새로운 신비화를 낳고 말았다. 우리가 자유롭게 선택한 죽음 안에서만 자신의

---

[24] 1964년에 나온 사르트르의 자서전. 열 살이 되어 엘리트 학교에 입학하기까지 어린 시절의 성장 과정을 자세히 밝힌 책이다.

자아에 완전히 도달할 수 있다는 것은 움직일 수 없는 사실이다. 그런 사람만이 '진리의 순간(la minute de vérité)'을 겪는다. 나는 생각한다, 고로 나는 존재한다. 이 말의 의미를 놓고 우리는 많은 생각을 할 수 있다. 정말 그런지 충분히 의심을 가질 수 있다. 다른 누구도 아닌 비트겐슈타인이라는 거인이 이 말을 비판하지 않았던가. 나는 죽는다, 고로 나는 더는 존재하지 않는다. 이는 조금도 흔들 수 없는 진리다. 바위처럼 버티고 서 있는 우리의 주관적 진실이다. 우리가 충돌과 함께 박살이 날 때, 이 주관적 진실은 객관적인 게 된다.

자유죽음이 그 모순을 가지고 있기는 하지만, 자유에 이르는, 우리에게 열려 있는 유일한 길이라는 논증은 또 있다. *자유죽음은 부조리하지만, 어리석은 것은 아니다. 자유죽음이 가진 부조리함은 인생의 부조리를 늘리는 게 아니라 줄여준다.* 적어도 우리는 자유죽음이 인생과 관련한 모든 거짓말을 회수하게 만든다는 점만큼은 인정해야 한다. 우리를 고통스럽게 만든, 오로지 그 거짓이라는 성격 때문에 괴롭게 만든 것을 자유죽음은 원점으로 되돌려놓는다. 나는 사람들이 흔히 일종의 통로, 절대자에 이르는 통과의례라고 생각하는 모든 죽음보다 자살이 훨씬 덜 부조리하다는 생각을 자주 하곤 한다. 왜 저 콜럼버스 이전 시대[25]의 조각상들이 형상화하고 있는 그런 통로 말이다. 그 입구가 가로로만 찢어져 있는 좁직한 문을 지나면 정말 뭔가 있을 것 같지 않은가. 그러나 그 뒤에는 아무것도 없다. 철저한 무(無)다. 그러니까 없음에서 없음으로 나아가는 통로다. 절대자를 갈구하는 절박한 욕구가 낳은 예술 작품이 그런 조각상일 따름이다. 그런 욕구는 그 어떤 말로도 표현할 수 없다. 끝없이 이어지는 생각의 고리를 계속 끌고 나간다면, 나는 '절대자'란 그저 하나의 말에 지나지 않는 것임을 깨닫는다. 우리가 생각할 수 있는 그 어떤 실재도 절대자와는 맞아떨어지지 않는다. 절대자는 단지 비현실적인 욕구, 있지 않은 것에서 구원을 기대하는 욕구의 산물일 뿐이다. 절대자는 그 어떤 것으로도 과시될 수 없다. 어떤 사람은 자신이 갈망하는 게 절대자라고 말한다. 그러나 그게 뭔지 그 자신이 모른다. 그가 말할 수 있는 것은 오로지 어떤 무엇에 등을 돌리고 싶다는 의중일 따름이다. 현실의 척박함 같은 것에 넌더리가 났다는 말이다. 이처럼 경험할 수 있는 물건과 같은 것으로 이야기할 때만 우리는 그 사람의 절박함을 이해할 수 있다. 또 다른 사람은 우리에게 신에게 이끌림이라는 표현을 쓴다. 죽고 난 다음에 신에게 좀 더 가까이 가게 될 수 있다고 말한다. 그 신이 어떤 특성 혹은 본질을 가졌느냐고 물으면, 그는 법정에서 자신에게 부담이 될 사안을

---

25 콜럼버스 이전 시대(Pre-Columbian era)는 말 그대로 콜럼버스가 아메리카 대륙을 발견한 시점 이전의 아메리카 대륙 전체의 역사를 가리킨다. 본문이 언급하는 조각상이란 그 이전의 것으로 추정되는 출토 유물을 말한다.

놓고 묵비권을 행사하는 피고처럼 그 어떤 말도 하지 않으려 든다. 하지만 이로써 그는 자신을 불리하게만 만들 뿐이다. 판사가 진술을 거부하는 피고를 보며 심증을 굳히듯, 혹자는 신이라는 개념은 직관할 수 없는 것이라고 말한다. 직관할 수 없는 것이라면 공허한 것일 뿐이다. 그런 개념은 절대자를 말하는 것에 비해 조금도 낫지 않다. 자신의 말이 좋은 뜻에서 하는 것이라며 그 보증인으로 주님을 내세우는 것처럼 우스꽝스러운 게 또 있을까? 그런 패는 아무짝에도 쓸모가 없기에 누구도 내지 않는 것이다. 경쟁자가 죽음을 향해 가는 인생으로서의 인생은 부조리할 뿐이며, 그 불투명한 거짓말에 구토가 난다고 말한다면, 죽음에 이끌리는 성향이야말로 존재라는 짐에 어울리는 유일한 태도라고 말한다면, 그 경쟁자는 신과 절대자의 비호를 받는 사람보다 훨씬 더 유리한 위치에 선다. 그는 상대방이 말하는 신이라는 게 데미우르고스(Dēmiourgos)[26]에 지나지 않는 것이라고 주장하리라. 결정과 행동으로서의 자유죽음이, 물론 아무런 해결은 아닐지라도, 모든 풀 수 없는 물음에 대한 유일한 답이라고 말하리라. 해답을 찾을 희망이 없이 던져진 모든 물음을 해결할 수 있는 것은 오로지 자유죽음뿐이다. 반면, 신과 절대

---

26   플라톤이 우주의 창조신을 지칭한 말. 우주의 창조신은 무질서로 해체되려는 성향을 지닌 물질을 원형인 이데아에 맞춰 질서를 지닌 존재자로 만들어낸다. 그러니까 일종의 개념적 장치로 신을 설명한 것이다.

자를 따르는 사람은 목만 축 늘어뜨리고 추수를 하는 손길이 다가오기만 기다릴 것이다. 그 손길의 주인이 아무리 끔찍하고 감당하기 힘든 몰골을 하고 있든 그 사람은 개의치 않는다. 그게 어떤 것이든 절대자가 점지해준 것이니 말이다. 심장이 멎어 빠르게 맞는 죽음이 가장 친절한 것이리라. 그러나 천천히 진행되어 결국 호흡중추가 마비되고 마는 뇌경색도 그럴까? 온몸으로 전이된 탓에 인생을 '존재의 종양 덩어리'로 만들어버리고 참혹한 고통을 이기지 못하게 만드는 암도? 파업을 일으킨 신장도? 그래서 파업을 진압하기 위해 투입한 장비로 사람을 병상에 누워 숨만 그르렁대는 송장으로 만들어놓는 것도? 나는 개념적인 설명이 충분하지 않고 심지어 보잘것없을 정도로 빈약하기는 할지라도 쇼펜하우어가 말하는 *의지*라는 게 단순히 나를 지키고 종족을 보존하려는 본능을 가리킬 정도로 어리석은 게 아니라는 것을 잘 알고 있다. 아주 불공평한, 애초부터 지는 게 정해진 싸움을 끝까지 고집하는 것을 의지라고 부를 정도로 쇼펜하우어는 단순하지 않았다. 실존의 부조리함에 손끝 하나 대지 못하면서, 오로지 참고 이겨내라고 하는 게 무슨 싸움인가. 물론 이런 의지조차 우리더러 존중해 달라고 요구한다는 것을 모르는 게 아니다. 이런 요구에 순종하는 자는 자연을 완성하는 사람이리라. 최고 존재 법칙의 수호자리라. 이들은 말한다. 자유에 이르는 길을 찾아 나서자 하고 외치는 사람은 미쳤거나 무슨 음험한 의도를 가진 범죄자라고. "그래도 살아야만 한다!"고 말한다. "살고 싶다!"고 외치라 한다. 이것만이 우리의 선택이라고 강요한다. 그러나 누구나 그런 외침의 주인공이어야만 하는 것은 아니다. 인간으로 누려 마땅한 존엄과 자유의 이름으로 우리는 존재의 법칙에 항거할 수 있어야 한다. 누군가는 이 부조리하기만 한 전체 체계 안에서 마찬가지로 부조리할 뿐일지라도 레지스탕스를 벌여야만 한다. 물론 저항 운동을 벌였다고 해서 우리가 그를 영웅으로 떠받들지는 않으리라. 그랬다가는 비굴하게 살아남아 자신의 영웅담이나 떠벌이는 저 노병들의 웃기는 자축 행사 꼴이 날 테니. 우리가 요구하는 것은 다만, 자유를 찾아 나서겠다고 길을 떠난 사람을 비웃고 헐뜯지는 말자는 다짐일 뿐이다. 이 길은 바로 자살자가 가기로 의지한 길이다. 그 길이 자유의 땅에 이르지 못하는 것이라며 돈이 안 든다고 비웃음이나 날려대지는 말자는 권고다. 비용(François Villon)과 브레히트(Bertolt Brecht)가 가난한 사람들을 위로하며 쓴 다음 구절은 자살자가 우리에게 보내는 호소와 같다. "너희 인간 형제들아, 우리의 뒤를 이어 살아갈 너희에게 고하노니/우리를 향한 너희의 심장이 굳지 않기 바라노라……."[27] 그러나 부탁은 받아

---

27 이 문장은 프랑스의 중세 시인 프랑수아 비용(1431~1463)이 쓴 것이다. 억울한 누명을 쓰고 사형의 순간만 기다리던 시인이 자신의 묘비에 써달라고 부탁한 것이다. 이를 독일 극작가 베르톨트 브레히트(1898~1956)가 자신의 희곡《서푼짜리 오페라(Dreigroschen Oper)》에 차용해 썼다. 원문은 다음과 같다. "Ihr Menschenbrüder, die ihr nach uns lebt/Laßt euer Herz nicht gegen uns verhärten……."

들여지지 않았다. 심장은 형제의 것이라 볼 수 없을 정도로 굳어지고 말았다. 그러지 않고서는 사회를 지탱하는 체제가 무너지기 때문이다. 자유를 찾아 길을 떠나는 사람은 이런 사정을 함께 계산해두는 게 좋으리라. 아마도 그는 절대 존재하지 않는 사람 혹은 전혀 다른 괴짜 취급을 받게 될 수 있다. 아무튼 계산의 대가는 순식간에 돌아오리라.

더 말할 것이 남아 있지 않다. 아니면 다시 처음부터 '뛰어내리기 직전'의 상황으로 이야기를 시작해야만 하리라. 모든 게 끝없이 되풀이되리라. 마치 끊임없이 외워야 하는 교리처럼. 누구도 끝까지 따라 부르지 못하는 찬송가처럼. 여기서 생각의 길은 더 나아가지 않는다. 앞과 뒤가 맞물리며 일종의 순환 고리가 완성되었다. 고리만 보았다 하면, 우리는 끝없는 고민에 빠져든다. 시작도 끝도 찾을 수가 없다. 자유죽음을 다룬 생각은 결국 이런 순환 고리만을 결과로 낳았다. 그러나 이 자유죽음이 무엇인지는 죽음 일반과 마찬가지로 거의 체험되지 않았다. 경험할 수 있었던 것은 단지 삶과 죽음의 부조리함일 뿐이다. 자유죽음을 선택하는 경우, 참으로 속내를 알 수 없는, 그야말로 부조리한 자유의 도취가 우리를 사로잡는다. 이런 체험을 하기 위해 치러야 하는 대가는 적은 게 아니다. 번개가 번쩍하듯, 아무리 멀리 있어도 전체가 진리가 아니라는 깨달음이 우리를 떨게 만든다. 깨달음, 이것만으로는 인생에 아무 소용이 없다. 자살의 뜻을 품고 문턱을 향해 나아가는 사람은 인생의 불손한 요구에 맞설 당당함을 보여줘야만 한다. 그러지 않고서 자유에 이르는 길은 찾을 수 없다. 이런 당당함이 없다면 철조망에 가까이 갈 엄두를 내지 못하는 수용소의 포로와 마찬가지다. 저녁에 나올 죽을 들이킬 생각에 침을 삼키며, 아침에 도토리 삶은 뜨거운 멀건 죽을 그리며, 다시 점심에 나올 무죽을 그리워하는 인생이라면 그렇게 계속 살아라. 그렇지만 여기서 인생의 요구는 인간다운 존엄과 자유가 없는 인생으로부터 빠져나오라는 요구다. 그리고 이런 요구는 여기서만 적용되는 게 아니다. 이렇게 해서 죽음은 곧 삶이 된다. 삶이 탄생의 순간부터 죽어감이었던 것처럼, 죽기로 각오한 당당함은 삶의 길을 열어준다. 그래서 부정이 돌연 긍정이 된다. 물론 이런 게 아무짝에 쓸모없는 것이라 할지라도. 논리와 변증법은 서글프면서도 웃기는 합의와 함께 실패하고 나가떨어졌다. 중요한 것은 나라는 주체의 선택이다. 그래도 살아남은 사람이 옳다고? 인간다운 존엄과 자유가 웃고 호흡하며 성큼성큼 걷는 것에 비해 뭐 그리 중요한 것이냐고? 무엇이 정의이고 뭐가 올바른 것인지 전혀 모르는 소리라고? 품위와 체면을 갖추는 모든 전제 조건을 거스르는 존엄이 무엇이냐고? 살아서 웃고 호흡하며 성큼성큼 걷는 존재로서의 인간과 충돌하는 인간다움이라는 게 뭐냐고?

자살할 뜻을 품은 사람을 둘러싼 정황은 좋지 않다. 이미 자살을 저질러 버린 사람의 상황도 최선의 것은 아니었다. 우리는 그들의 선택과 행위 앞에 경의를 표해야만 한다. 그들을 관심과 애정을 가지고 지켜보는 데 소홀함이 없어야 한다. 더욱이 그들 앞에서 우쭐대며 무시하는 행동은 보이지 말자. 불쌍히 여기는 마음을 가지고도 얼마든지 따질 수 있지 않은가. 누가 봐도 한눈에 알 수 있도록 조리 있게 따지고 들 수 있지 않은가. 이처럼 우리가 원하는 것은 자유로운 선택으로 우리를 떠나간 사람 앞에 차분하고 침착한 태도로 머리를 숙이고 왜 우리를 버렸냐며 조리 있게 따지는 일이다.

— 김희상

한 숭고한 인간의 이름

남자는 이름을 버렸다. 태어나고 자란 고향에 등을 보이고 돌아섰다. 갓 26세의 청년은 오스트리아를 떠나 벨기에로 건너갔다. 나치스를 상대로 처절한 싸움을 시작했다. 유대인의 혈통을 타고났다는 단 하나의 이유로 굴욕과 모멸을 안기던 세상과 권력에 청년은 몸뚱이 하나로 맞섰다. 세상은 타일렀다. 무모하다고, 참고 살면 될 걸 왜 맞서느냐고, 우리도 다 그렇게 살아왔다고…… 그러나 청년은 굽히지 않았다. 치욕의 삶보다 당당한 죽음을 택하겠노라! 결국 세상은 그를 밀고했다. 체포된 청년은 나치스의 손아귀에 있던 프랑스 남부의 수용소에 갇혔다. 탈출했다. 다시 벨기에로 잠입한 그는 더욱 처절한 싸움을 벌였다. 2년여의 지하투쟁 끝에 다시 붙들렸다. 모진 고문이 이어졌다. 뼈가 으스러지는 아픔을 참아야 했으며, 항문에 오물을 집어넣는 겁탈을 당하는 치욕을 묵묵히 이겨냈다. 이후 아우슈비

츠, 부헨발트(Buchenwald), 베르겐벨젠(Bergen-Belsen) 등의 나치스 수용소로 끌려다녀야만 했다. 다시 2년이라는 세월이 흐르고 1945년 독일의 패망으로 청년은 죽음을 떨치고 일어섰다.

이후 브뤼셀에 정착한 남자는 스위스에서 독일어로 발행되는 신문들을 위해 문화 담당 기자로 일하며 살았다. 한동안 자신의 글과 작품이 독일에서 출판되는 것은 한사코 거부했다. 어느 날 독일의 한 젊은 작가가 그를 찾아왔다. 작가는 남자 앞에 무릎을 꿇고 눈물로 용서를 구했다. 남자는 작가의 손을 잡아주었다. 그리고 말했다. 인간은 오로지 자기 자신만이 책임을 질 수 있는 존재라고! 나는 내 귀중한 인생을 위해 싸운 것이라고! 이렇게 해서 두 남자는 둘도 없는 친구가 되었다. 틈틈이 방송국에서 일하던 작가는 남자의 이름을 알리며 그의 작품을 적극적으로 독일에 소개했다[이 작가의 이름은 헬무트 하이센뷔텔(Helmut Heißenbüttel)이다]. 덕분에 최악의 가난만큼은 면할 수 있었던 남자는 정력적으로 글을 쓰며 홀로 정갈한 삶을 살았다.

1978년 남자는 66세라는 나이로 고향 잘츠부르크로 돌아갔다. 어느 한적한 호텔에 방을 잡은 남자는 준비해온 수면제를 먹고 스스로 목숨을 거두었다.

이상은 한스 차임 마이어(Hanns Chaim Mayer)라는 이름으로 태어났던 남자가 장 아메리라는 이름으로 숨을 거두기까지의 짤막한 일대기다. 우선, 주인이 버린 이름을 굳이 밝히는 실례를 너그러이 용서해줄 것을 망자 앞에 엎드려 비는 마음이다. 나는 이처럼 순도 높은 불꽃으로 살다 간 영혼을 알지 못한다. 그가 그린 정신의 궤적을 이해하기 위해서는 이름을 바꿀 정도로 치열했던 고뇌의 배경을 살피는 게 꼭 필요하다고 여겼다. 아메리의 아버지는 유대인이다. 그러나 아메리는 제2차 세계대전의 전쟁터에서 전사한 아버지의 얼굴조차 모른다. 그럼에도 그가 몸을 담은 사회는 손가락질을 해댔다. 너는 유대인이라고, 너희 조상이 예수를 피로 물들게 만든 더러운 유대인이라고, 물욕에 눈이 먼 추악한 돼지라고!

히틀러가 빚어놓은 광기 앞에서 아메리는 마이어라는 이름을 집어던졌다. 우리 땅에서 히틀러라는 불세출의 영웅이 나왔다며 열광하는 오스트리아 돼지들의 면상에 아메리는 마이어를 헌신짝처럼 팽개쳤다. 결연히 고향을 등지고 싸움의 길에 올랐다. 그리고 지칠 줄 모르고 줄기차게 싸웠다. 온몸으로 세상과 부딪쳤다. 피가 터지고 뼈가 으스러지는 고문을 당하면서도 아메리는 굴복하지 않았다. 인생이라는 이름의 부조리에, 삶을 허락하고 죽음을 강요하는 신 앞에 아메리는 조금도 굴하지 않았다. 죽지 못해서 살아가는 것은 아메리가 택한 삶이 아니었다. "죽지 못해서 생명을 잃어버린 자"가 되지 않으려고 아메리는 발버둥을 쳤다. 전쟁의 끝이 그 싸움의 끝은 아니었으리라. 살아 숨 쉬는 모든 순간은 우리에게 선택을 강요하지 않던가? 돈이, 명예가, 권력이 끊임없이 굴종의 굴레를 씌우려 흥정을 요구하는 게 우리네 삶이 아니던가? 무릎을 꿇어봐, 그러면 네가 생각하는 그 이상의 부와 환락을 주겠다고……. 실제로 아메리는 그의 입을 다물게 만들려는 세력의 회유와 압박에 적잖이 시달려야 했다.

　아메리는 초연했다. 죽음의 문턱까지 갔던 아메리는 삶과 죽음을 가르는 경계라는 게 어떤 얼굴을 가졌는지 정확하게 알고 있었기 때문이다. "삶이 탄생의 순간부터 죽어감이었던 것처럼, 죽기로 각오한 당당함은 삶의 길을 열어준다." 그렇다. 죽음을 두려워하지 않을 때 삶의 참된 길이 열린다! 세상에 이보다 더 명확한 진리는 없다.

　흔히 우리는 '죽겠다' 내지 '죽고 싶다'는 말을 입에 달고 살아간다. 배고파 죽고, 졸려 죽으며, 일자리를 잃어 초주검이다. 그만큼 죽음을 두려워하고 있다는 방증이다. 조금만 힘들고 괴로워도 죽음에 빗대는 심리에는 죽음을 향한 막연한 공포가 깔려 있는 셈이다. 이 책에서 아메리는 '자유죽음'을 이야기한다. 여기에서 무게는 죽음에 실리는 게 아니다. 어디까지나 아메리는 '자유'를 강조하고 있다. 나로 하여금 내 인생을 살지 못하게 강요하는 현실의 부조리에 맞서는 게 아메리가 말하고자 하는 자유다. 다시 말해서 아메리가 말하는 '자유죽음'은 "우리 인생을 온전하게 살아내자!"는 다짐과 다르지 않다. 혹자는 말한다. 어떻게 자살을 예찬하며, 자유죽음을 옹호하는 무책임한 논리를 펼 수가 있느냐고. 분명히 말해두지만 먼저 그의 글을 꼼꼼하게 읽어보기 바란다. "자유죽음은 순전하고 지극한 부정이다. 여기에 어떤 긍정적인 것이라고는 전혀 없다. 그래서 이 부정 앞에서는 변증법도 아무 소용이 없다. 아무리 발달한 논리도 이 부정 앞에서는 할 말을 잃는다. 자유죽음은 실제로 '무의미'하다."

당장 돌아올 반론이 무엇인지 잘 알고 있다. 왜 그럼 아메리는 스스로 목숨을 끊었는가? 이야말로 그가 자살을 최상의 죽음으로 꿈꿔왔다는 명백한 증거가 아닌가?! 그런가? 그렇다면 되묻겠다. 고문으로 망가질 대로 망가진 몸을 끌어안고 반평생을 산 자의 아픔을 조금이라도 아는가? 살아남은 자들에게 일절 짐을 지우지 않고 깨끗하게 자신을 정리하고 싶어 한 아메리의 선택이야말로 자신의 마지막 존엄을 지키고자 하는 '삶에 치열한 충정'임을 모르는가? 우리는 남의 이야기를 참 쉽게 말하는 나쁜 습성을 가지고 있다. 남의 삶에 참견하기 위해서는 먼저 그 사람의 중심부터 헤아리는 최소한의 예의는 갖추어야 하는 게 아닐까? 아메리는 분명한 어조로 말한다. 당사자의 내면으로부터 이해하기 위해 '자유죽음'이라는 말을 쓰자고! 물질적인 성공이나 출세와 같은 사회가 강제한 외적인 잣대로 남의 소중한 인생을 재단하지 말아달라고! 이런 뜻에서 니체의 다음과 같은 말은 곱씹을수록 참맛이 우러난다.

"죽음이란 경멸받아 마땅한 조건 아래서 벌어진 경우에만 자유롭지 못한 죽음이다. 아직 때가 무르익지 않았음에도 찾아온 죽음, 이는 겁쟁이의 죽음이다. 인생을 사랑하는 마음에서 택한 죽음은 다르다. 깨어 있는 명료한 의식을 가지고 택한 죽음, 이것은 자유죽음이다."

근래 우리 사회에서는 참으로 많은 소중한 분이 '자살'이라는 마지막 방법을 택했다. 어떻게 해서 그런 지경까지 내몰렸는지 자세한 정황을 알기는 쉽지 않다. 그런데 아뜩한 것은 죽음 앞에서 훈계부터 일삼고, 혀를 끌끌 차는 무례와 무지와 파렴치가 인간을 막다른 곳으로 내몬 것은 아닐까? 다시 말해서 우리는 자살을 거들지 않았는가? 자살이 근본적으로 타살일 수 있다는 가능성 앞에서 우리는 겸허히 옷깃을 여며야 마땅하다.

이 책은 주제만큼이나 묵직한 글이다. 타협의 여지를 조금도 보이지 않는 자신과의 처절한 싸움을 고스란히 담아낸 텍스트에 놀랄 독자가 적지 않으리라. 저자가 살았던 당대의 실존주의 사상은 물론이고 철학·문학·사회학·정치 이론 등 인류의 지성이 탐문하고 답한 성과들이 흘러들어 거대한 저수지를 이루고 있다. 존재의 모든 것을 비치어낼 것처럼 맑고 잔잔한 수면, 그 아래에는 격류가 휘돌며 우리네 사람살이의 아픔과 기쁨과 희망을 장엄하게 합창한다. 고대 그리스·중세·근대 그리고 현대를 자유로 넘나드는 아메리의 지성은 그 생생한 고뇌만큼 드높은 언어의 탑을 쌓았다. 특히 섬세한 뉘앙스의 차이를 살려내기 위해 전력투구하는 아메리의 문체는 지적 태도의 성실함을 넘어선 숭고함 그 자체였다. 생각을 끝까지 밀고 나간다는 게 어떤 것인지 독자 여러분이 생생하게 확인할 수 있으리라 믿는다. 화두처럼 던져진 단어 하나하나 그 배경을 파헤쳐들어갈 때마다 펼쳐지는 사유의 폭과 깊이에 소름이 돋을 때가 한두 번이 아니었다. 옮긴이는 출전도 밝히지 않은 채 고전을 자유자재로 인용하는 아메리의 문장을 따라잡느라 번역에 무척 애를 먹었다. 힘닿는 데까지 옮긴이 주를 찾아 밝혔으나 여전히 아쉬움이 남는다. 쉽지 않았던 만큼 개인적으로 많은 깨달음을 얻었다. 부디 독자 여러분도 그와 같은 독서 경험을 할 수 있기 바란다.

글을 옮기는 내내 가슴이 쓰라리고 아팠다. 인간이 이토록 처절하게 고민하고 고뇌하며 진지할 수 있으리라고는 상상조차 하지 못했다. 생살을 도려내듯 꺽꺽 고통의 신음을 토해내는 글 앞에서 도대체 이런 아픔을 전달해줄 능력과 자격이 있는 것일까 괴로웠다. 글이 생경하고 딱딱하다면, 그것은 온전히 옮긴이의 부족함 때문이다. 독자 여러분께 엎드려 용서를 구한다.

2010년 1월

다시 생기를 불어넣으며

그사이 벌써 10년을 훌쩍 넘긴 세월이 흘렀다. 그야말로 눈 깜짝할 새 흘러간 시간의 무게를 이 책의 복간은 고스란히 일깨워준다. "내버려 둬, 그럭저럭 넘어갈 거야(On s'arrange)." 프랑스 사람들이 즐겨 쓴다는 이 말은 "이 또한 지나가리니" 하는 우리 말과 아주 비슷한 울림을 준다.

어느 독자분은 "죽음을 미화하지 마시라"고 일갈했다. 그분의 진정 어린 토로에 나는 깊은 공감과 전율을 느꼈다. "고통스럽지만 견디며 살아가는 사람"은 우리 모두일 터. 주어진 인생을, 단 한 번뿐인 삶을 성실하게 감당하는 것은 분명 우리의 의무다.

그렇다, 돌이켜 보는 눈길은 깨닫는다. 지나고 보면 그럭저럭 견딜 수 있었던 것을, 조금은 더 너그러워진 마음으로 받아들일 수 있었던 것을 왜 우리는 그토록 아파했을까? 하늘이 무너지는 것 같던 아픔은 과장이었다. 하늘은 끄떡도 하지 않았으니까.

그러나 우리의 아픔은 진솔했다. 진정한 아픔이었다. 무너져 내린 가슴을 부둥켜안고 막막해 눈물짓던 우리는 진정 아팠다. 다만 아메리가 적시하듯, 자기 자신으로 살기 위해 끊임없이 갈고 닦아야 하는 진정성은 부단히 깨어지고 훼손당할 위험에 시달린다. 나의 지나간 아픔을 다른 누군가 되풀이하는 일이 없도록, 우리가 살아가는 환경을 공들여 가꾸어야 하는 이유다.

　바로 그래서 우리는 늘 다시 진정성을 일깨우고 새롭게 세워야 한다. 이런 노력의 첫걸음은 인생을 살며 겪는 아픔이 어디서 비롯했는지 가슴을 열고 나누는 대화리라. 일체의 선입견이 없이, 조급하게 예단하는 일이 없이, 상대방의 이야기에 귀를 기울여주는 자세는 더없이 소중하다. 대화는 어디까지나 살아 있는 사람이 누리는 축복이다. 죽은 이와 대화할 수야 없지 않은가.

　분명히 말해두지만 아메리는 죽음을 부추기지도, 어쩔 수 없는 선택이라고 합리화하지도 않았다. 그는 '자유죽음'이라는 말이 얼마나 부조리하며, 무의미한 것인지 인간이 할 수 있는 한, 철저하게 생각을 밀어붙여 밝혀냈을 따름이다. 자유를 찾아 걸은 길의 끝은 아무것도 없는 황무지였네……. 죽음이라는 철저한 무(無) 앞에서 우리가 할 수 있는 최선은 자신의 존엄을 지켜내는 일이라는 다짐이 아메리가 내린 아무 꾸밈없는 결론일 따름이다. 자유를 찾아 나서겠다고 길을 떠난 사람을 비웃고 헐뜯지는 말자고, 얼마나 아팠기에 그랬냐고 가슴을 열고 대화하자는 것이 아메리의 충언이다.

　"너희 인간 형제들아, 우리의 뒤를 이어 살아갈 너희에게 고하노니/우리를 향한 너희의 심장이 굳지 않기 바라노라……." 비용의 호소가 헛되지 않기만을. 심장이 굳지 않은 사람은 죽은 이와의 대화도 어렵지 않게 나눌 수 있으리라! 이번에 새롭게 다듬은 이 책이 독자 여러분에게 이런 대화의 기회를 제공해줄 수 있기를 소망한다.

2022년 7월

첫 번째 글, 〈한 숭고한 인간의 이름〉은 2010년 초판에 옮긴이가 쓴 글이다. 두 번째 글 〈다시 생기를 불어넣으며〉는 2022년 복간에 부쳐 옮긴이가 덧붙인 글임을 밝힌다.

찾아보기

작품

살아가면서 선택할 수 있는 유일한 것에 대하여

자유죽음

초판 1쇄 발행 2022년 7월 27일 **초판 4쇄 발행** 2023년 12월 20일

지은이 장 아메리
옮긴이 김희상
펴낸이 이승현

편집2 본부장 박태근
지적인 독자 팀장 송두나
편집 송두나
디자인 이세호

펴낸곳 ㈜위즈덤하우스 **출판등록** 2000년 5월 23일 제13-1071호
주소 서울특별시 마포구 양화로 19 합정오피스빌딩 17층
전화 02) 2179-5600 **홈페이지** www.wisdomhouse.co.kr

ISBN 979-11-6812-383-0 03100